卓越教师
教学主张丛书

厦门市卓越教师培育项目成果
西南大学教育学"双一流"学科建设实践成果
总主编 陈 珍 朱德全

精新化学

邹 标 著

西南大学出版社
国家一级出版社 全国百佳图书出版单位

· 重庆 ·

图书在版编目(CIP)数据

精新化学 / 邹标著. -- 重庆 : 西南大学出版社,
2024.11. -- (卓越教师教学主张丛书). -- ISBN 978-
-7-5697-2685-5
　　Ⅰ.G633.82
　　中国国家版本馆CIP数据核字第20248QS368号

精 新 化 学
JING XIN HUAXUE

邹标　著

责任编辑:刘欣鑫
责任校对:陈　郁
封面设计:闰江文化
版式设计:散点设计
排　　版:王　兴
出版发行:西南大学出版社(原西南师范大学出版社)
　　　　　地址:重庆市北碚区天生路2号
　　　　　邮编:400715
　　　　　市场营销部电话:023-68868624
印　　刷:重庆亘鑫印务有限公司
成品尺寸:170 mm×240 mm
印　　张:19.5
字　　数:387千字
版　　次:2024年11月　第1版
印　　次:2024年11月　第1次印刷
书　　号:ISBN 978-7-5697-2685-5
定　　价:58.00元

编委会

总主编
陈 珍　朱德全

副总主编
洪 军　刘伟玲　庄小荣　潘世锋　罗生全　周文全

执行主编
范涌峰　魏登尖

编委（以姓氏笔画为序）
王天平　王正青　牛卫红　艾 兴　叶小波　朱德全
庄小荣　刘伟玲　陈 珍　陈 婷　范涌峰　罗生全
周文全　郑 鑫　赵 斌　侯玉娜　洪 军　唐华玲
　　　　　　　　　　韩仁友　潘世锋　魏登尖

总序

习近平总书记在2024年全国教育大会上指出,要实施教育家精神铸魂强师行动,加强师德师风建设,提高教师培养培训质量,培养造就新时代高水平教师队伍。《中共中央 国务院关于弘扬教育家精神加强新时代高素质专业化教师队伍建设的意见》指出,要加强中小学学科领军教师培训,培育一批引领基础教育学科教学改革的骨干。强化中小学名师名校长培养。

厦门市历来重视名师队伍的培育培养工作,根据教师专业成长规律,经二十年探索,逐步形成了"骨干教师—学科带头人—专家型教师—卓越教师"的金字塔式名师阶梯成长体系。自2021年起,厦门市教育局与西南大学开展战略合作,共同推进厦门教育高质量发展和教师队伍建设。"厦门市首期卓越教师培育项目"是由厦门市教育局与西南大学教育学部联合倾力打造的精品培训项目,也是厦门市迄今为止最高层次的教师培训项目。该项目旨在打造一支具有教育情怀、高尚师德,富有创新精神,具有鲜明教育教学思想和教学主张,在教育教学和教育科研上发挥领军作用的高层次教育人才队伍。项目以产出导向为理念,坚持任务驱动,通过个人自学、高端访学、课题研究、讲学辐射、挂钩帮扶、发表论文、出版专著、提炼教育思想、推广教学主张等方式优化培育过程。

三年琢磨,美玉渐成。通过三年的探索,围绕成为"有实践的思想者"这一核心目标,每一位卓越教师培育对象形成了特色鲜明、理念前沿的教学主张,并以教学主张为中心各形成了一本专著,从而汇集成目前呈现在大家面前的"卓越教师教学主张丛书"。本丛书,既是"厦门市首期卓越教师培育项目"三年实施成果的沉淀,是每一位卓越教师培育对象思想的结晶,也是西南大学教育学"双一流"学科建设的实践成果。

仔细阅读本丛书,可以欣喜地看到,卓越教师培育对象们不仅能敏锐地捕捉到教育教学领域的难点、热点问题,揭示其中的本质规律,还能结合本地教学实际智慧地提出解决方案。总体来说,本丛书有以下三个方面的特点。

一是有较浓厚的学术气息。29位培育对象中有获得国家、省级基础教育教学成果奖的教师,有正高级教师,有省特级教师,但他们还在不断突破,追寻对教育教学本质的理解,追寻从实践到思想的蝶变,追寻高水平的专业表达。他们从实践中提炼出主张,再用主张引领实践,他们在书稿中融入了理论的阐释,学会了建构模型,并借助模型简洁地表述自己的教育教学思想,读起来不生涩也不单调。

二是有较强的系列探索味道。《义务教育课程方案(2022年版)》提出,应做好学段间的教育教学衔接。29位培育对象中,既有教育科研专职人员和学校的管理者,也有班主任、一线教师等,研究成果覆盖了小学、初中和高中的大部分学科,最终形成了29本培育对象教学主张的专著和1本全景式呈现卓越教师培育的经验和初步成效的论著。因此,本丛书既有基于教育者几十年教学实践的思想提炼,又有深入课堂的案例剖析,可以"用眼睛来读",作为教师专业发展的自读文选;也可以"用行动去做",作为教学范例直接进入课堂实践,在行动研究中孵化、创生;也适合专门的研究者或管理人员参阅,从中窥探从小学到高中的教育教学重点与发展脉络。

三是有鲜明的课程育人特色。本丛书的撰写以学科课程为载体,以学科课程核心素养为目标,积极探索新时代背景下的育人方式变革,寻求育人最佳路径,以德施教,立德树人。因此,单看每本专著,已能感受到其中鲜明的课程育人特色,综合丛书来看,这一特色更加明显。

期盼厦门市首批卓越教师培育对象大力弘扬践行教育家精神,追求卓越的步伐永不停留,不断完善、应用和推广自己的教学主张和教学成果,为厦门教育做出更多更大的贡献。也期盼本丛书能为广大中小学教师深化教学改革提供参考,为教育学"双一流"学科服务教育实践提供借鉴。

是为序。

陈 珍

(中共厦门市委教育工委书记、厦门市教育局局长)

朱德全

(西南大学教育学部部长、西南大学教育学一流学科建设"首席责任专家"、国家重大人才工程特聘教授、国务院学位委员会学科评议组成员)

他序

我有幸先睹为快,一口气读完了邹标老师撰写的即将出版的《精新化学》一书时,我看到了一部难得一见的真正来自中学化学一线的,在丰富实践中提炼出来的,具有完整的理论与实践体系的,操作性强的化学教育教学精品著作。其具有以下五个特色。

1.精新化学的理念包含了真正的中学化学教学主张

曾经有人问我"什么是中学化学教学主张",我觉得邹标老师的新作《精新化学》中提出的教育教学理念,可以很好地回答这个问题。此书是《认识论》中的"实践→认识→再实践→再认识"的认识过程在化学教学研究中的完美体现。通过不断地实践反思提炼,精新化学的研究一次次地实现了"感性认识→理性认识"的飞跃。只有经过这样循环往复的从实践到认识、再从认识到实践,形成的理论才是真正的中学化学教学主张。没有上升到理论的教学实践只能算是教学经验总结,只有理论而没有实践的化学教学研究成了无源之水、无本之木,也不能称为教学主张。理论和实践二者必须都要具备,缺一不可。

2.精新化学的体系独特、独具匠心

构建的精新化学课堂:三维五步教学模式这一章解决了精新化学如何高效"教"的问题;精新化学学法:三段五阶学习模式这一章解决的是学生如何养成良好的"学"的习惯,减轻学生学习负担,一定程度上解决了目前的教学中存在的只重视教,而忽视学生如何"学"的问题;精新化学课程:三层五合校本课程这一章解决如何开展高效的校本课程分层次问题;精新化学作业:四要五环校本作业这一章解决了如何通过作业强化精新化学学习、提高学习效率的问题;最后一章提出化学教学涉及具有化学学科特色的实验,即四系五融实验教学体系,建立包含教材体系、实验仪器与装置改进、教学设计、实验案例、实验试题评析与命制等方面科学完整的体系,形成了"趣味生活化、集约可视化、绿色环保化、整体进阶化、功能素养化"五融合的化学实验教学体系。

每章的第一节介绍模式形成或构建课程、建立体系的理论基础,体现了精新化学的理论提升过程,是本书的特色,是一般同类著作或书籍难以做到的或被忽视的。每章第二节对某个体系内容开展实施与评价,保证实现目标。每章最后一节的典型案例可为每一方面的内容实践提供样板和参照。

3.提炼的模式都以当代主流教学理论为支撑

在精新化学教学主张形成的过程中注重理论指导与引领。精新化学五个部分的模式都是在当代主流教学理论基础上进行二次开发与实践的。其中三层五合校本课程的理论基础是多元智能;三维五步教学模式的理论基础是建构主义;三段五阶学习模式的理论基础是人本主义;四要五环校本作业的理论基础是深度学习;四系五融实验教学体系理论基础是认知负荷。

4.化学实验改进与创新是精新化学形成的起点和突破口

邹标教师对化学实验的改进和创新情有独钟,有着浓厚研究兴趣和智慧。建立的四系五融实验教学体系占据了精新化学教、学、课程、作业、化学实验等部分,是校本课程的重要内容。

邹标教师在二十多年的化学实验的研究与教学实践中主持了"高中化学实验生活化研究""基于科学探究的高中化学课堂学习评价的实践研究"等十几个省市级课题。在《化学教育》等期刊发表了《快捷通用连续喷泉实验装置》等二十多篇文章,出版了《高中综合实验》《高中化学实验探究》《高中实验指导与探究·化学》《从生活中体验化学》4部专著,获得了4项实用新型专利,获化学实验创新比赛全国一等奖,获实验说课比赛全国银奖,开设省市级公开课和讲座四十多场,《中学化学"五融合"实验改进与实践》获一等奖。精新实验成为校本化学的核心内容。

5.有利于学生养成好的学习习惯,快速提高成绩

邹标教师抓住了学生高效学习的精髓,许多后进生借助书中的方法尝到了高效学习的甜头,增强了学习的自信心,从而摆脱了每天繁重压抑的学习,学习变得快速、轻松、愉快。

此外,思维导图、流程图使复杂繁琐的叙述变得清晰明了、简洁美观。大量案例生动形象,典型性、概括性强,图文并茂。

邹标教师长期坚持在一线化学教学的同时还一直进行着化学教育教学研究工作,并取得了丰硕的研究成果。他构建了精新课堂、精新学法、精新课程、精新作业、精新实验的"精新化学"理论与应用体系,已成为一位专家型学者型教师。更难能可贵的是作为一位教学管理者,邹标教师还多年来带领教师们不断实践完善着《精新化学》教学的理论与实践,堪称中学化学教师的楷模。

胡志刚　2024年8月于福建师范大学

(福建师范大学化学与材料学院教授,硕士生导师)

目录

第一章 精新化学概要

第一节 精新化学的提出背景……………………………………003

第二节 精新化学的内涵阐述……………………………………010

第三节 精新化学的提炼历程……………………………………014

第二章 精新化学课堂：三维五步教学模式

第一节 三维五步教学模式的理论基础…………………………023

第二节 三维五步教学模式的实施与评价………………………028

第三节 三维五步教学模式的典型案例…………………………053

第三章 精新化学学法：三段五阶学习模式

第一节 三段五阶学习模式的理论基础…………………………085

第二节 三段五阶学习模式的实施与评价………………………088

第三节 三段五阶学习模式的典型案例…………………………110

第四章　精新化学课程：三层五合校本课程

第一节　三层五合校本课程的理论基础……………………………123

第二节　三层五合校本课程的实施与评价…………………………131

第三节　三层五合校本课程的典型案例……………………………149

第五章　精新化学作业：四要五环校本作业

第一节　四要五环校本作业的理论基础……………………………175

第二节　四要五环校本作业的实施与评价…………………………185

第三节　四要五环校本作业的典型案例……………………………205

第六章　精新化学实验：四系五融实验教学体系

第一节　四系五融实验教学体系的理论基础………………………237

第二节　四系五融实验教学体系实施与评价………………………245

第三节　四系五融实验教学体系的典型案例………………………279

后记……………………………………………………………………297

第一章

精新化学概要

第一节 精新化学的提出背景

本节主要内容如图 1-1-1 所示。

```
                                        ┌── 国家教育方针
                        ┌── 国家教育战略 ──┤── 国家教育规划
                        │                ├── 教学改革实施
                        │                └── 高考评价体系
精新化学的提出背景 ──────┤
                        │                ┌── 办学理念实践探索
                        │                ├── 三层五合校本课程
                        └── 教学实践提炼 ──┤── 三维五步教学模式
                                         ├── 三段五阶学习模式
                                         ├── 四要五环校本作业
                                         └── 四系五融实验教学体系
```

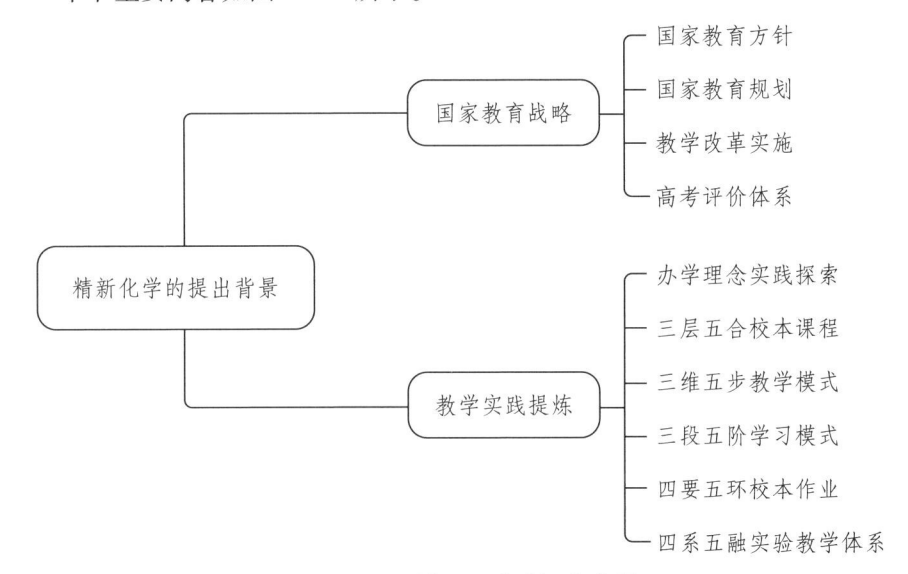

图 1-1-1 精新化学的提出背景

当今世界正处在大发展大变革大调整之中,新一轮科技和工业革命正在孕育,新的增长动能不断积聚。世界各国将增强人才竞争优势上升为国家战略,构建国家核心竞争力,培养具有创新精神、技术应用能力和问题解决能力的高水平创新人才。在全球科技日新月异,竞争越来越激烈的时代背景下,中国特色社会主义进入了新时代,开启了全面建设社会主义现代化国家的新征程。面对新方位、新征程、新使命,党和国家更加重视人才自主培养,建立人才资源竞争优势,培养具备科学家潜质、愿意献身科学研究事业的青少年群体,我们必须变革以往的低效、高耗的教育教学方式,精准分析学情,重视差异化教学和个别化指导,采用探究型、项目式、合作式学习,发展学生核心素养,培育堪当民族复兴大任的时代新人。"精新化学"也就应运而生。

一 国家教育战略

(一)新质生产力对高端人才培养的需求

作为人类社会进步决定性力量的生产力总是处在不断新质化的运动中,它的每一次新质化都推动人类社会向前迈进。其中,生产力的系统性新质化与人类社会实现跨越式发展相关。人类社会发展至今,生产力已经发生过两次系统性新质化,分别推动人类社会步入农耕时代和工业时代。当前,第三次生产力系统性新质化正在发生,推动着人类社会从工业时代转向数字信息时代,而新质生产力正是这次生产力跃迁的科学写照。新质生产力的"新"展现为新要素、新技术、新产业,"质"体现为高质量、多质性、双质效,"力"表现为数字、协作、绿色、蓝色和开放五大生产力。新质生产力的运行机理,是把科技创新作为轴心,通过技术系统把系统革新的牵引力传导至产业系统,最终实现对传统生产力三大系统的全面重塑。加快形成新质生产力,要做到教育、科技、人才的良性循环,打通束缚新质生产力发展的堵点、卡点,促进劳动者、劳动资料和劳动对象三要素的跃升,其中,劳动者跃升为更高素质的劳动者,成为掌握现代技术、适应高端设备、具有专业知识的高端创新型人才,为发展新质生产力蓄势赋能。加快发展新质生产力,着力培养高水平创新型人才,要在基础教育中融入探究实践的科学教育,主动对接战略性新兴产业和未来产业要求,优化人才培养模式,培养学生的科学精神和创新意识,激发学生的想象力和探求欲。

(二)教育、科技、人才是现代化建设的战略性支撑

党的二十大报告指出,高质量发展是全面建设社会主义现代化国家的首要任务,教育、科技、人才是全面建设社会主义现代化国家的基础性、战略性支撑。必须坚持科技是第一生产力、人才是第一资源、创新是第一动力,深入实施科教兴国战略、人才强国战略、创新驱动发展战略,开辟发展新领域新赛道,不断塑造发展新动能新优势。党的二十大报告单独成章对教育、科技、人才工作进行一体部署,强调"全面提高人才自主培养质量,着力造就拔尖创新人才"。实施科教兴国战略,强化现代化建设人才支撑,我们要坚持教育优先发展、科技自立自强、人才引领驱动,加快建设教育强国、科技强国、人才强国,坚持为党育人、为国育才。

(三)党的教育方针对培养时代新人的部署

当今世界,综合国力的竞争,越来越表现为经济实力、科技实力、国防实力和民族凝聚力等方面的竞争。国际的经济竞争、科技竞争和军事竞争,实质上是智力和人才的竞争,同时也是教育的竞争。作为指导整个教育事业发展的战略原则和行动纲领,党的教育方针不断适应时代变化要求,总结教育规律,指明教育事业的发展方向。2021年,中央教育工作领导小组印发《关于深入学习宣传贯彻党的教育方针的通知》(以下简称《通知》),就学习宣传和贯彻落实党的教育方针作出部署安排。《通知》指出,"教育必须为社会主义现代化建设服务、为人民服务,必须与生产劳动和社会实践相结合,培养德智体美劳全面发展的社会主义建设者和接班人"。在根本宗旨上,教育应当自觉地服从并服务于现代化建设,发挥提高学生的思想道德素质和科学文化素质的基本功能,符合现代化建设对各类人才培养的需要;在人才培养途径上,坚持教育与生产劳动和社会实践相结合,这是现代社会经济和教育发展的必然趋势;在教育培养目标上,必须明确把努力培养担当民族复兴大任的时代新人,培养德智体美劳全面发展的社会主义建设者和接班人作为根本目标。"精新"教育着眼学生德智体美劳全面发展的目标要求,在教学中注重与社会主义现代化建设生产劳动和社会实践相结合,贯彻落实党的教育方针要求。

(四)国家教育规划对创新教育教学方式的呼吁

《国家中长期教育改革和发展规划纲要(2010—2020年)》指出,当今世界正处在大发展大变革大调整时期,科技进步日新月异,人才竞争激烈,凸显了提高国民素质、培养创新人才的重要性和紧迫性;中国未来发展,中华民族伟大复兴,关键靠人才,基础在教育;努力培养造就数以亿计的高素质劳动者,数以千万计的专门人才和一大批拔尖创新人才;推进培养模式多样化,满足不同潜质学生的发展需要,探索发现和培养创新人才的途径。该纲要明确提出支持有条件的高中与大学、科研院所开展创新人才培养的研究和试验,建立创新人才培养基地。其还指出,为适应国家和社会发展需要,要深化教育教学改革,创新教育教学方法,倡导启发式、探究式、讨论式教学,营造独立思考、自由探索、勇于创新的良好环境,发展学生的潜能。"精新化学"顺应国家教育发展规划要求,力图突破传统的教学模式,提出创新教育教学方法的策略。

(五)高考评价体系引导教学变革的方向

根据党的教育方针提出的新要求、国家发展的新需求以及教育改革的新任务,教育部考试中心编写的《中国高考评价体系》重新定义高考的功能,转化评价理念,优化评价模式,不断强化育人功能和积极导向作用,培养和选拔德智体美劳全面发展的社会主义建设者和接班人,推动人力资源强国建设的加速。高考的核心功能是"立德树人、服务选才、引导教学",高考评价体系的核心目标是坚持以习近平新时代中国特色社会主义思想为指导,落实立德树人根本任务,充分发挥考试的引导作用,切实体现高考的育人功能,形成人才选拔、考试评价、教育引导和教学反拨的一体化新格局。为更好地适应国家经济社会发展对多样化、高素质人才的需求,为建设人力资源强国提供有力的保障,高考评价理念从传统的"知识立意、能力立意"评价向"价值引领、素养导向、能力为重、知识为基"综合评价的转变,从"一核四层四翼"入手,优化评价方式,助力素质教育发展,促进核心素养落实。"一核"为立德树人,"四层"为必备知识、关键能力、学科素养、核心价值,"四翼"为基础性、综合性、应用性、创新性。通过真实问题情境的设置,考查学生灵活运用所学知识分析解决问题的能力,从解题向解决问题、从做题向做人做事转变。高考改革与高中课程改革携手并进,推动素质教育在基础教育阶段的落实与扎根,助力高中育人方式的改革和学生的全面发展,培养学生的创新意识和创新思维。

二、教育实践提炼

我们完成了"三维五步教学法""五步学习法""五个四校本作业"课改实验项目,在此基础上,在实践中不断完善、丰富,提炼出"三维五步教学模式、三段五阶学习模式、四要五环校本作业",并在实践中不断实践、修改、推广,取得了很好的教育教学效果。

三维五步教学模式是在三维五步教学法的基础上提炼而来的。厦门实验中学与中国教育科学研究院合作办学,在王晓霞专家的指导下,推行三维五步教学法的教学实践,随后在全校推行。在此理论指导下,结合化学学科特点,构建三维五步教学模式的课堂实施模式、实施策略、课堂评价等,在多次研讨、实践、修改的基础上,设计了通用型的三维五步教学模式的教学设计模板,取得很好的教学效果。其他年级的不同学科以此为基础,设计出适合本学科通用的教学设计模板,在教学实践中均取得非常好的教学效果。教师以此教学设计模板为基础,参加省、市教学比赛,多次获得好的比赛成绩。

三段五阶学习模式是在学校提倡的五步学习法基础上提炼出来的。原来的五步学习法提出了学习的五个步骤,但缺乏教育教学理论依据,缺乏实施策略、典型学习方法、典型学习案例等。针对这些不足,我们对三维五步学习模式进行了充实、完善。

四要五环校本作业是在学校五个四校本作业课改项目实践基础上提炼、完善的。原来的五个四校本作业是学校的课改实验项目。我结合化学学科教学实践,寻找了相关的教育教学理论基础,完善开发目的、开发思路、实施策略,并提供了典型案例,使内容更丰富,具有可借鉴性、可操作性,能在其他各年级开展。推行四要五环校本作业与三维五步教学模式结合进行教学,让教学有针对性,学生的负担减轻了,教师教学更热情、学生学习积极性更高,教学效果更好。

三 长期教学实践的提炼

(一)三层五合校本课程

三层五合校本课程是在十几年的教学实践、教学研究基础上逐步形成的,经过反复的教学实践,结合课题研究、公开课、讲座、校本课程、专著,经过不断研讨、修改、实践、再修改、推广等,现已在课堂上取得很好的教学效果。

1.三层五合校本课程的形成

在已开设2年"趣味化学"校本课程的基础上,我进行了深度的总结,并于2008年6月出版了《趣味化学》(第一作者)。该书是"趣味化学"校本课程用书,对中学化学趣味实验进行了分类整理,提供了很多趣味化学实验案例素材,为教师开展化学校本课程提供了可以直接使用的教学案例。

2012年7月至2014年4月,开展了省级课题"新课程背景下现行高中教材化学实验校本化研究",此课题探讨了如何将高中教材化学实验校本化,提出了开发高中化学实验校本化课程的开发思路、实施策略等,为高中化学教师开发实验类校本课程提供了可借鉴的方法。

笔者通过出版著作(向其他教育工作者分享校本课程成果包括专著《从生活中体验化学》)等,主编校本课程用书《初三化学用语》《实验化学》等,推广到省内外众多学校。其中,《实验化学》被近百所学校使用,使用学生总共超过6万人。同时开设"高中化学校本作业的开发"等省市级公开课、讲座,对校本课程开发与实践进行推广、分享、交流,并根据收集的意见进行改进,不断对校本课程的理论与实践进行深入研究、完善,增强了校本课程理论与实践价值。

2.三层五合校本课程的完善

在多元智能理论的框架下,丰富了三层五合校本课程的理论基础,构建了三层五合校本课程的开发、实施、评价的系列策略和范例。相关内容包括校本课程设计的关键、校本课程设计原则、如何进行校本课程设计、校本课程的开发流程、开发校本课程的操作流程、校本课程管理、课程开发评审、课程实施评价等,在实践校本课程的过程中,逐步形成了既有理论高度又有实践意义,实践操作性强的三层五合校本体系。设计相关评价量表及典型校本课程案例,为其他教师提供重要参考。

(二)四系五融实验教学体系

四系五融实验精新化学体系是在二十多年教学实践、课题研究、出版著作、开设公开课和讲座等基础上不断总结、提炼出来的。

1.理论基础

从丰富的化学实验教学实践中提取出了理论基础,即认知负荷理论,构建出化学实验的四体系分别为物质体系、装置体系、操作体系、观察体系;化学实验五个融合,即趣味生活化、集约可视化、绿色化环保化、整体进阶化、素养功能化等。其为四系五融实验教学体系的开展提供了实验教学应用模式、实施策略、典型案例。

从应用理论创新,重构四系五融实验教学体系。五融合的实验教学是从实验本体和实验认知过程两个方面对中学化学的实验改进和教学实施进行重构的。从实验本体看,融合趣味生活化有利于激发学生学习兴趣、增强学习动机;融合集约可视化可提高实验教学有效性;融合绿色化环保化是实验教学价值追求;融合整体进阶化是从实验感知→实验思维→实验素养的学习进阶;融合功能素养化是教学要达成的最终目标。从实验认知过程看,功能素养化以素养为目标,统领实验功能。

2.实践效果

①课题研究与实践研究,提升理论。主持"高中化学实验生活化研究""基于科学探究的高中化学课堂学习评价的实践研究"等省级课题3项。

②论文与著作进行实践总结与理论提升。发表了《快捷通用连续喷泉实验装置》等20多篇论文,出版专著《高中综合实验》,该专著探讨了开展高中化学综合实验教学时的策略、方法、案例等。出版专著《高中化学实验探究》,该专著探讨了在高中阶段开展化学实验探究的原则、策略、方法、案例等。

③参与竞赛,改进与提升化学实验。参加实验创新比赛获得全国一等奖、实验说课比赛全国银奖,多次开办省市级公开课和讲座,主编出版实验类教学用书4本。

④推广面广,辐射面大。应邀在西藏林芝,新疆吉木萨尔,甘肃,宁夏,福建泉州、漳州、宁德、莆田等地进行有关"五融合"视角下的实验说课、实验创新、实验教学等内容开展培训工作,并得到课改地区较多教师的认可。出版的专著《高中实验指导与探究·化学》、《高中化学实验探究》等受到教师的肯定与赞许,为教师作出了研究示范。

新课程改革从知识立意转向能力立意,重视立德树人,重视对学生核心素养的培养,强调自主发展、合作参与、创新实践,强调个人修养、社会关爱、家国情怀,为了实现这些目标,需要我们教师与学生共同参与,以化学实验五融合理念为导向,多角度、多维度、多层次地研究化学实验教学方法,发挥化学实验的特色,培养学生核心素养、创新与合作意识。

第二节 精新化学的内涵阐述

精新化学内涵如图1-2-1所示。

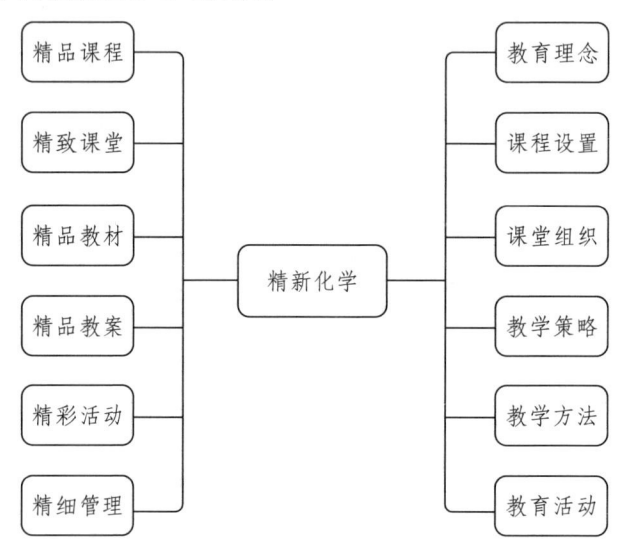

图1-2-1 精新化学的内涵

一 "惟精惟新"办学理念实践

厦门实验中学是厦门市属学校,是从小学一年级到高中三年级的12年一贯制学校。学校坚持理念先行的原则,以先进的教育教学理念引领学校跨越式的发展,致力成为厦门一流、省内外知名的现代化、实验性、示范性和国际化学校。

借《尚书·周书·周官》中"功崇惟志,业广惟勤",择"惟精惟新"为厦门实验中学的办学理念,将"精"与"新"作为学校成长壮大的必由之路。

"精"的主要包含三个方面:一是教育教学等各项工作要做到管理精细化,二是传授知识和文化要取其精华,三是师生学业专攻精深。

"新"是指育人模式、教学策略与时俱进、开拓创新,学校在创新中求发展,在创新中建品牌,在创新中显特色。

在"惟新教育"的指导下,学校形成了"惟精惟新"的办学理念、"善学善教"的教风、"惟志惟勤"的学风。

学校在教育理念、课程设置、课堂组织、教学策略、实验方法、学生活动等方面都有创新。

厦门实验中学在精新教育的教学理念下,以"三维五步教学模式""四要五环校本作业"等为抓手,注重落实、不断实践、深入研讨,不断提炼理论,再利用所提炼的理论、策略去指导教育教学,取得了非常好的教育教学成果。教师专业发展又快又好,教师在各类技能比赛中获得了许多高层次的奖项,发表的论文质量高、数量多;促进了学生的全面发展,他们在全国、省级、市级各类比赛中获得好成绩,在中考、高考中取得好成绩。学校飞速发展,教育教学质量有质的飞跃,办学五年学校就被评为福建省一级达标高中,创造了办学史上最短被评为省一级达标的纪录,学校在社会中的口碑越来越好。

二 精新化学

精新化学是教师在长期教育教学实践中不断实践、总结、提炼,再实践、修改、提炼而成的。精新化学有两个方面的含义。

一是"精"。开设精品课程,打造精致课堂,编辑精品教材,撰写精品教案,开展精彩活动,实行精细化管理。

二是"新"。教育理念、课程设置、课堂组织、教学策略、教学方法、教育活动创新。

精新化学课程涵盖课程内容、学法教法、校本作业、实验研究、校本教材等多个方面。

精新化学主要内容有五个方面,包含课程、课堂、学法、作业、实验,即三层五合校本课程、三维五步教学模式、三段五阶学习模式、四要五环校本作业、四系五融实验教学体系等,这五部分紧密联系,构成了高效的化学教学。

三层五合校本课程。"三层"是校本课程的三个层次,包含基础类课程、拓展类课程、研究类课程;"五合"指校本课程与"化学思维、学科知识、生活生产、人文品德、科技前沿"这五个方面相结合,契合新课改理念,践行新课程改革理念,素养为本,能力立意。

三维五步教学模式。"三维"有两层意思:从时间、空间的维度上看,包括课前准备、课堂教学与课后追踪三个教学环节;从教学实施与监督的行为主体看,包括教师、学生与管理者。"五步"即在课前、课中与课后三个维度中,教师、学生与管理者各自应该做的五件事:在课堂教学中师生共同实践提炼知识、作业练习、探究讨论、释疑点评、小结反思。

三段五阶学习模式。"三段"即学生学习分为三个时间段,即课前、课中、课后;"五阶"为学习五个主要阶段,包括预习、上课、复习、作业、总结。

四要五环校本作业。四要五环是与校本作业相关的五个方面的重要环节,包括"四案、四精、四合、四必、四查",每个环节包括四个要点内容,简称四要五环。

四系五融实验教学体系。"四系"是将化学实验分为4个体系,即物质体系、装置体系、操作体系、观测体系。"五融"是指化学实验教学中的五个主要研究方向,即趣味生活化、集约可视化、绿色环保化、整体进阶化、功能素养化,融入化学实验教学中,提高化学实验教学质量。

三　精新化学的整体框架

精新化学涵盖课程、课堂、学法、作业、实验等方面,精新化学主要内容有精新课程:三层五合校本课程;精新课堂:三维五步教学模式;精新学法:三段五阶学习模式;精新作业:四要五环校本作业;精新实验:四系五融实验教学体系等。这些都是经过多年实践而得的,通过课题研究、实验改进、论文写作、出版著作、实验比赛、公开课、讲座等实践,再经过反复研讨、提炼,经过时间检验,其教学效果好,具有推广价值。

精新化学(图1-2-2)的这五个部分都是在当代主流教学理论基础上进行二次开发与实践的。三层五合校本课程的理论基础是多元智能理论,三维五步教学模式的理论基础是建构主义,三段五阶学习模式的理论基础是人本主义,四要五环校本作业的理论基础是深度学习,四系五融实验教学体系的理论基础是认知负荷。每一项实践的时间都在5年以上,有的甚至二十多年的。

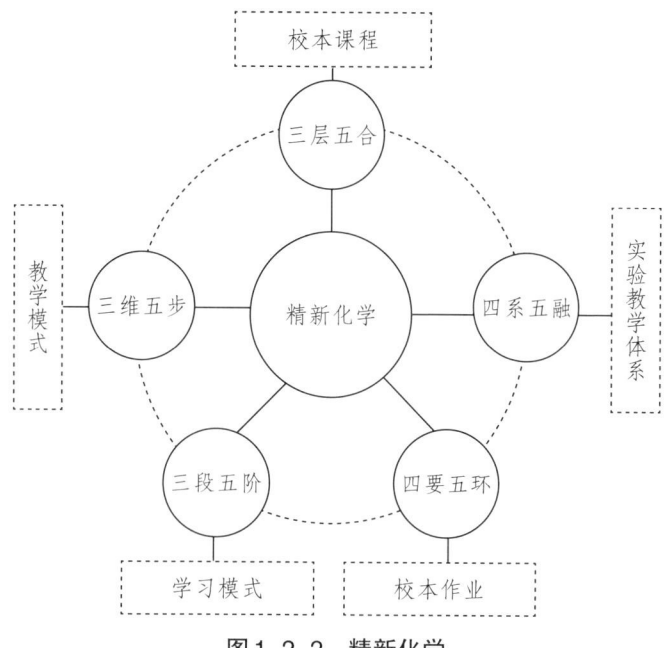

图1-2-2　精新化学

厦门市中学化学邹标名师工作室平台构建精新化学,工作室成员是来自厦门市六个区17所学校的老师,开展以"精新化学"为核心主题的研修活动,截至2024年7月,已开展了"精新化学"全市专题教研活动16次。

第三节 精新化学的提炼历程

本节主要内容如图1-3-1。

```
                    ┌── 三维五步教学法──三维五步教学模式
        ┌─学校课改项目提炼─┼── 五步学习法──三段五阶学习模式
        │           └── 五个四校本作业──四要五环校本作业
精新化学提炼历程─┤
        │           ┌── 从开设校本课程中提炼──三层五合校本课程
        └─教学实践中的提炼─┤
                    └── 从实验教学中提炼──四系五融实验教学体系
```

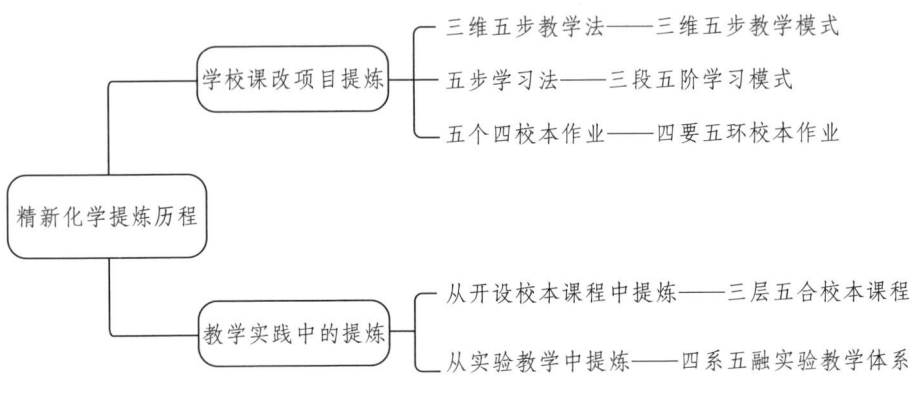

图1-3-1 精新化学的提炼历程

"精新化学"的五个主要部分都是在教学实践中，经过教学、课题研究、实验改进、实验教学、校本作业、校本课程、辅导学生等过程而提炼出的。多年的教学实践提炼证明其具有较好的教育教学效果。

一、三维五步教学模式形成历程

在理论指导下，结合当代主流的教育理论基础，不断研讨、修改、完善，构建完整的教学设计模式、实施策略、评价方案、典型案例，该模式具有简单易学、操作简单、可借鉴、可复制、效果好的特点，应用价值大。

1. 第一阶段

试验期（2015年9月—2016年8月）。初步构建流程图，开始进行实践。

中国教育科学研究院与我校联合办学，王晓霞老师作为中国教育科学研究院派到我校的专家，担任我校的教研副校长，设计了"三维五步教学法流程图"，在学校进行试点教学，取得初步成效。

2.第二阶段

生长期（2016年9月—2019年8月）。此阶段进行大范围推广与专题研究，完善教学模式，展示典型案例。主持市级课题"问题解决为核心的高中化学教学模式研究"，在此基础上修改、完善、提炼出本学科通用的教学设计模板，建立了12个年级各学科课堂教学设计资料库。

3.第三阶段

推广期（2019年9月—2021年8月）。此阶段全面推广，成效显著。

主持"惟精惟新办学主张指导下的教学实践研究"等省级课题，开展课题研究，完善教学设计模板，提出教学策略、评价量表、典型教学案例。

在省内外多所学校全面推广。开设讲座，宣讲设计理念、实施策略及案例使用方法，对实施过程进行指导等，全面推广。

4.第四阶段

总结期（2021年9月—2023年8月）。总结项目实施效果，反思存在问题，完善教学成果。参加成果交流、分享会议，扩大成果影响。

5.第五阶段

辐射引领（2023年9月至今）。通过专题讲座、课题研究、出版著作、发表论文、专题研讨等多种多样的形式，我们将所取得的成果进行分享，带动更多的教师、学生参与。厦门市邹标名师工作室开展"精新化学"系列市级专题教研活动，至2024年3月，已开展"精新化学"市级专题教学研讨16次，主编工作室成员的相关研究成果汇编为著作《精新化学教学实践——中学化学认知模型的建构与应用》，于2024年11月公开出版。

二　三段五阶学习模式形成历程

在学校所倡导的学习方法的基础上，我们进行了系统、深入的研究，从小范围试点，到全校推广。

1. 第一阶段

试验期(2016年9月—2017年7月)。此阶段提出五步学习法,提倡学生实践。教师为学生提供了五步学习法操作流程,指导有兴趣的学生进行实践,取得较好的实践效果。

2. 第二阶段

生长期(2017年9月—2021年8月)。教师在重点班推行"五步学习法",建立导师制;建立拔尖班试点,对优秀的学生进行重点指导,该班学生成绩常位居全省前列。本校涌出大量优秀学生,学生成绩进步显著。

3. 第三阶段

推广期(2021年9月—2023年8月)。此阶段推广有效,效果显著,尝试推广到本校普通班级。大部分学生的学习积极性提升,学习效率提高,学习成绩提高。

4. 第四阶段

总结期(2023年8月至今)。总结项目实施效果,找出存在的问题,进一步完善。参加成果交流分享会,扩大使用范围。

三 三层五合校本课程形成历程

三层五合校本课程是在开设多年、多种化学校本课程的基础上提出的,我校研究团队出版多本校本课程用书及完成多次省市级课题研究,逐渐对其进行丰富、完善、提升。

1. 第一阶段

试验期(2008年9月—2011年8月)。此阶段进行个案研究,小范围试点,完善校本课程案例。研究团队主编出版《趣味化学》《实验化学》等校本课程用书。

2. 第二阶段

生长期(2012年9月—2015年7月)。此阶段进行小范围推广,完善校本课程的理论体系,展示典型案例。课题团队对校本课程系统地研究,完成省级课题"新课程背景下现行高中教材化学实验校本化研究",提出校本课程的编制及实施策略,选取部分年级开展实践。

3. 第三阶段

推广期(2016年9月—2021年8月)。此阶段推广有效,效果显著。在校本课程推广期间,团队申报了2个省级课题,提炼了校本课程编写及实施的精品案例。在省内外多所学校开设讲座。还在福建福州、厦门、龙岩,新疆部分地方进行推广,反响好。

4. 第四阶段

总结期(2021年8月—2023年8月)。总结项目实施效果,完善教学成果。参加成果交流,扩大使用范围。

5. 第五阶段

辐射引领(2023年9月至今)。通过专题讲座、课题项目、出版著作、发表论文、专题研讨等多种多样的形式,团队将取得的研究成果进行分享,带动更多的教师、学生参与,扩大影响。

四 四要五环校本作业形成历程

四要五环校本作业经过了10年专项研究,相关研究成果有出版的校本作业、论文,还举办了省市级讲座。校本作业经过研究团队的反复研讨、修改、实践,逐渐完善、提升。

1. 第一阶段

酝酿期(2013年9月—2016年8月)。此阶段为个案研究,初步提炼理论。

首先对学生、教师开展问卷调查,再结合文献研究现状,开展化学校本作业市级课题研究,然后编写、出版化学校本作业,初步提出校本作业相关理论。此阶段团队还指导林芝地区校本作业的开发与实践,取得了好成效。主持了市级课题"化学观念指导下的初三化学校本作业研究",主编了校本作业《初三化学用语》。

2. 第二阶段

试验期（2016年9月—2017年7月）。此阶段进行小范围试点，尝试构建校本作业理论体系。

团队对作业进行理论研究、梳理及创新理论，提出适用于从小学一年级到高中三年级的一体化的"五个四"校本作业体系理论，提出校本作业的编制及实施策略，并选定年级开展实践。

3. 第三阶段

生长期（2017年9月—2019年8月）。此阶段进行大范围推广，完善校本作业体系，提供典型案例。

团队对"五个四"校本作业理论体系进行推广，指导教师申报省级课题，专项研讨，提炼校本作业编制及实施模式精品案例，建立了12个年级各学科校本作业资料库。

4. 第四阶段

推广期（2019年9月—2020年8月）。此阶段推广有效，效果显著。

团队成员发表相关校本作业论文，主持省级课题、市级课题。指导教师参加试题命题比赛、作业设计比赛等，近百人获省、市级奖。

团队在省内外多所学校全面推广。开设讲座，宣讲编写思想、校本作业策略及案例、使用方法、实施过程等，全面推广；开设讲座或公开课，国家级1场、省级6场、市级6场等。

5. 第五阶段

总结期（2020年8月—2022年3月）。总结项目实施效果，完善教学成果。参加成果交流大会，扩大成果影响。主持"基于深度学习'五个四'校本作业开发与实践研究"项目获厦门市二等奖。

6. 第六阶段

辐射引领（2022年3月至今）。通过专题讲座、出版著作、发表论文、专题研讨会等多种多样的形式，团队把所取得的研究成果进行分享，带动更多的教师、学生参与，扩大影响。

五 四系五融实验教学体系形成历程

1. 第一阶段

酝酿期（2008年9月—2010年8月）。此阶段进行个案研究，提炼理论。

研究思路为单个仪器改进→多个仪器组合改进→整套装置改进→实验方案改进→实验方案设计，提出"五融"化学实验教学体系。团队发表多篇论文，出版专著《高中实验指导与探究化学》。

2. 第二阶段

研发期（2010年9月—2011年7月）。此阶段进行方案设计、研讨。

实验改进从趣味生活化、集约可视化、绿色环保化、整体进阶化、功能素养化等五个维度展开，通过实验教学、教师比赛、学生比赛、科技创新等活动去实践。实验教学体系研发过程如图1-3-2所示。

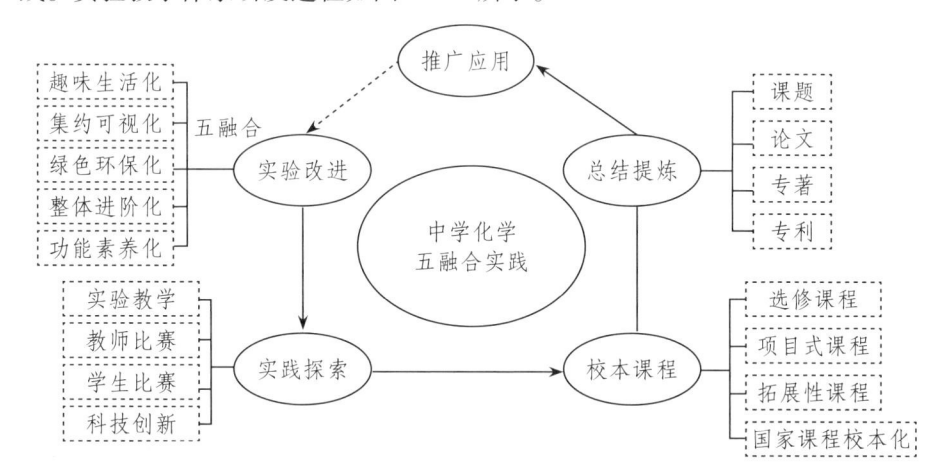

图1-3-2 五融合的实验教学体系研发过程

3. 第三阶段

试验期（2011年9月—2013年7月）。此阶段在小范围推广。

团队通过课题研究、编写校本教材、撰写论文、出版专著、开设"对高中化学实验教学的思考""高中化学实验仪器与装置"等省市公开课等形式进行试点。实验创新比赛获全国一等奖，校本教材在集美中学、翔安一中、英才学校使用。出版化学实验类专著《从生活中体验化学》《高中化学综合实验》，其同时也是我校校本课程的教学用书。

4. 第四阶段

生长期(2013年8月—2019年7月)。此阶段进行大范围推广,形成实验体系。

团队主编出版《实验化学》并多次再版,厦门市内外近百所学校使用该书。主持了省级课题"高中化学生活化研究"、市级课题"核心素养背景下化学实验功能挖掘与应用",深入探究"五融"实验教学。发表论文,获得实用新型专利4项、发明专利1项,实验说课比赛获全国银奖。

5. 第五阶段

推广期(2019年8月至今)。此阶段推广有效,效果显著。

团队发表论文,主持省级课题2个、市级课题4个结题,出版专著和主编著作3本。实验比赛全国银奖3人,共22场省市公开课、讲座,在福建厦门、宁德、福州,新疆,西藏,甘肃等地进行推广。主持的"中学化学'五融合'实验教学体系构建与应用"项目获福建省一等奖,自制教具比赛获市一等奖。

第二章

精新化学课堂：
三维五步教学模式

第一节 三维五步教学模式的理论基础

本节主要内容如图2-1-1。

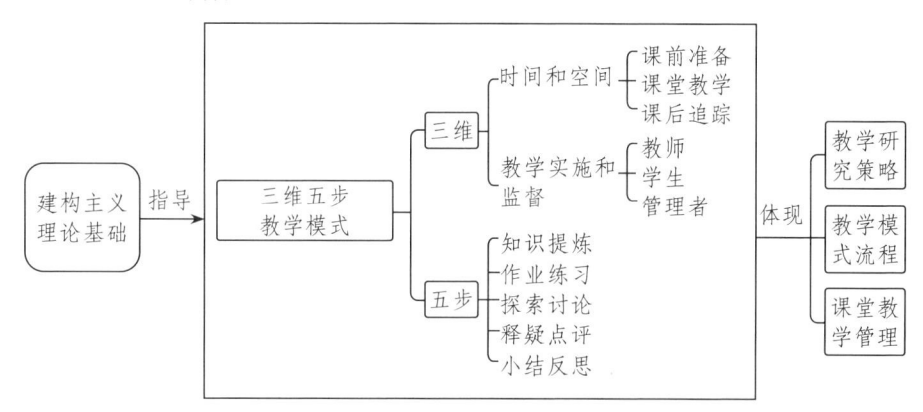

图2-1-1 三维五步精新化学教学模式

一 建构主义

建构主义是一种教育理论,强调学生在与环境互动和自主建构知识的过程中进行学习。科学教育中建构主义的学科思想、智慧体现在以下几个方面。

(1)激发学生的兴趣和好奇心。建构主义认为,学生在学习过程中应该是主动参与和探索的。教师可以通过提出问题、引导讨论、演示实验等方式,激发学生对科学的兴趣和好奇心,促使他们主动学习。

(2)强调学生的合作与交流。建构主义强调学生间的合作与交流,认为互动让学生可以共同建构知识。在进行科学教育时,教师可以组织小组活动、课堂讨论和合作实验等,让学生之间相互交流和合作,共同建构科学知识。

(3)提供多样性的学习资源和体验。建构主义强调学生对多样性的学习资源和体验的需求。在进行科学教育时,教师可以提供丰富的实例、实验等学习资源,让学生通过多样性的学习体验来建构自己的科学知识。

(4)重视学生的自主学习和思考。建构主义认为,学生应该是自主学习和思考的主体。在进行科学教育时,教师应该给予学生足够的自主学习时间和空间,鼓励他们提出问题、思考解决方案,并通过反思和总结来巩固和延伸学习。

综合来看,在科学教育中建构主义的学科思想、智慧强调学生的主动性、自主性和合作性,学生通过与环境的互动和交流,促进知识建构,培养科学思维和科学素养。

二 三维五步教学模式与建构主义

(一)三维五步教学模式简介

1. 教学法

教学有法、教无定法、贵在得法是著名教育家叶圣陶的名言。教学有法,即我们的教学首先要树立一种符合教育规律的一般性、普遍性的法则。教无定法,即面对不同的教育对象和条件,我们应结合具体实际,不盲目照抄照搬,找到契合自身个性化的东西。贵在得法,指通过教育教学实际,我们把普遍规律与个人实践、风格结合起来,使共性与个性有机结合,形成既符合普遍规律又具有个性化特征的教学方法和风格。"教学有法""教无定法""贵在得法"三者,遵循"一般→特殊→一般"的认知规律,是一个从低级到高级的发展过程。

目前大多教学方法还停留在教师讲、学生听的层面。这种教师讲、学生听的灌输法,没有达到第一层次的"教学有法",更无从谈"教无定法"和"贵在得法"。基于这样一种教学现状,为解决教学有法问题,我们创造性地提出了"三维五步教学法",目的就是突破传统课堂教学模式,为教师和同学提供科学、操作性强的教学方法。

2. 三维五步教学模式

三维五步教学模式中的"三维"有两层意思:从时间、空间的维度上看包括课前准备、课堂教学与课后追踪三个教学环节,每个环节都有数字化云平台服务;从教学实施与监督的行为主体看,包括教师、学生与管理者三者在时间、空间维度上的配合与协作,三者有机地结合为一个促学共同体。"五步"即在课前、课中与课后三个维度中,教师、学生与管理者各自应该做的五件事:在课堂教学中师生共同进行知识提炼、作业练习、探究讨论、释疑点评、小结反思等课堂教学五个步骤。其核心教学思想可用六个字概括,即自主、合作、探究。

三维五步教学模式是为在"互联网+"时代有效提升学校教育教学质量而进行的课堂教学模式改革。三维五步教学模式要通过课前准备、课堂教学以及课后追踪三个环节予以落实。

五个步骤与建构主义理论密切联系。

(1)知识提炼。教师通过学案提出问题,激发学生的兴趣和好奇心、引发学生讨论、促使他们主动参与和探索。教师提供多样性的学习资源,指导学生建构知识体系。

(2)作业练习。针对教学重点、难点,教师设计恰当的作业,帮助学生巩固知识、提升能力、增强素养。

(3)探究讨论。教师给予学生足够的自主学习时间和空间,通过小组互动、课堂讨论、合作实验等活动,让学生之间相互交流和合作,培养学生发现问题、分析问题、解决问题的能力,从而共同构建科学知识。

(4)释疑点评。该环节充分发挥教师主导性、学生主动性,师生共同突破难点,健全知识网络。

(5)小结反思。教师给予学生足够的自主学习时间和空间,鼓励他们提出问题、思考解决方案,并通过反思和总结来巩固和延伸学习。

(二)三维五步教学模式的流程

该教学模式将学习过程分为课前准备、课堂教学、课后追踪三个阶段和知识提炼、作业练习、探究讨论、释疑解惑、小结反思等五个步骤(图2-1-2),各流程环环紧扣,确保学生扎实掌握知识。

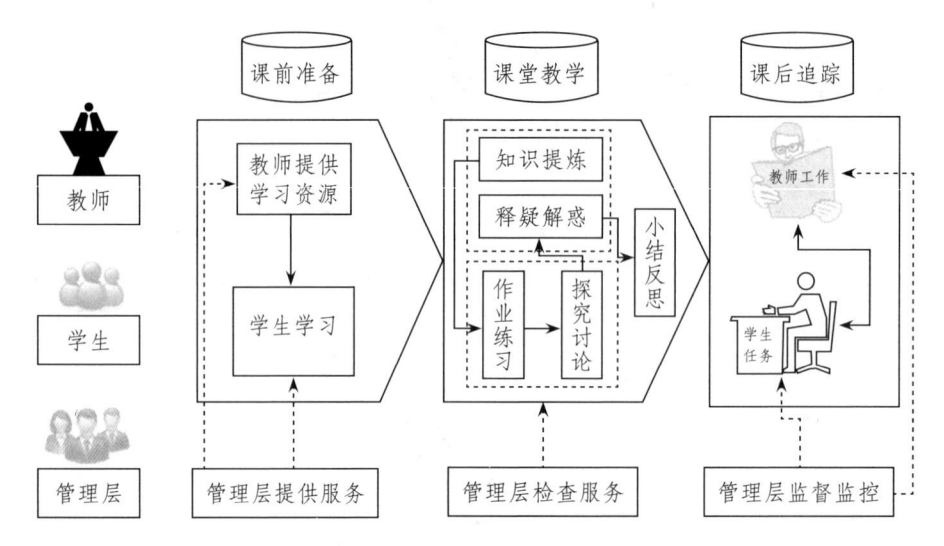

图 2-1-2　三维五步教学模式流程图

1. 课前准备

（1）教师提供学习资源。包括：教师阅读课程标准、教材、教参；教师明确中考、高考该知识点的考查方式；教师弄懂名家、同事对该知识点的教学法；备课组研讨、试讲，整理课件、练习题，拓展资源；将课件（含视频等）、练习题、拓展资源等上传到教学网络平台。

（2）学生学习。包括：学生准备好设备；学生到指定平台下载资源、学习；学生尝试理解、思考所获取的信息；尝试归纳所学知识要点。

（3）管理层（含教务、教研、年段、教研组等）提供服务。包括：广泛宣传互联网的应用价值，统一思想认识；提供硬件设施设备，建立适合校情的信息化系统平台；设计学校互联网时代的教学法，形成一套完整的质量监控评价体系；建立互联网时代的学校治理体系，收集各类资源。

2. 课堂教学

（1）知识提炼。教师归纳、提炼知识要点，讲解方法、思路、易错点等；学生弄明白所学知识，记住所学知识要点，掌握思路方法。

（2）作业练习。教师提供练习题，巡视辅导；学生在规定时间内完成作业。

（3）探究讨论。教师帮助学生分组，引导学生讨论问题；学生分组讨论对知识如何理解，作业中存在的问题。

(4)释疑解惑。教师归纳学生讨论成果,解答学生疑惑;学生弄明白所学知识,解决问题。

(5)小结反思。教师小结知识要点,讲明方法形成模型,引导学生思考;学生弄清楚错漏原因,熟练掌握所学知识,明确下一节课的任务。

3.课后追踪

(1)教师工作。写教后记,做好教学反思;为不同层次学生提供不同的拓展资源;跟踪每一个学生的学习情况,帮助他们解决困难;等等。

(2)学生任务。强化记忆,梳理思路;能读、说、想、做、写;消除错漏;提升速度与准确性。

(3)管理层督查监控。检查教学程序,进行质量监控;督查常规落实情况;树立榜样,查处违规行为;调整提升。

第二节 三维五步教学模式的实施与评价

本节主要内容如图2-2-1所示。

图2-2-1 三维五步教学模式实施与评价

一、三维五步教学模式的实施策略

(一)大单元教学设计与实施

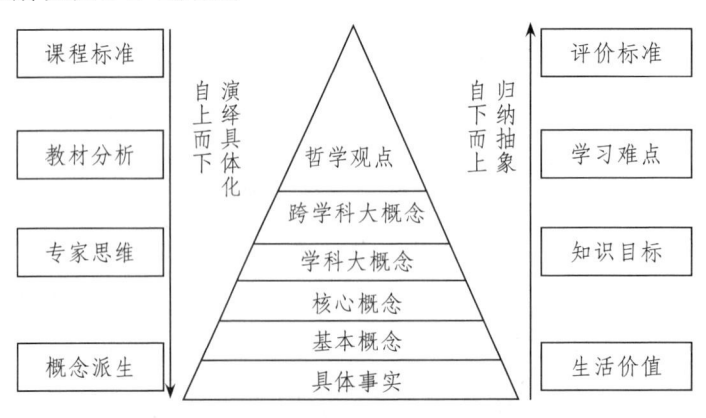

1.大单元的凝练与提取

大单元的凝练与提取包含自上而下的演绎具体化和自下而上的归纳抽象两大类,具体如图2-2-2所示。

图2-2-2 大单元的凝练与提取

2.大单元教学设计框架

教师根据具体的大单元主题和课程目标,对大单元教学设计框架进行调整和适应。设计的关键是将理论知识与实践应用相结合,激发学生的兴趣和主动学习的动力,教师提供合适的评估和反馈方式来确保学生的学习效果。以下是某中学化学大单元教学设计框架。

(1)主题介绍和目标设定。教师介绍大单元的主题和重要性,激发学生的兴趣,设定清晰的学习目标。

(2)预备知识和引入。复习和回顾与该主题相关的基本化学概念和知识,教师使用引人入胜的实例或实验,引发学生对新知识的好奇心和思考。

(3)知识探究。教师实验,组织学生进行观察、调查或研究,促使他们主动探索和发现。引导学生观察现象、提出问题、收集数据和分析结果。

(4)理论讲解和概念解析。在学生进行探究后,教师提供相关的理论知识和概念解释,使用图表、模型和示例来帮助学生更好地理解和记忆。

(5)实践应用和问题解决。教师鼓励学生将所学的知识用到实际的问题和案例中,并提供实际问题、案例分析或模拟实验,让学生运用所学知识解决问题。

(6)总结和复习。教师帮助学生回顾大单元的重点概念和知识,让学生进行总结和复习的活动,如画思维导图、写学习笔记。

(7)评估和反馈。教师使用多种形式的评估方法,如项目作业、小测验或口头演讲,并提供及时的反馈和建议,帮助学生改进和提高学习成果。

(8)延伸拓展。教师提供深入学习或延伸的机会,如研究项目、实验设计或文献阅读,激发学生的好奇心,培养他们独立思考和自主学习的能力。

(二)大单元学习目标的确定

大单元学习目标先提出大概念,然后拆解为核心概念,具体如图2-2-3所示。

图2-2-3 大单元学习目标的确定

(三)大单元整体备课模式

大单元整体备课包括:单元内容梳理、单元教学核心素养目标解读、核心素养阶段性特点分析、单元素养目标达成策略、课时教学设计,具体如图2-2-4。

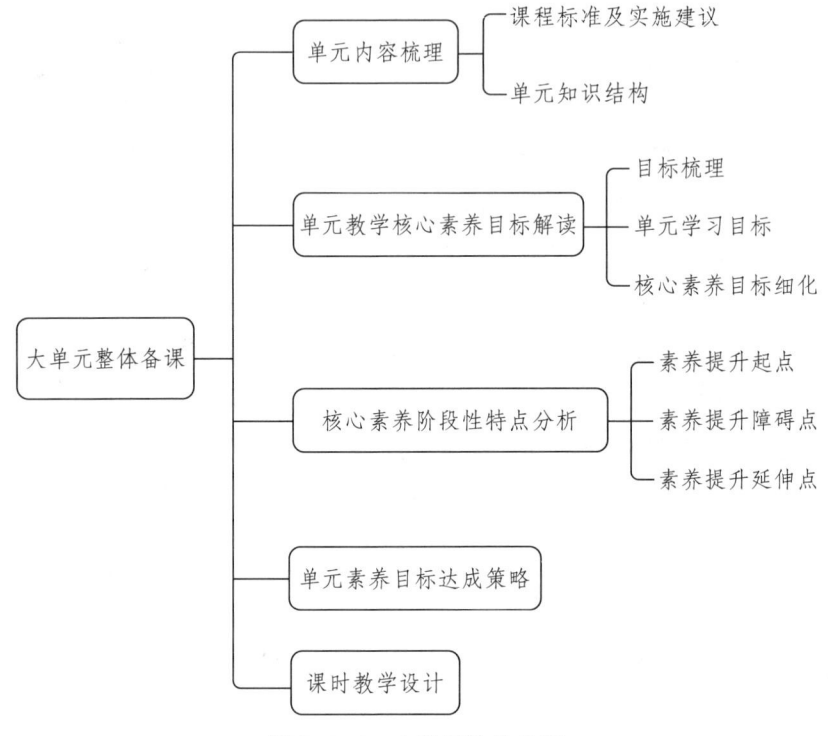

```
大单元整体备课 ┬─ 单元内容梳理 ┬─ 课程标准及实施建议
              │              └─ 单元知识结构
              │
              ├─ 单元教学核心素养目标解读 ┬─ 目标梳理
              │                         ├─ 单元学习目标
              │                         └─ 核心素养目标细化
              │
              ├─ 核心素养阶段性特点分析 ┬─ 素养提升起点
              │                       ├─ 素养提升障碍点
              │                       └─ 素养提升延伸点
              │
              ├─ 单元素养目标达成策略
              │
              └─ 课时教学设计
```

图2-2-4 大单元整体备课

(四)大单元学习活动任务的设计

教师确定大单元学习目标后,还需要确定学习任务和学习活动,将大单元学习目标拆解为不同的学习任务。将真实情境进行科学抽象,形成学科驱动性问题,再将问题转化为对应的任务,进一步将任务拆解为课时任务,最后将课时任务设计为学习任务,具体步骤如下。

(1)整体规划大单元学习主题的教学。确立学习主题和学习目标后,教师要进行整体规划,综合考虑问题解决过程、知识逻辑顺序、学生的认知发展、学生的能力发展。大单元学习主题教学的整体规划(图2-2-5)一般分为三个阶段:拆解任务、设计问题;规划课时、及时安排;系统审视、优化设计。

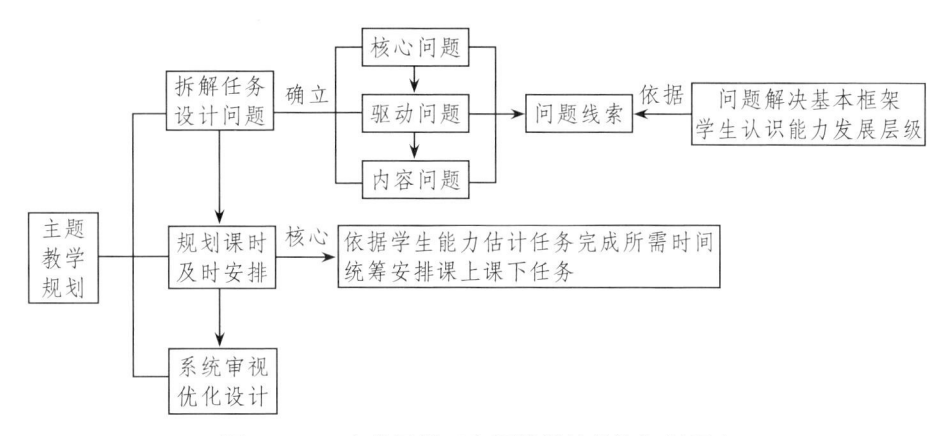

图2-2-5 大单元学习主题教学的整体规划程序

（2）整体大单元教学设计案例（图2-2-6）。要增进学生对化学学科的理解，就需要设计驱动性问题，促使学生深度思考。真实、具体的问题情境是学生化学学科核心素养形成和发展的重要平台，其提供了真实的表现机会并将关键问题融进真实情境，每个关键问题均给学生充足的时间交流，学生在思维碰撞中深入理解学科知识与科学家处理问题的思维方式。

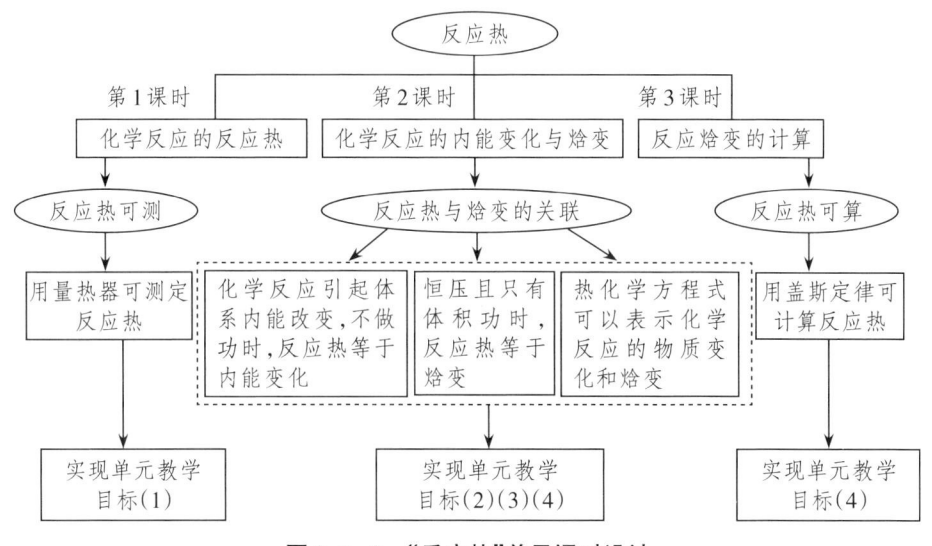

图2-2-6 "反应热"单元课时设计

(五)基于化学核心素养的教学设计思路

基于化学核心素养的教学设计思路如图2-2-7所示。首先分析课程标准和教材中显性内容和隐形教育内容,设计"四线合一",即"情境线、知识线、任务线、素养线",对单元教学的内容做出明确规划;然后通过分析教学单元中所承载的素养目标,结合核心知识点,设计"教、学、评"目标,注重教学目标和评价目标、学习任务和评价任务、学习方式和评价方式的整体性、一致性,学习任务的设计要搭载真实情境。

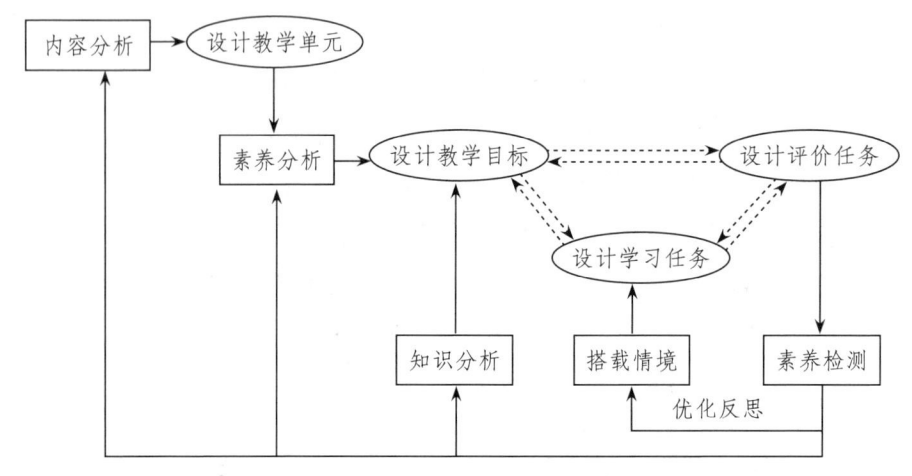

图2-2-7 基于化学核心素养的教学设计思路

(六)建立教学流程图

中学化学教学流程图主要包含以下10个环节。

(1)知识导入。教师引导学生回顾相关知识,激发学生对化学的兴趣。

(2)知识讲解。教师通过讲解知识点、示范实验等方式,将新知识传递给学生。

(3)实验演示。通过进行相关实验,教师直观地展示化学反应原理和实验操作。

(4)学生实践。学生在实验室进行实验操作,观察、记录、分析和总结。

(5)讨论与互动。教师引导学生进行思考和讨论,学生互动交流、探讨问题。

(6)拓展延伸。教师提供一些拓展资料或题目,让学生深化对知识的理解和应用。

(7)错误分析与纠正。教师对学生的实验数据和分析进行指导,发现错误并进行纠正。

(8)归纳总结。教师对本节课的内容进行归纳总结,让学生梳理思路与知识框架。

(9)作业布置与检查。教师布置作业并检查学生的完成情况,巩固知识运用能力。

(10)复习和评价。教师组织学生复习并进行测试。

以上流程只是一个基本的参考,实际的教学流程可以根据学校的教学要求和教材内容进行具体调整。示例:初中化学《中和反应》教学流程如图2-2-8所示。

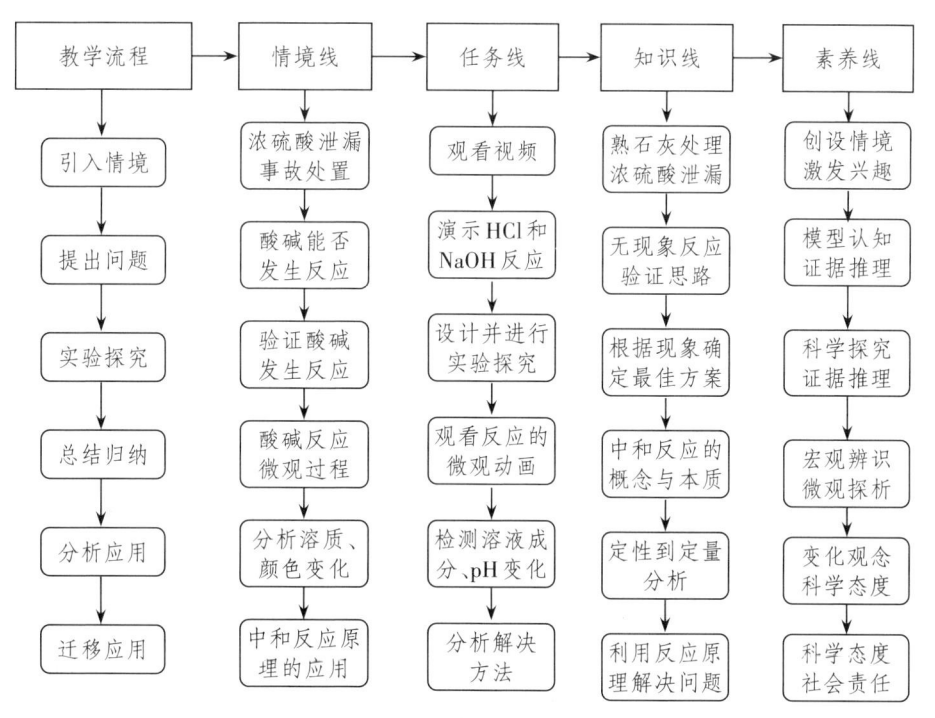

教学流程	情境线	任务线	知识线	素养线
引入情境	浓硫酸泄漏事故处置	观看视频	熟石灰处理浓硫酸泄漏	创设情境激发兴趣
提出问题	酸碱能否发生反应	演示HCl和NaOH反应	无现象反应验证思路	模型认知证据推理
实验探究	验证酸碱发生反应	设计并进行实验探究	根据现象确定最佳方案	科学探究证据推理
总结归纳	酸碱反应微观过程	观看反应的微观动画	中和反应的概念与本质	宏观辨识微观探析
分析应用	分析溶质、颜色变化	检测溶液成分、pH变化	定性到定量分析	变化观念科学态度
迁移应用	中和反应原理的应用	分析解决方法	利用反应原理解决问题	科学态度社会责任

图2-2-8 教学流程图

二 教学板书设计策略

(一)板书设计现状

课堂板书,既是一门技术,又是一门艺术。它要将课文内容系统化、条理化、形象化并直观地呈现出来,简练地、系统地体现教学内容,提供记忆的框架结构。板书可帮助学生及时跟上老师的授课思路,使学生的思考力和注意力集中在教师所讲的课题上。板书是洞察教材的"窗口",开启思路的"钥匙",排疑解难的"桥梁",实施教学的"蓝图"。

随着现代教育技术的普遍应用,多媒体教学手段占据了课堂,板书的地位越来越低,甚至常常被冷落,有被取代的可能,原本生动有趣的板书缺少了灵动。许多教师就靠着一张张的幻灯片生硬机械地讲课,整堂课黑板上空空如也,而学生对整节课的印象也是片段式的。

由于有的教师对板书不够重视,讲完一节课课题都忘记写;有的教师上课写板书随心所欲,或者突发奇想把自己认为的关键内容进行板书,不能系统条理地体现教学思路、教学重点,更谈不上是微型教案的整体呈现;部分教师有意识地利用一支粉笔、一块黑板这一教学资源,但是板书缺乏条理性、系统性和精练性。由此不难看出部分教师在备课过程中,并未抓住关键之处,这反映出教师备课功夫没有下足。

一堂课无板书、少板书、满板书或随意书写板书,说明教师在备课时可能没有深钻细研教材,无法写出详细完整的教案,提炼出教学的重点难点。在这种情况下谈提高课堂教学质量,无异于水中花、镜中月。以上所述,看似板书问题,但折射出了教学普遍存在的但被忽略的教学真问题。

好的板书是教师的艺术创造,可以说是一节课浓缩的精华。它可以让我们清晰地看到"教路"和"学路",其能让学生清晰地回忆一节课的历程。好的板书,犹如建筑物的框架结构,尽管一节课的内容很多,但教师只要抓住关键,就能纲举目张,学生只要看过纲领,就知道一节课的大概内容。精美的板书好似一首诗,也犹如一幅画,和教师的讲解、学生的学习一起成为课堂教学的有机组成部分。精美的板书,又似潺潺流动的溪水,能使学生透过清澈的溪水,看到"知识"中那美丽的景观;精美的板书,更似那甘甜的果实,能使学生品尝"知识"中无尽的奥妙。

实际教学中存在教师不重视板书设计现象,主要表现在:重全面、轻核心;重结果、轻过程;重独立、轻联系。板书形式上存在零碎、不美观、不规范、不合理、不科学、太单一等问题。

板书设计"五忌"。一忌"错":有错别字、演算失误或者乱造字等情况;二忌"空":只有寥寥几个字、仅有课题,甚至"零板书";三忌"散":重点不明确、难点不突出,无核心内容,缺内在联系;四忌"乱":没逻辑、没条理、跳跃大;五忌"满":满黑板,甚至一板又一板,无留白、无余地。

在信息技术背景下,教师借助现代教育技术手段,灵活、快速切换大量习题,动态辅助教学,但板书在练习课中的作用是信息技术无法取代的。比如,板书能体现相关知识间的联系和区别,从不同角度展现学生在练习中对知识的掌握情况。板书可以在一定时间内留存在学生眼前,不仅有利于一部分能力稍有欠缺的学生有更多的时间理解、消化、领会,更能够帮助学生在一定程度上进行对比区分,相近、易混淆的概念或不易区分的知识。学生利用板书展开思辨,真正巩固深化了所学知识。练习课的板书设计经常被老师们忽视,但练习课是新授课的补充和延续,是巩固学科基础知识和形成熟练技能技巧的基础。

(二)板书设计

1.板书设计版式

板书设计版式主要有两种,分别为中心和两分版式。中心版式是主板书在中间,副板书在两旁,主板书不轻易擦除,副板书可以随写随擦;两分版式是主板书在左边,副板书在右边,主板书不擦除,副板书机动,可擦除。

常用的板书布局为两分、三分,依据黑板的大小和教师的习惯进行布置。主黑板书写教学的主题和重要知识点,副黑板是辅助区,写一些补充和临时想到的内容,随写随擦。教师在写板书时,一定要四圈留白,不要靠边写,不然黑板显得局促。而上边和下边的处理也要根据教师的身高和学生的座位高低而定。

2.板书的作用

好的板书具有"静""慢""精"的作用(图2-2-9)。板书的"静",营造课堂学生学习思考的氛围;板书的"慢",让学生的思路都跟上教师的讲解;板书的"精",促进学生核心素养的提高。

图2-2-9 板书的作用

3.板书设计的美

从板书的内容形式来看,板书强调直观形象、布局合理、造型优美,力求通过文字、符号、图形、线条、图表等构件要素使抽象的概念、原理、命题以具体化形式呈现。板书追求秩序、对称、均衡、调和、流畅等方面的美,其美学功能蕴含在教学内容、结构、书写和氛围等方面。板书之美体现在:书法之美、布局之美、留白之美、适时之美等。

4.板书设计策略

优秀的教师是非常重视板书设计艺术的运用和研究的,一般都会把板书设计成赏心悦目的艺术品,给学生以美的享受。对一堂优秀课而言,板书的地位是举足轻重的。教师要把板书设计视为实现教学目的的一种手段,板书不仅是手段,也是一门科学,更是一门创造性的艺术。

化学的板书设计应该是有组织、清晰、简洁明了的,其能够突出重点,帮助学生理解和记忆所学的知识。同时,适度的互动性和使用可视化工具也可以增加学生的参与度和兴趣,加深学生对化学知识的理解。中学化学板书设计策略(图2-2-10)主要包括以下几个方面。

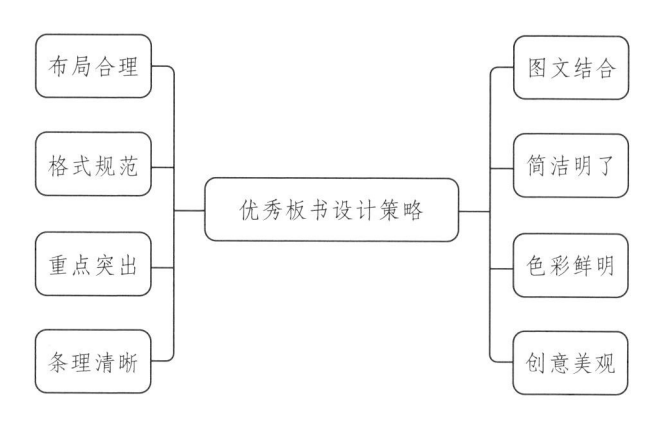

```
┌──────────┐
│ 布局合理 │
└──────────┘
┌──────────┐                              ┌──────────┐
│ 格式规范 │                              │ 图文结合 │
└──────────┘                              └──────────┘
              ┌──────────────┐            ┌──────────┐
              │优秀板书设计策略│            │ 简洁明了 │
              └──────────────┘            └──────────┘
┌──────────┐                              ┌──────────┐
│ 重点突出 │                              │ 色彩鲜明 │
└──────────┘                              └──────────┘
┌──────────┐                              ┌──────────┐
│ 条理清晰 │                              │ 创意美观 │
└──────────┘                              └──────────┘
```

图 2-2-10　优秀板书设计策略

(1)布局合理。整体布局应该有条理,按照主题或章节进行划分。结构化板书设计,使学生可以通过板书的内容结构和关联性来理解和掌握知识。在设计板书时,教师合理地留白,不过度装饰,便于学生的注意力集中在重点内容上。

(2)格式规范。制订统一的板书格式,包括字体大小、线条粗细、标点符号使用等方面,使板书整体风格统一,易于阅读和理解。

(3)重点突出。每个板块的标题应该简明扼要,使用大字体和醒目的颜色来吸引学生的注意力。通过加粗、下划线、不同颜色或字体等方式来突出关键词和重点,有助于学生快速理解和记忆。在板书设计中,要突出强调关键信息,比如重要公式、实验步骤、注意事项、重要规律、典型方法等,使用不同字体、颜色,加粗、简笔画、图表等多种方式呈现,有利于学生理解记忆。

(4)条理清晰。板书内容应按照逻辑顺序进行组织,从基础概念到深层内容,合理安排板块和标题,使学生能够迅速理解知识的脉络。教师设计板书时,可以选择逐步展示的方式,通过分步骤、时间序列等形式,循序渐进地展示化学概念的发展和相关性。

(5)图文结合。适当的图形、图示,辅助学生理解化学概念和过程,使抽象的知识更加具体可视化。同时,搭配简洁明了的文字说明,加强对图形的解释。图、表能够更好地帮助学生理解抽象的化学概念和过程。

(6)简洁明了。板书内容应尽量简洁明了,避免冗长的文字和复杂的图示,重点突出,让学生能够快速理解和记忆。教师合理使用色块和箭头来划分板块之间的逻辑关系,有助于学生理解化学知识的逻辑性和连续性。

(7)色彩鲜明。使用鲜艳且具有辨识度的颜色能够增加板书的吸引力和趣味性。不同颜色的文字和图像将更好地吸引学生的视觉注意力,提高信息可读性。

(8)创意美观。在简洁明了的前提下,添加适当的创意性装饰元素,如边框、彩色标注、插图等,使板书更加美观,激发学生学习的兴趣。但板书内容应及时更新和修订,确保板书内容与教学内容保持同步,并根据实际情况调整板书设计策略。板书中适当添加一些实际应用,可帮助学生将化学知识与日常生活联系起来,有利于他们拓展应用思维。设计一些互动性的元素,例如填空题或小练习,鼓励学生积极参与和思考。

5.板书设计流程

中学化学板书设计流程可以按照以下步骤进行。

(1)确定板书内容。根据教学目标和教材内容,确定需要在板书上呈现的主要知识点、公式、实验步骤等内容。

(2)规划板书结构。根据内容的逻辑关系和教学顺序,规划板书的结构。可以使用分块、箭头等符号来组织,以确保板书整体视觉效果简洁明了。

(3)选择适当的图形和图示。适当的图形、图示等可辅助学生理解和记忆化学概念,彩色标注有利于突出重要知识点。

(4)编写清晰的文字说明。教师使用清晰简洁的文字,准确描述化学概念和原理,避免使用过多专业术语,以便学生能够快速理解和记忆。

(5)强调实验步骤和关键点。对于涉及实验步骤和关键点的内容,教师要突出标注并提供详细的讲解,以帮助学生理解实验原理和操作。

(6)美化和修饰板书。通过合适的装饰元素,如边框、颜色、图标等,美化板书的整体布局,为学生提供更好的视觉体验。

(7)反复修改和完善。在设计完成后,教师需要反复审查和修改板书内容,确保逻辑清晰、无误,并具有良好的可读性。

(8)配合教学过程更新板书。随着教学的推进,教师需要根据学生学习进度及时更新板书内容,以适应教学进程。

通过以上流程,设计的中学化学板书将具有清晰、有序和美观的视觉展示效果,帮助学生更好地理解和掌握化学知识。

6.板书设计案例

(1)概念型板书设计。

设计策略:从"前概念—认知冲突—新概念"概念同化三阶段视角设计板书。

例如,高中化学必修中的"离子反应"相关内容(图2-2-11)。

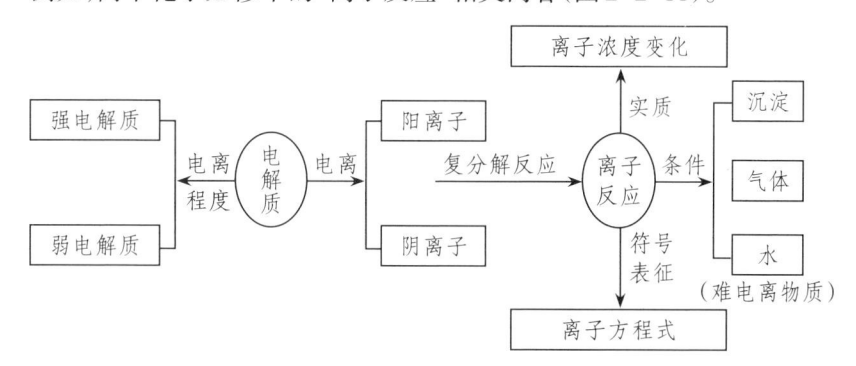

图2-2-11 "离子反应"板书设计

(2)结构型板书设计。

①物质结构型板书设计。

设计策略:从"物质结构—性质—用途"三点一线视角设计板书。例如,高中必修中"乙醇"相关内容(图2-2-12)。

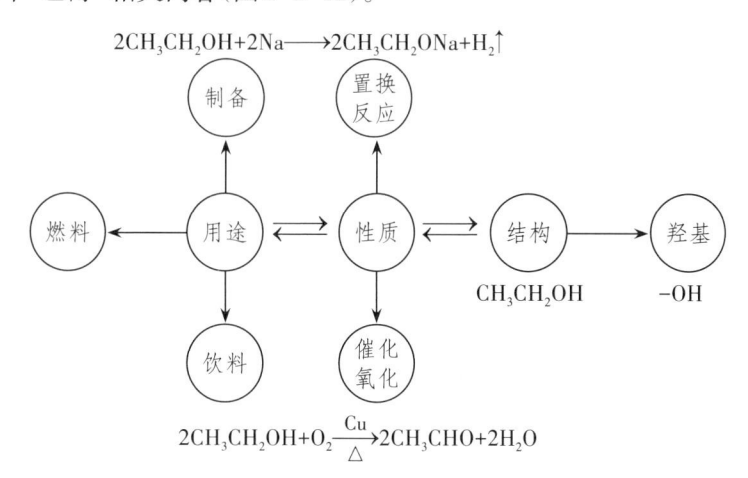

$2CH_3CH_2OH+2Na \longrightarrow 2CH_3CH_2ONa+H_2\uparrow$

$2CH_3CH_2OH+O_2 \xrightarrow[\triangle]{Cu} 2CH_3CHO+2H_2O$

图2-2-12 "乙醇"板书设计

②装置结构型板书设计。

设计策略:从"宏观—微观—符号三重表征"视角设计板书。例如,高中化学选修中的"原电池原理及其应用",如图2-2-13所示。

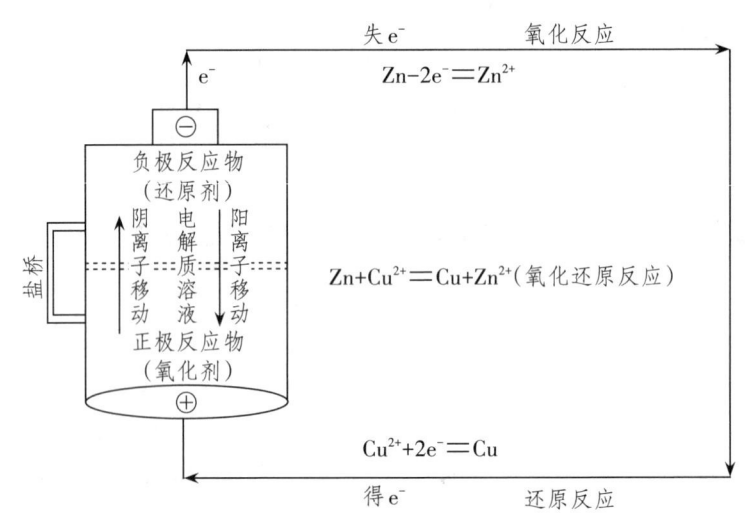

图2-2-13 "原电池原理及其应用"板书设计

(3)转化型板书设计。

①物质转化型板书设计。

设计策略:从物质"类别—价态—特性"三位一体视角设计板书。例高中化学必修中"二氧化硫性质及用途"相关内容,如图2-2-14。

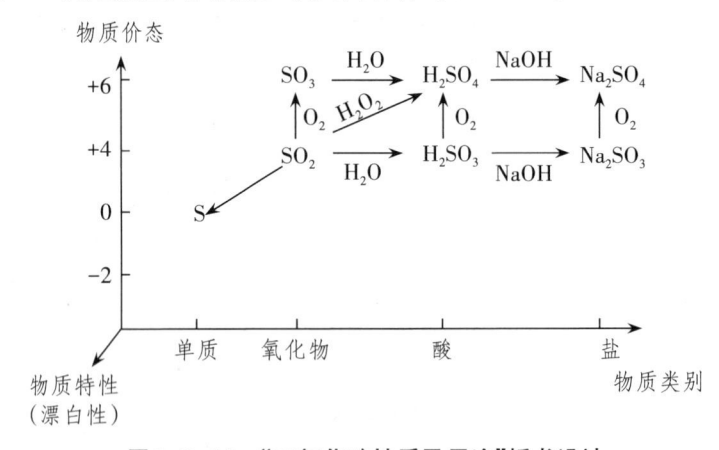

图2-2-14 "二氧化硫性质及用途"板书设计

②"制备实验"型知识—思维结构化板书。

设计策略:从"物质制备实验原理—试剂—操作三大要素"视角,设计板书(图2-2-15)。

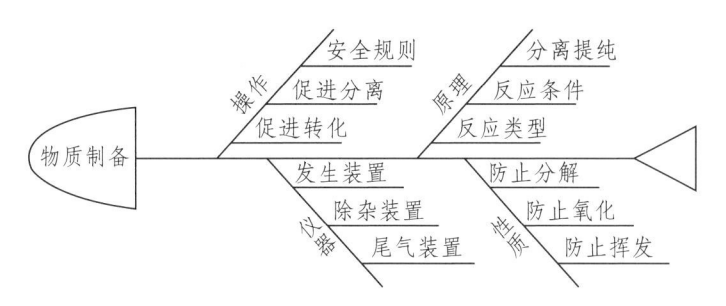

图 2-2-15 "物质制备实验"板书设计

(4)创意板书设计。

①"氧化还原反应与四大基本反应类型的关系"板书,如图2-2-16。

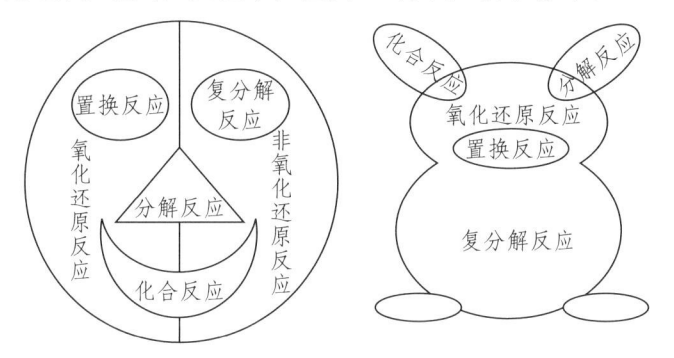

图 2-2-16 "氧化还原反应与四大基本反应类型的关系"板书设计

②"揭秘皮蛋酸碱盐复习"板书,如图2-2-17和图2-2-18所示。

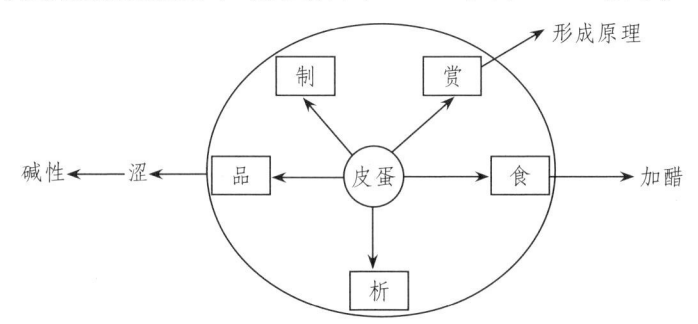

图 2-2-17 "揭秘皮蛋酸碱盐复习"主板书设计

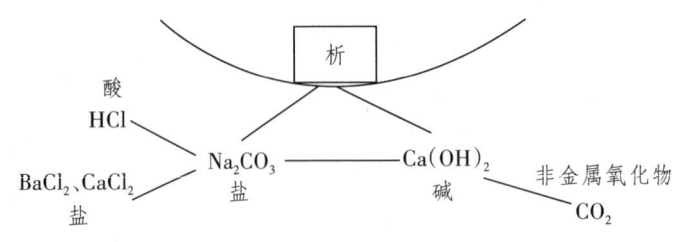

图2-2-18 "揭秘皮蛋酸碱盐复习"副板书设计

③"电化学原理与应用复习课"板书(图2-2-19)。

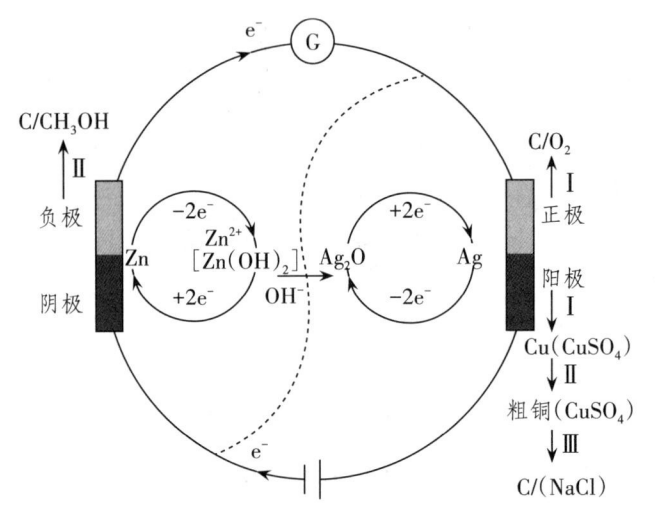

图2-2-19 "电化学原理与应用复习课"板书设计

④初中化学"金属材料"板书设计,如图(2-2-20)。

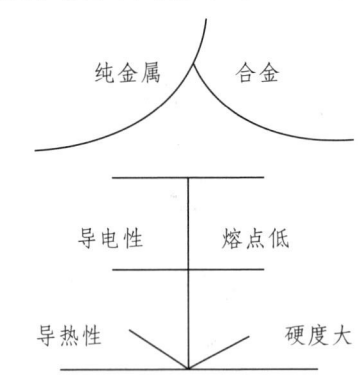

图2-2-20 初中化学"金属材料"板书设计

(5) 单元整体教学的板书设计。

"原子结构"单元的整体教学板书设计如图 2-2-21 所示。分析教材内容的编排特点与蕴含的素养价值,系统梳理实验证据与科学模型之间的逻辑关联,并将"证据推理与模型认知"学科核心素养目标落实在课堂学生活动和板书设计中。

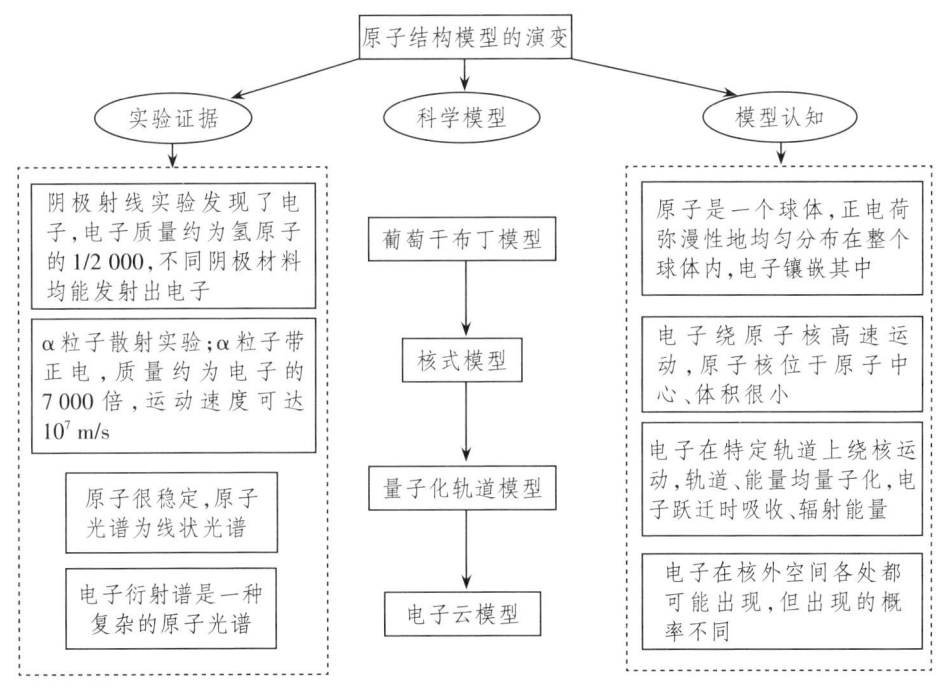

```
                    原子结构模型的演变
            ┌───────────┼───────────┐
         实验证据      科学模型      模型认知
```

实验证据:
- 阴极射线实验发现了电子,电子质量约为氢原子的 1/2 000,不同阴极材料均能发射出电子
- α粒子散射实验;α粒子带正电,质量约为电子的 7 000 倍,运动速度可达 10^7 m/s
- 原子很稳定,原子光谱为线状光谱
- 电子衍射谱是一种复杂的原子光谱

科学模型:
- 葡萄干布丁模型
- 核式模型
- 量子化轨道模型
- 电子云模型

模型认知:
- 原子是一个球体,正电荷弥漫性地均匀分布在整个球体内,电子镶嵌其中
- 电子绕原子核高速运动,原子核位于原子中心、体积很小
- 电子在特定轨道上绕核运动,轨道、能量均量子化,电子跃迁时吸收、辐射能量
- 电子在核外空间各处都可能出现,但出现的概率不同

图 2-2-21　基于证据推理与模型认知的"原子结构"单元的整体板书设计

三、课堂评价

(一)多元评价

1. 学科核心素养多元评价的体系构建

①多元化内容评价。既要评价学生对知识、规律、原理认知的水平,也要评价其用所学知识解决问题的能力。②多元化主体评价。教师、学生、教学管理者担任多元评价主体,按照权限占比,对学科核心素养培育的质量和效果进行综合评定。③多元化形式评价。教师可让学生通过自我总结的形式分析自己

在学科核心素养提升方面的情况,也可由教师对学生的学科核心素养育成水平进行评定。

多元评价包含过程性评价与结果性评价相结合,及时评价与延时评价相结合,学生自评、小组互评、教师评价相结合,纸笔评价与非纸笔评价相结合等方式。

多元评价在中学教育中的重要性逐渐受到认可。传统的单一评价方式只关注学生的表现结果,而多元评价则更加注重对学生的全面发展和能力的综合评价。

2. 多元评价形式及优势

全面评价学生。多元评价通过多种方式对学生的知识、技能、态度和价值观等方面进行评价。这样教师不仅能了解学生对学科知识的掌握程度,还能关注学生的跨学科能力、创新思维、合作能力等方面的发展。

个性化评价。多元评价允许教师根据学生的特点和个人差异,采用不同的评价工具和方法,更准确地评价学生的表现。因此,学生可以根据自己的特长和兴趣进行发展,并得到积极的反馈和指导。

提供多样化的反馈。多元评价通过不同形式如口头评价、书面评价、自我评价等,帮助学生了解自己的优势和不足,从而使教师提供具体的改进建议和学习路径,促进学生的持续成长和进步。

激发学习动力。多元评价关注学生的学习过程和学习态度,可以激发学生的学习动力和兴趣,促进他们积极学习。与传统的单一评价相比,多元评价更加注重对学生的自主学习能力和自我管理能力的培养。

综上所述,多元评价在中学教育中的应用可以更全面、准确地评价学生的能力和潜力,并帮助学生全面发展。这种评价方式有助于培养学生的自主学习能力、合作精神和创新思维,为学生的未来发展提供更有价值的指导。

(二)制作评价量表

1.表现性评价表(表2-2-1)

表2-2-1　表现性评价表

活动阶段	评价项目	小组评价	教师评价
准备阶段	1.研究目标是否明确。 2.研究方案是否可行、科学、高效,如何提出来的(自己独立提出的、与同学讨论确定的、教师提供的等)。 3.研究活动准备是否充分、对研究可能出现的问题是否进行了预测		
活动阶段	1.实施过程是否规范、实验是否完成。 2.记录是否规范、完整。 3.遇到问题如何解决,是否解决了,提出问题、分析问题、解决问题过程如何进行(个人思考、小组谈论、请教老师、师生讨论等)。 4.活动的态度		
结果呈现	1.是否积极参与小组讨论,是否发表有针对性见解。 2.是否采取恰当的方式表达自己观点。 3.是否及时记录改进或收获。 4.是否有对未能解决的问题进行质疑		

2.探究实验评价量表

该表使用说明如下。

(1)设计理念:该"探究实验评价量表"(表2-2-2所示)的设计以学生为主体,立足学生学科核心素养的发展,进而实现以评促学,以评促思,以评促教。

(2)量表结构:量表总分100分,关注科学探究的三个重要环节:前期活动、探究过程和归纳交流。量表关注科学探究三个重要环节的十个维度,前期活动关注:信息意识、提出问题、制订方案;探究过程关注:实验实施与证据获取、解释与形成结论、方案评价、方案优化与改进;归纳交流关注:方法思维归纳、合作交流、成果呈现形式。

(3)评价方式:关注即时评价、个性评价和多元评价,从学生自评、小组互评和教师总评等三个维度开展评价。

表2-2-2 探究实验评价量表

项目	能力要素	评价指标	评价标准	分值	自评	组评
前期活动	信息意识	资料收集,信息筛选、分析与应用的能力(10分)	1.资料获取来源多,信息丰富,能有效支撑后续研究方向,信息筛选、分析和运用合理	9~10		
			2.信息相对丰富,对后续研究有一定帮助,对信息有一定的处理和应用能力	5~8		
			3.资料来源单一,信息单薄,方向有误,无法给后续研究提供有效支持	0~4		
	提出问题	在真实情境中提出问题能力(10分)	1.能提出4个以上问题,问题合理、有效、可行,适合科学探究的开展	9~10		
			2.能提出2~3个问题,问题较合理,具有一定可行性	5~8		
			3.能提出0~1个问题,问题脱离了真实情境,无法实施	0~4		
	制订方案	针对提出的问题制订合理的实验方案(10分)	1.实验方案合理、过程完整、可操作性强	9~10		
			2.实验方案较合理,有缺陷,但是通过老师指导可以实施	5~8		
			3.实验方案存在错误,可行性较差	0~4		
探究过程	实验实施与证据获取	实验操作技能(5分)	1.选择合适的仪器,进行正确的实验操作	4~5		
			2.仪器选择较合适,操作存在错误,但是不影响实验结果	2~3		
			3.仪器选择错误,操作导致实验产生较大误差	0~1		
		观察现象获取证据(5分)	1.观察维度全面,现象记录准确,证据获取充分,有效支撑实验结论	4~5		
			2.观察维度较丰富,主要现象记录明显	2~3		
			3.观察不仔细,未记录实验所需的证据	0~1		

续表

项目	能力要素	评价指标	评价标准	分值	自评	组评
探究过程	解释与形成结论	合理解释实验现象(5分)	1.能根据收集的证据进行合理的解释和推理	4~5		
			2.对重要现象进行解释和推理	2~3		
			3.无法对重要现象进行解释或解释不合理	0~1		
		归纳总结实验结论(5分)	1.在解释的基础上得出正确的实验结论	4~5		
			2.结论中含有少许错误	2~3		
			3.结论含糊不清	0~1		
	方案评价	对比评价实验方案的能力(10分)	1.能对实验方案进行合理、全面、有序的评价(5个以上维度)	9~10		
			2.对实验方案进行较为合理的评价(3个维度)	5~8		
			3.对实验进行的评价逻辑一般,维度单一	0~4		
	方案优化与改进	实验方案的优化、改进及后续研究方向(10分)	1.针对实验结果有明确的改进实验方案的计划,并明确后续实验方向	9~10		
			2.知道实验的缺漏,后续实验方向初具雏形	5~8		
			3.无法正确地认识到实验的缺陷,无后续计划	0~4		
归纳交流	方法思维归纳	形成学科思维和方法(10分)	1.能形成实验探究模型,完善化学实验思维和方法,形成学科思想	9~10		
			2.初步建立实验模型,初步形成学科思想	5~8		
			3.无法对实验方法和思维进行有效的归纳和升华	0~4		
	合作交流	合作探究意识(10分)	1.具有团队意识,主动承担工作,积极建言献策、探讨问题	9~10		
			2.能完成组内分配的任务,较为积极地参与组内探究活动	5~8		

续表

项目	能力要素	评价指标	评价标准	分值	自评	组评
归纳交流	合作交流	合作探究意识(10分)	3.组内活动参与度不够,积极性不强	0~4		
	成果呈现形式	科学探究最终成果呈现(10分)	1.成果形式多样,内容丰富,具有启发性	9~10		
			2.有一定成果,较为丰富	5~8		
			3.成果单薄,形式单一	0~4		
总评(100分)						
教师总评:						

3.SOLO分类理论下的定量评价量表

SOLO分类评价标准是一种被广泛应用于评价学生高级思维能力的评价体系,其主要针对学生在具体问题上的反应,作为一种有效地评价学生学习质量的方式。SOLO分类评价理论指的是"可以观察学习结果的结构",它是一种评价方法,被广泛应用于学生思维能力的评价,并且其代表了学生对于具体知识的掌握情况。

该理论主要包括了五种结构:①前结构水平;②单一结构水平;③多元结构水平;④关联水平;⑤抽象水平。前结构水平是最低限度的水平,认为学生没有具备回答相应问题的能力。单一结构水平指的是学生无法做到举一反三,只能联系到与所出现问题相关的一件事情,并且根据这件事情得出结论。多元结构水平指的是学生在接触该问题之后,可以联想到许多的事件,但是事件都具有独立性,学生缺少将事件整合起来的能力。关联水平指的是学生能够将所学习到的各个部分整合起来的能力水平。抽象水平指的是学生在前面所学到的概念的基础之上将其升华,得到新的体会,并且可以将其推广。

教学工作注重评价量表的设计与开发,并在实践中完善,比如表2-2-3是厦门实验中学叶桂足老师基于SOLO分类理论设计的高中化学"科学探究"课堂学习评价指标,通过教学实践,效果良好,受到了老师们的好评。

表2-2-3　课堂学习评价指标——以"探究补铁药片中Fe元素的价态"为例

一级指标	权重	二级指标	三级指标	分值	具体描述	自评	师评
探究方案的设计	0.4	前结构水平	对探究内容具有一定基础	0	对Fe^{3+}、Fe^{2+}的性质认知有误		
		单一结构水平	利用单一线索处理单一问题	1	能写出一种检验Fe^{3+}的方法：氢氧化钠沉淀法或KSCN溶液络合法；能写出一种检验Fe^{2+}的方法：氢氧化钠沉淀法、高锰酸钾溶液褪色法或铁氰化钾溶液络合法		
		多元结构水平	利用多个线索解决问题,但不能将线索关联起来进行处理	2	能对固体药品进行研磨、溶解,取上层清液进行检验,并写出一种检验方法		
		关联水平	了解不同线索之间的关系,利用整合的知识进行问题分析与处理	3	能对固体药品进行研磨、溶解,取上层清液进行检验;考虑药品中其他成分的干扰,选用KSCN溶液络合法检验Fe^{3+},铁氰化钾溶液络合法检验Fe^{2+}		
		抽象水平	能够从不同角度认识并解决问题,可以进行知识迁移、推断,提出假设,进行复杂推理	4	能从药品状态、药品成分、溶液pH值、检验试剂的选择等角度综合分析,设计Fe^{3+}、Fe^{2+}的检验方案		
探究方案的实施	0.3	药品与仪器	药品合理、仪器合适	1	能选择合适的研钵、烧杯、试管、胶头滴管		
		操作与调控	操作规范、合理调整	1	能规范地研磨、溶解、取样、检验		
		观察与记录	勤于观察、规范记录	1	能观察到用酸溶后的样品使KSCN溶液变红色,使铁氰化钾溶液产生蓝色沉淀		

续表

一级指标	权重	二级指标	三级指标	分值	具体描述	自评	师评
探究结果的解释	0.3	解释现象	合理地解释现象	1	能从配位键、配合物的形成解释		
		得出结论	归纳、总结得出正确结论	1	能得出补铁药片中Fe元素价态为+2,得出药片溶解液中含有Fe^{3+},药品中铁元素是否已被氧化需要隔氧再探究的结论		
		反思提升	评价、优化方案或提出新的探究问题	1	能从平衡移动和竞争反应的角度,分析溶液pH对络合法检验Fe^{3+}、Fe^{2+}的影响,提出优化方案,或提出新的探究问题		

四 案例

【案例1】考试质量分析的基本方法

考试质量分析是对教学效果的反思,也是对教学过程的反思。其意义在于:如实地评价教学质量,总结教学经验,发现教学中存在的问题,为教学改进工作提供依据。传统的考试质量分析往往局限于对试题难易度、学生得分情况的分析,较少涉及对学生的学习动态、学习差异、学习方法、学习潜能的分析,淡化了考试质量分析的功能。考试质量分析要实行教师分析和学生自我分析相结合、"动态"分析和"静态"分析相结合、定性分析和定量分析相结合的方式。

一、年段分析——主要为展现数据、数据分析、倾听建议、布置工作

1.年段以电子表格形式对各学科的考试成绩做表格性分析,展现各学科(含文、理科科目)的优秀率、及格率、平均分、分数段分布、目标管理情况。

2.各备课组长在质量分析会中不需要重复以上内容,但要在开会前一天就试卷的难易度、期望与结果、考试存在的问题、学生学习态度、学习方法、学习时间安排、相关建议等以书面形式上交,做年段分析,各备课组长要在会上就以上问题做简要陈述。每个备课组发言不超过5分钟。

3.年段长要在质量分析会上对各班级、各学科考试分数分布及各班级目标管理动态情况做简要分析,并根据备课组长意见部署下阶段工作。

二、班级分析——主要为学生分析、意见交流、目标跟踪、确定措施

1.班主任要在质量分析会前就班级的目标管理从学生成绩进退、名次变化、学科平衡、学习潜能、个性表现、家庭生活、后进学生情况等方面提出意见与科任教师交流。

2.科任教师在会前要做好双向细目表,会上要针对班级目标管理就以上问题提出相关的思想教育、学习方法、个性辅导、优秀生加强、后进生转化、学科时间安排、教师整体协作等方面的意见,并有针对性地提出每个学生在考试中存在的问题、学习进步目标、成绩提高方式的建议,确定心理沟通、树立信心、个别辅导、听课跟踪、作业跟踪等方面的帮扶措施。

3.班主任和科任教师要将对每一名学生的考试分析、学习进步目标、针对性帮扶措施记录在案,并有意识地与学生交流,加强个别辅导、树立信心、鼓励拼搏。加强与家长的联系,做好双向鼓励。

三、备课组分析——主要为答题分析、学情分析、教学反思、确定措施

1.备课组考试命题时要针对考点,认真研究考纲和教材、近些年考试题型和方向、近期热点,注意试卷的难度和区分度。平时要引导学生审材料、抓中心;审题目,抓关键;审设问,抓角度;找课本,采点子;找背景,寻术语;找联系,列提纲。

2.备课组做考试质量分析要认真研究试题的得分点和得分率、失分点和失分率,认真研究每位学生对考点和教材的掌握情况,做出双向细目表,确定重点补缺的知识点和需要加强补缺的学生对象。

3.备课组要做好答题规范分析、学生成绩进退成因分析、学生学习动态分析、学生学习方法分析。根据考试反映的问题,加强教学反思,做好课堂教学有效性研究,适当强调知识点记忆,扎实双基、加强训练,跟踪和指导学生规范学习,提高学生的听课质量和作业质量,指导学生做好学习笔记整理和消化,加强学习方法指导,关注后进生的学习,做好个别交流与辅导。在认真分析的基础上,简明、扼要、有重点地写出试卷分析报告。

四、学生分析——主要为找出问题、自我订正、针对补缺、确定目标

1.每次考试后,科任教师要及时把试卷分发给学生,要求学生自觉找出问题,自我订正错误,有针对性地做好知识补缺,养成良好的考试分析习惯。

2.科任教师要求学生要认真听取课堂评讲,养成良好的笔记习惯,争取考后能掌握知识和运用知识。

3.科任教师要有意识引导学生树立更高的追求目标,鼓励和帮助学生实现目标。

第三节 三维五步教学模式的典型案例

本节主要内容如图2-3-1所示。

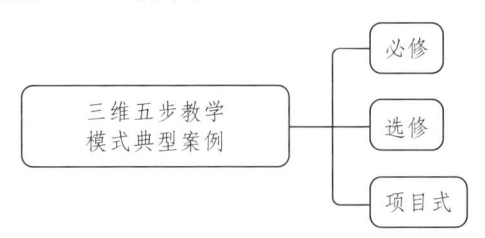

图2-3-1 三维五步教学模式的典型案例

一、教学设计策略

中学化学大单元教学设计策略可分为以下几个方面：

(1)情境创设。设计真实的生活场景或问题，引发学生的兴趣和疑问，激发他们的学习动机。通过创设情境，将学习内容融入实际生活中，让学生能够更好地理解和应用所学的化学知识。

(2)探究式学习。鼓励学生通过观察实验现象和实际操作实验等方式进行主动的学习和探究，培养他们的实验技能和科学思维能力。教师可以设置一系列的实验活动，让学生参与的同时通过观察和分析实验结果，深入理解化学原理和实验现象。

(3)项目式学习。设计跨学科的综合性项目，让学生进行深入的研究和探索，将不同领域的知识用于解决实际问题。可以通过小组合作的方式，让学生进行研究、调查、实验等活动，培养他们的团队合作和创新能力。

(4)具体化学习。通过案例、图表、模型等方式将抽象的化学概念具体化，帮助学生更好地理解和记忆。可以设计一些具体的实际的案例，让学生进行观察和分析，理解化学概念的实际应用。

(5)多样化评价。教师采用多样化的评价方式,了解学生的学习和能力发展情况,给予反馈和指导。

通过以上策略的应用,中学化学大单元教学设计可以激发学生的学习兴趣和主动性,培养他们的实践能力和科学思维,提高他们对化学知识的应用能力。同时,也可以培养学生的合作精神和创新意识,为他们未来的学习和职业发展奠定坚实的基础。

二、教学多元评价

中学化学教学可以采用多元评价方法来评估学生的学习成绩和能力,以下是一些常见的多元评价方法。

(1)作业和练习。作业和练习是常见的评价方式,教师可以通过书面作业、问题解答、计算练习等来评估学生对基础知识和概念的掌握程度。

(2)实验报告。学生在完成实验后,编写实验报告。教师评估学生对实验设计、数据分析和科学实验方法的理解和应用能力。

(3)综合考试。综合考试可以全面地评估学生对整个学期或学年学习内容的掌握情况。其题型可以包括选择题、填空题和解答题等不同类型的题目。

(4)项目作品。教师通过学生的项目作品,评估他们在化学知识、实验技能和创新能力等方面的表现。可以让学生通过研究、设计和完成项目来展示他们的学习成果。

(5)口头报告和演示。学生可以通过口头报告和演示来展示他们对化学概念的理解。根据指定的话题进行口头报告或演示,教师可以评估他们的语言表达能力和学习效率。

(6)合作项目评估。通过合作项目,教师可以评估学生在团队合作中的角色扮演、贡献和合作能力等方面的表现。

(7)学习反思。学生可以进行学习反思,写下对于学习的体会,自评对学习的认识和反思的相关能力。通过多元评价的方式,教师可以更全面地了解学生的学习情况和能力,促进他们全面发展和个性化学习。同时,教师可以提供更准确的评估和反馈,指导教学和促进学生的进一步提高。

三 典型教学设计

(一)元素及其化合物的教学实践

元素及其化合物的教学实践,涉及了物质的性质与制取等知识,既有实验又有相关理论内容,从化学实验中可归纳出相关理论,开展化学实验活动又需要理论的指导。学生透过零碎的知识,体验真实的化学,开动脑筋,对课本的相关实验进行改进、整合,并进行多重表征,如宏观表征、微观表征、图像表征、符号表征等。运用"位—构—性"解决问题,形成化学观念,提高自身的化学素养。

1.实验改进

可以从多个角度对化学实验进行改进,如实验的趣味性、可视性、简洁性、微型化、生活化、绿色化等,如图2-3-2所示。

(1)趣味性。兴趣是最好的老师,教师要多挖掘和利用化学实验中隐含的趣味因素,实验颜色明显,借助颜色变化、状态的改变,是否存在光、热、电等进行教学。

(2)可视性。改进实验方法与实验装置,借助信息技术设计或制作实验仪器,将不明显的实验现象通过仪器进行放大,将不易观察到的实验现象进行可视化。

(3)简洁性。实验操作方便、装置简明、方法常见,时间短,现象明显。

(4)微型化。改进实验方法,设计实验方案,节约试剂。

(5)生活化。借助日常生活中的物品,如厨房中盐、油、酱、醋、酒、洗涤碱、洗洁精等,家庭中的铁钉、铜线、塑料袋、电池、水杯、火柴等,开发这些常见生活物品的实验功能,让学生体验化学来源于生活、服务于生活,是一门实用学科。引导学生利用所学化学知识、化学方法、化学思维等,发现日常生活中的实际问题,分析问题,解决问题。

(6)绿色化。改进实验方法、装置等,尽量选择无毒的物质,保证实验安全污染少。改进实验工艺,提高产率,使副产物尽量少或没有。

(7)集约化。对实验仪器进行适当的组合,使实验的性质与制取相结合。

(8)安全性。对实验方案、实验原理、实验步骤等可能有危险的部分进行深入了解,预先做好安全预案。对学生进行安全教育,让他们形成安全意识。

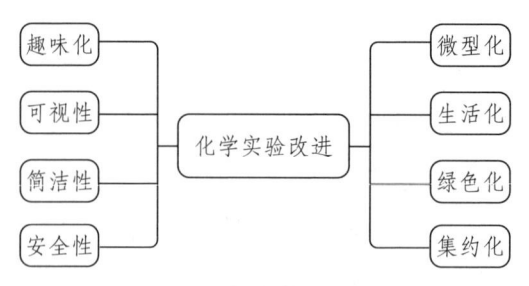

```
    趣味化                    微型化
    可视性                    生活化
          化学实验改进
    简洁性                    绿色化
    安全性                    集约化
```

图 2-3-2　化学实验改进

2.多重表征

多重表征的应用有助于学生理解和掌握化学概念,培养他们的化学思维和能力。同时,多重表征也提高了教学的灵活性和多样性,使得学生可通过不同的方式去理解和解决化学问题,化学的多重表征主要部分如图 2-3-3 所示。

(1)宏观表征。实验产生的现象,体现了物质的物理性质、化学性质等。

(2)微观表征。微观粒子符号、微观解释、微观结构模式建构等使学生理解更加深刻。

(3)图像表征。化学实验、化学现象和分子结构可以通过图像和动画来展示,借助手持技术、信息技术、各类实验仪器等,将不明显的实验现象外显化、图像化。如实验视频和分子模型等。

(4)符号表征。用符号来表示化学概念和化学式,如元素符号、化学式、化学方程式、离子方程式、原子结构示意图,加深学生的记忆。

(5)语义表征。化学概念和知识可以通过语言文字来描述和解释,例如教科书、讲课和讨论等。

(6)图形表征。化学概念和化学反应可以通过表、示意图和化学式等形式来表示,例如化学元素周期表、结构式。

(7)数字表征。化学数据和计算结果可以通过数字来表达和处理,例如物质的密度和化学计量等。

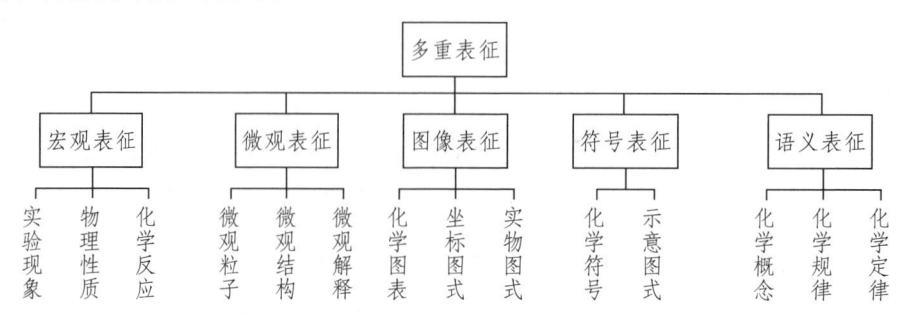

```
                      多重表征
        ┌──────┬──────┬──────┬──────┐
      宏观表征  微观表征  图像表征  符号表征  语义表征
      ┌─┬─┐  ┌─┬─┬─┐ ┌─┬─┬─┐ ┌─┬─┐ ┌─┬─┬─┐
      实 物 化  微 微 微  化 坐 实  化 示  化 化 化
      验 理 学  观 观 观  学 标 物  学 意  学 学 学
      现 性 反  粒 结 解  图 图 图  符 图  概 规 定
      象 质 应  子 构 释  表 式 式  号 式  念 律 律
```

图 2-3-3　化学的多重表征

3.理论与实践融合

运用"位—构—性"解决问题。学生基于物质类别和价态认识物质的性质及反应规律,形成化学观念,提高化学素养。

案例内容见表2-3-1。

表2-3-1 案例内容

一、基本信息			
课题名称	聚焦硫酸工业 培育新质"生产力" ——利用化学反应速率限度调控工业制硫酸		
授课版本	鲁科版	授课年级和班级	高一(5)
授课时间	2024年6月11日	授课地点	高一(5)班教室
二、教学分析			
教材分析	本节课是化学反应速率和限度的应用课,即复习课。鲁科版课本在本章提出了增加让学生对化学反应加深微观认识的视角——化学键,以及能量视角,并且在后续中通过控制变量法让学生认识到化学反应的速率是可以调控的,化学反应是有一定限度的并且可以改变。整章都服务于对化学反应认识的更新		
学情分析	学生刚刚学习了化学反应与能量、化学反应的速率与限度,认识到化学反应是有能量变化的,但是对化学反应的物质和能量两个视角的认识不深;知道影响化学反应速率的因素,但是在实际生产生活的复杂情境中应用较少;知道可逆反应以及反应限度是可以改变的,但是不会综合速率和限度寻找适合反应的条件		
三、教学目标			
教学目标	1.知识目标。 (1)从宏观和微观两个角度认识化学反应是有物质和能量变化的,能够推断常见反应的吸放热情况; (2)理论上知道温度、浓度、压强和催化剂对反应速率和平衡有影响,并且知道其对反应速率的影响,能够从定量角度认识反应速率。 2.能力目标。 结合能量变化、成本、储量等对生产原料进行选择; 利用控制变量法分析温度、浓度、压强和催化剂对反应速率和限度的影响,从图表中读取信息,结合实际要求和成本等选择工业生产适宜的条件; 通过生产原理和条件要求提炼工业流程,设计主要生产设备图纸。 3.素养目标。 完善学生对化学反应认识的视角:物质和能量; 变化和平衡,认识到改变条件可以调控化学反应; 科学态度和社会责任:从工程师视角思考,提高学生对化工生产的认识。 模型认知:建立化工生产思路的流程模型		

续表

教学重点	二氧化硫催化氧化的条件选择以及工业制硫酸流程图的设计。
教学难点	二氧化硫催化氧化的条件选择以及工业制硫酸流程图的设计。
四、教学过程	
板书设计	聚焦硫酸工业,培育新质"生产力"——利用化学反应速率和限度解决问题 沸腾炉 $4FeS_2+11O_2 = 8SO_2+2Fe_2O_3$ 接触室 $2SO_2+O_2 = 2SO_3$ 吸收塔 $SO_3+H_2O = H_2SO_4$ 条件视角(TCP催化剂) 物质视角 转化率 成本 好 省 工程视角 工业生产 多 快 速率 限度
五、教学过程	
任务一:设计生产硫酸的反应原理	

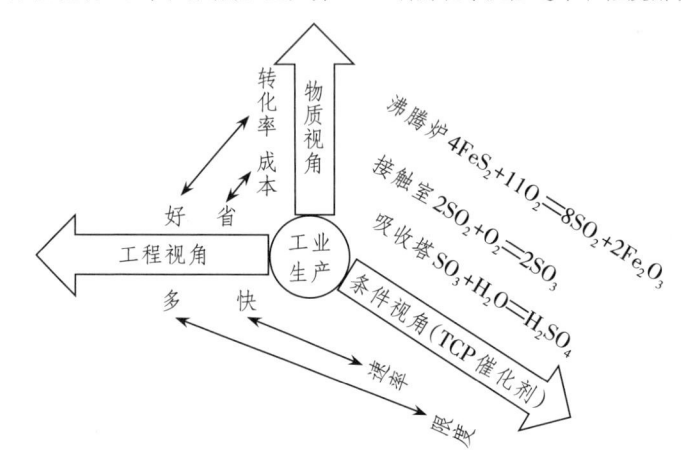

【教师】硫酸被称为"工业之母",其产量可以衡量一个国家工业发展水平。今天请同学们做一个硫酸工程师,那么你会选择什么原料来制备硫酸?(借助类价二维图)。

【学生】借助所画类价二维图选择原料。

【设计意图】引导学生利用类价二维图选择工业生产的原料。

【教师】根据同学们的选择,我们发现有很多种途径可将含硫物质转化为硫酸,那么工业制硫酸到底利用哪些原料呢。阅读下列资料了解硫酸工业的前世今生,找出不同时期工业制硫酸的原料。

公元2世纪左右,炼丹家狐刚子所著《黄帝九鼎神丹经诀》里有炼石胆取精华法:以土墼垒作两个方宝炉,相去二尺,各表里精泥其间。旁开一孔,亦泥裹,使精熏,使干。一炉中著铜盘,使定,即密泥之;一炉中以炭烧石胆使作烟,以物扇之,其精华尽入铜盘。炉中却火待冷,开取任用。入万药,药皆神。

欧洲最早关于硫酸的记录在13世纪左右。1640年,我国早期科技丛书记有青矾厂气熏人,衣服当之易烂,载木不盛,青矾即绿矾,强热绿矾,得红色固体,气体冷凝得"矾油"。

续表

16世纪瑞士学者格斯纳这样写到:在一个悬挂着的玻璃罩下放一个瓷盆,盆中放一个杯子,里面装上硫磺,点燃以后生成的三氧化硫以及二氧化硫同水蒸气结合生成硫酸,凝结在玻璃罩内壁。这个方法生成的三氧化硫很少,因此硫酸浓度低。

随后,罗布克用木料作框架以铅板为壁,建两米的立方钒铅室,燃烧硫磺和硝石的混合物,产生的硫的氧化物被四壁上喷洒的水吸收,同时不断补充硝石和硫磺,最后取出酸放在玻璃容器中加热浓缩。

19世纪,菲利普提交了一份专利申请,项目是"节省硝石和矾铅室的成本",把铂作为催化剂,二氧化硫直接被氧气氧化成三氧化硫,三氧化硫溶于水后形成硫酸。但是铂的价格高昂,且易中毒失效,这使得硫酸制造者们开始寻找更为长效的催化剂。

20世纪德国学者找到了钒的氧化物V_2O_5,随后各国普遍采用接触法制备硫酸。

【学生】阅读资料,找出各个时期制硫酸的原料。

【教师】让学生阐述工业制硫酸原料选择的依据。

【学生】思考回答(资源丰富,利用率高,成本低廉,过程简单,污染较小)

【教师】评价(很多同学的选料跟我们现在制硫酸的原料一致,恭喜你已经迈出了成为硫酸工程师的第一步)并提出如何利用不同原料制备硫酸?制备硫酸分成哪几部分?

【学生】思考回答

(1) $4FeS_2(s)+11O_2(g)=2Fe_2O_3(s)+8SO_2$;$2SO_2+O_2 \rightleftharpoons 2SO_3$;$SO_3+H_2O=H_2SO_4$

(2) $S+O_2=SO_2$;$2SO_2+O_2 \rightleftharpoons 2SO_3$;$SO_3+H_2O=H_2SO_4$

(3) $2H_2S+3O_2=2SO_2+2H_2O$;$2SO_2+O_2 \rightleftharpoons 2SO_3$;$SO_3+H_2O=H_2SO_4$

(制备SO_2—氧化SO_2—吸收SO_3)

【设计意图】通过阅读提炼关键信息,提高学生阅读文本并获取关键信息的能力,使学生产生认知冲突,加深生产原料选择的认识。通过不同原料间的化学反应,知道工业制硫酸的关键部分

任务二:调控生产硫酸的反应条件

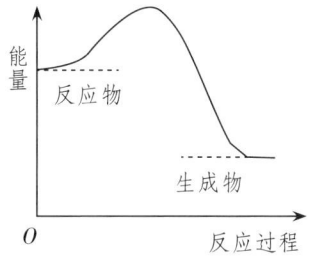

【教师】请根据所选制备硫酸的反应,判断制备SO_2反应的能量变化。

【学生】思考回答(放热)。

续表

【教师】请同学们从微观角度,分析H_2S燃烧的能量变化。
【学生】思考回答(硫化氢燃烧过程中,S—H键和O=O键断裂吸收能量,硫氧键和氧氢键形成释放能量。释放的能量大于吸收的能量。)
【教师】评价(我们从微观视角分析物质变化的同时能量变化的原因)
【教师】请同学们根据$4FeS_2(s)+11O_2(g)=2Fe_2O_3(s)+8SO_2(g)$,$\Delta H=-3\ 411\ kJ/mol$,从宏观角度,画出反应过程中能量变化图。
【教师】选好原料,下一步我们要考虑什么呢?以黄铁矿为例,如何提高制二氧化硫气体的效率?具体如何操作呢?
【学生】思考回答(提高矿石燃烧的化学反应速率;提高黄铁矿的转化率。升温且高于着火点;粉碎矿石;固气对流;提高氧气浓度)
【教师】对照实际生产条件,解释温度为什么不能太高?为什么不用更高的氧气含量?

温度	矿物颗粒大小	风速	氧气含量
850~950 ℃	0.24~0.7 mm	0.3~3.5 m/s	21%

【学生】思考回答(温度太高,矿渣会烧结影响反应的发生;空气成本比较低;风速太高,二氧化硫气体会带出很多矿尘。)
【教师】评价。
【设计意图】使学生产生认知冲突,认识到实际生产条件和理论生产条件间的差异,寻找工业生产条件调控的角度。
【教师】回顾影响反应速率的条件,思考如何提高反应的速率呢?
【学生】思考回答(浓度、温度、压强、催化剂、接触面积等;提高氧气浓度,提高反应温度,增大压强,选择合适的催化剂,粉碎固体、提高反应物接触面积)。
【设计意图】回顾影响速率的因素(定性角度)。
【教师】二氧化硫制备三氧化硫反应有什么特点?用微观粒子表示反应过程。
【学生】思考回答(二氧化硫制备三氧化硫是一个气体分子数减少的、放热的可逆反应)。
【教师】可逆反应是什么?如何验证该反应为可逆反应,请设计实验,并用微观粒子表示反应过程。
【学生】思考(在同一条件下,既能向正反应方向进行,同时又能向逆反应的方向进行的反应,称为可逆反应。将氧气进行同位素标记,记为^{18}O,反应结束后观察^{18}O的踪迹。结论:^{18}O在二氧化硫、氧气、三氧化硫中均出现)绘制微粒示意图。
【设计意图】加深学生对可逆反应的认识。
【教师】某实验小组在101 kPa条件下,将10 mol SO_2和5 mol O_2充入含有催化剂的密闭容器中,传感器测得各组分浓度随时间变化,结果如下所示。

续表

	反应时间/s	0	10	20	30	40	50	60	70
400 ℃	$c(SO_3)/(mol \cdot L^{-1})$	0	2.5	4.4	6.0	6.8	7.4	8.6	8.6
500 ℃	$c(SO_3)/(mol \cdot L^{-1})$	0	3.0	5.0	6.5	7.5	8.0	8.0	8.0

400 ℃时,0~20 s内$V(O_2)=$_____ $mol \cdot L^{-1} \cdot min^{-1}$,反应达到平衡时,$SO_2$的平衡转化率为_____。画出500 ℃ SO_2浓度随时间的变化图像。比较不同温度下的反应速率,你还发现了什么特点?

【学生】思考解析[$V(O_2)=0.11 mol/(L \cdot s)$,$SO_2$的平衡转化率为86%。绘制图像(略)。
【设计意图】从定量角度认识温度对速率的影响。
【教师】综合速率和平衡的影响以及工业生产实际,讨论如何调控生产SO_3的条件,并说出理由。
【学生】思考回答。

温度	浓度		压强	催化剂
高温	提高O_2浓度	提高SO_2浓度	加压	需要

【设计意图】回顾外界条件对速率的影响。
【教师】提供温度、压强对平衡转化率的影响,如下表。

温度/℃	压强/MPa					
	0.1	0.5	1	2.5	5.0	10
	SO_2的平衡转化率%					
400	99.2	99.6	99.7	99.87	99.88	99.9
450	97.5	98.2	99.2	99.5	99.6	99.7
500	93.5	96.9	97.8	98.6	99.0	99.3
550	85.6	92.9	94.9	96.7	97.7	98.3
600	73.7	85.8	89.5	93.3	95.0	96.4

提供平衡转化率与炉气起始组成、温度的关系($a=7.5\%$,$b=10.5\%$,表中a为SO_2的含量,b为O_2含量)

温度/℃	$a=7,b=11$	$a=7.5,b=10.5$	$a=8,b=9$	$a=9,b=8.1$	$a=10,b=6.7$
400	0.992	0.991	0.990	0.988	0.984
450	0.975	0.973	0.969	0.964	0.952
500	0.934	0.931	0.921	0.910	0.886
550	0.855	0.849	0.833	0.815	0.779

钒催化剂作用下二氧化硫氧化的最适宜温度表。

续表

转化率/%	97	60	65	70	75	80	85	90	94	96
最适宜温度/℃	434	604	589	574	558	540	520	494	466	446

提供反应速率与温度的关系图。

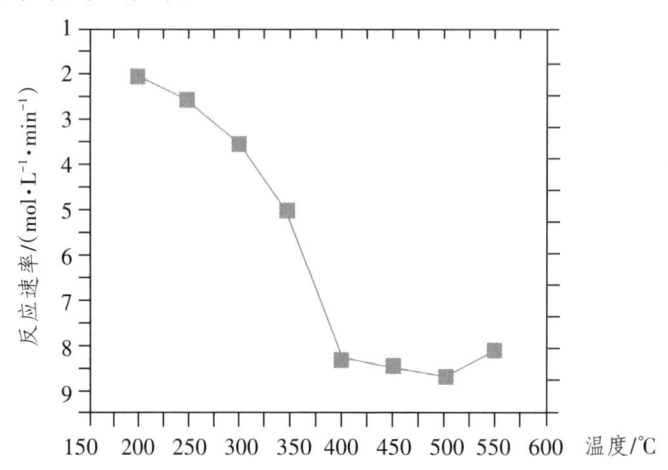

【学生】总结反应条件如下表。

温度	浓度		压强	催化剂
400~500 ℃	O_2浓度11%	SO_2浓度7%	常压	V_2O_5

【设计意图】培养学生从图表中获取信息能力,通过认知冲突加深学生对工业生产条件选择的认识。

【教师】根据什么来选择生产条件呢?

【学生】分析讨论回答。

	温度	浓度		压强	催化剂
条件	400~500 ℃	O_2浓度为11%	SO_2浓度为7%	常压	V_2O_5
考虑因素	燃料成本、设备成本、催化剂效率	氧气成本,二氧化硫成本,二氧化硫转化率		设备	成本、活性,稳定性,起燃温度

【设计意图】培养学生分析总结能力。

【教师】SO_3的吸收应该选用什么试剂和条件呢,数据如下图?

续表

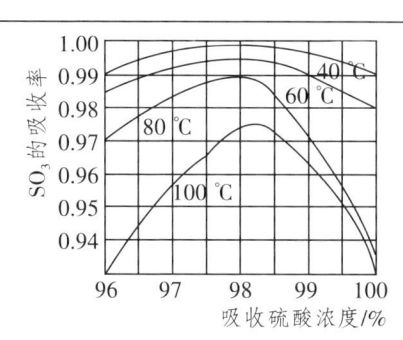

[图：SO₃的吸收率与吸收硫酸浓度关系曲线，温度分别为40℃、60℃、80℃、100℃]

【学生】40 ℃,98%的浓硫酸吸收效果最好。

【设计意图】培养学生通过图表获取信息的能力。

【教师】硫酸也可通过电化学方式制备,请同学们思考该如何设计,参考下图?

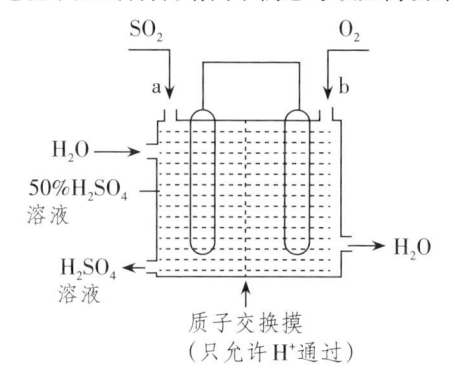

[图：电化学法制硫酸装置示意图，含SO₂、O₂进气口a、b，H₂O和50%H₂SO₄溶液进口，H₂SO₄溶液和H₂O出口，质子交换膜（只允许H⁺通过）]

【学生】思考设计。

【设计意图】让学生从多角度认识物质的转化。

任务三:设计生产硫酸的流程

【教师】用方框和箭头表示生产硫酸的流程,在方框中简要填写该步操作。

【学生】学生思考讨论,按小组补充硫酸生产流程图。

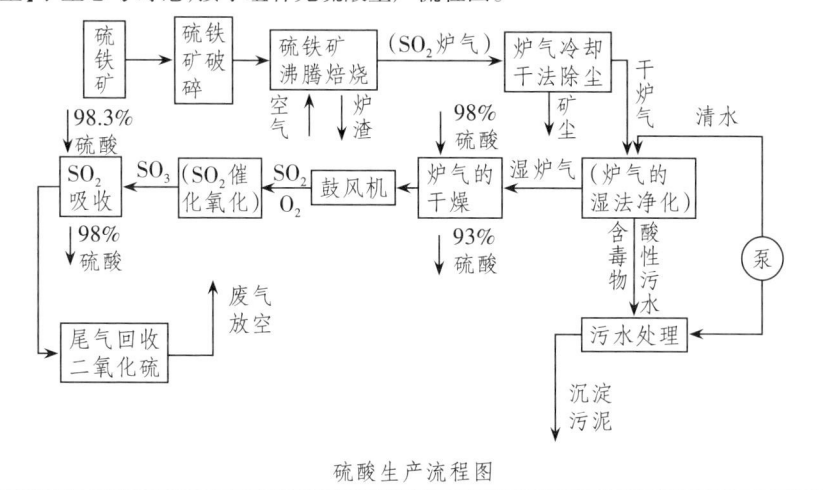

[硫酸生产流程图：硫铁矿→硫铁矿破碎→硫铁矿沸腾焙烧（空气、炉渣）→(SO₂炉气)→炉气冷却干法除尘（矿尘）→干炉气→(炉气的湿法净化)（含毒物、酸性污水）→湿炉气→炉气的干燥（93%硫酸）→鼓风机→(SO₂催化氧化)→SO₃→SO₂吸收（98.3%硫酸、98%硫酸）→尾气回收二氧化硫→废气放空；清水→泵→污水处理→沉淀污泥]

硫酸生产流程图

续表

【设计意图】让学生补充并把自己所画的流程图与教师的进行对比,产生认知冲突,并培养学生将复杂的过程简化表达的能力。 【教师】找出生产流程图中关键三步,尝试设计该步骤设备图纸。 【学生】沸腾炉—接触室—吸收塔。 【设计意图】培养学生归纳提炼能力。 【教师】请同学们阅读接触法制硫酸主要生产设备资料,讨论设备的优点。 【学生】看PPT,讨论设备优点(或创新点)。 【设计意图】通过以上,为培养学生的创新思维奠定基础。 【教师】关于硫酸工业,你还有哪些思考? 【学生】化学反应伴随着能量变化,化学反应的速率和限度是可以调控的。 【设计意图】提升学生对化学反应以及工业生产的认识,并能够学会从工程师的视角去选择工业生产原料、条件选择和设备,认识到学习化学对自己和社会的作用
六、教学反思

本节课的第二章的复习课,指导学生如何用化学反应速率和限度解决实际问题。硫酸被称为"工业之母",硫酸的产能可以衡量一个国家的工业发展水平。硫酸工业章节的学习既可以使学生增添工程视角,也可以使学生的思维进行螺旋进阶。本课原始设计的文本、表格、图像给学生提供了丰富的阅读分析材料,其中设计原电池制备硫酸以及主要步骤设备的分析都是对学生高阶思维的锻炼。最后总结可培养创新能力和社会责任与担当。学生从物质视角、条件视角和工程视角认识化学反应,知道化学反应是可以调控的,同时条件的调控不仅是理论上的思考还要结合工程视角落地。

每一步都希望通过学生的认知冲突发现知识点,进而提高能力。选料最初设计的是利用类价二维图选择工业制硫酸原料,通过不同时期原料的不同以及现在我国制备硫酸原料比例的改变产生认知冲突,即为什么用这样的原料,得出选择的依据。接下来以黄铁矿为原料,调控各生产步骤的条件,先预测再对比,产生认知冲突,利用二氧化硫从定性到定量的改变提升学生思维。最后设计原电池生产硫酸的创新点。

通过对流程的总结和对比产生认知冲突,学生的知识增长,并且对反应如何向反应速率和平衡有利的方向进行相互讨论,培养学生高阶思维。硫酸的应用很多,对我国工业发展非常重要,建国来我国硫酸产量的提高离不开工程师们巨大的努力,希望同学们站在前人的肩膀上为祖国效力。

本课内容较多,试讲内容只完成的2/3,所以将第一部分选料内容前置,放在课前,既不会让人觉得课程内容缺失,又衔接了调控硫酸工业生产条件。另外,学生完成度不是很高,所以重新细化知识点搭建台阶,希望学生能够踩着知识的台阶提升能力素养

(二)项目式学习教学设计

中学化学项目式学习教学设计可以采用以下步骤。

(1)确定项目主题。选择与化学相关的实际问题或主题,如环境污染、食品安全等。确保项目主题既能引发学生的兴趣,又与化学知识有关。

(2)制订项目任务。将项目主题分解为数个具体的任务,例如调查数据、设计实验、分析数据等。确保每个任务都有明确的目标和结果。

(3)组织学生小组。将学生分成小组,每个小组有明确的角色和任务分工,并鼓励合作与协作。确保每个小组都有相应的负责教师或指导员进行指导和支持。

(4)设计学习资源和材料。收集和准备相关的学习资源,如教材、参考书籍、实验器材等。确保学生能够获得所需的信息和工具来完成项目任务。

(5)指导学生展开研究。鼓励学生利用学习资源,开展研究并完成项目任务。教师可以提供指导和反馈,帮助学生理解和应用化学方法。

(6)进行实验和观察。根据项目需要,学生可以进行实验、观察和数据收集等操作,以支持他们的研究和结论。

(7)分析与总结。学生对数据和结果进行分析和总结,并得出结论。教师鼓励学生进行批判性思考和讨论,表达自己的观点和发现。

(8)展示和评价。学生将项目成果进行展示,通过口头报告、展板、演示等方式向他人呈现。教师和同学可以进行评价。

通过项目式学习教学设计,学生可以主动参与、探索和应用化学知识,提高问题解决和合作能力,提高综合学习的效果。同时,该方式也能加深学生对化学概念和原理的理解和应用,促进学生的深度学习和思维能力发展。

案例见表2-3-2。

表2-3-2 案例内容

一、基本信息			
课题名称	\multicolumn{3}{c}{自制牙膏}
授课版本	人教版	授课年级和班级	初三(5)
授课时间	2024年5月16日	授课地点	录播教室

续表

二、教学分析	
教材分析	本节课是初三复习课的学习内容,酸的性质是初中化学中非常重要的知识,化学实验也是中考化学的必要内容。本节课参考《义务教育化学课程标准(2022年版)》要求,以盐酸、硫酸为抓手,延伸到乳酸,借助实验探究让学生认识酸的主要性质和用途。通过新课学习,学生已初步掌握酸这一类物质的性质、用途,此节课可帮助学生完善探究实验的基本思路
学情分析	学生已经学习掌握以盐酸、硫酸为代表的酸的性质、用途,也具备一定的基础实验操作能力,初步具备简单的科学探究能力以及证据推理能力,但对知识的应用和迁移还存在一定困难。教材及习题中大多以无机酸为素材,对有机酸的探讨较少,本课对乳酸展开探究,可以很好地考查学生的知识迁移能力,让学生学会从定性到定量自主制作牙膏

三、教学目标	
教学目标	1.知识目标。 复习酸碱的通性、常见实验操作及实验仪器的使用,进一步形成探究实验的框架和思路。 2.能力目标。 (1)通过设计简单检验唾液酸碱性的实验,了解真实情境下检验溶液酸碱性的基本方法,知道酸碱性对人体健康的影响。 (2)通过选择牙膏材料,基于物质的性质和用途,能从辩证的角度初步分析和评价物质的实际用途,了解利用物质的共性和差异性认识一类物质性质的方法。 (3)通过测定小苏打牙膏中碳酸氢钠的含量,初步形成利用化学反应探究物质性质和组成,解决物质制备和检验等实际问题的思路。 3.素养目标。 通过动手制作牙膏,感受到化学学科是开拓创新、改善人民生活质量的金钥匙
教学重点	通过自制牙膏,进一步学习从定性到定量的化学探究思路
教学难点	无明显现象的实验分析、实验中的定量计算

四、教学策略	
设计思路	乳酸作为口腔发酵的产物,是离学生最近但也是学生陌生的一种酸,是引起龋齿的源头物质之一。市面上的牙膏大多通过摩擦以及酸碱度解决食物残渣、牙菌斑等口腔问题,帮助口腔建立健康的酸碱环境。受市售牙膏的启发,本节课以乳酸为研究对象,以制作一支使牙齿健康、清洁、亮白的牙膏为任务,设计认识口腔环境、选择牙膏材料、测定主材含量、动手制作牙膏等4个环环相扣的子任务,引导学生整合并迁移酸的通性,呈现由特定需求催生产品的案例,体现需求直指用途、用途反推性质、性质选择物质的产品研发模型

续表

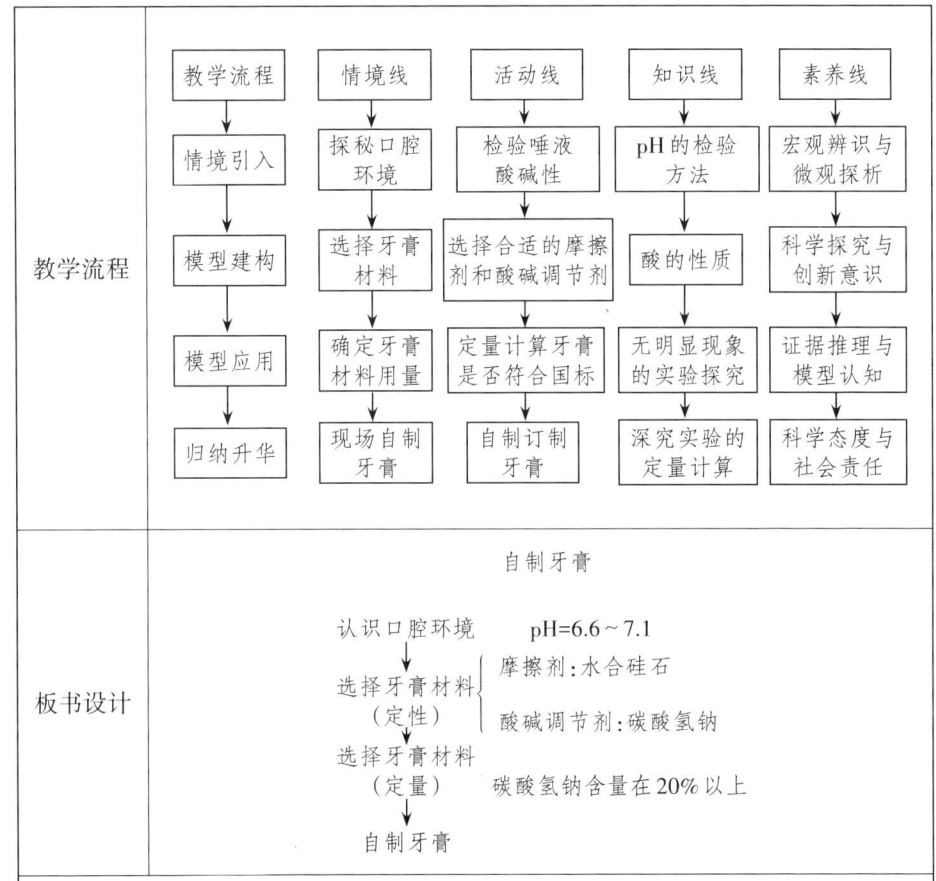

教学流程	教学流程 → 情境引入 → 模型建构 → 模型应用 → 归纳升华	情境线 探秘口腔环境 → 选择牙膏材料 → 确定牙膏材料用量 → 现场自制牙膏	活动线 检验唾液酸碱性 → 选择合适的摩擦剂和酸碱调节剂 → 定量计算牙膏是否符合国标 → 自制订制牙膏	知识线 pH的检验方法 → 酸的性质 → 无明显现象的实验探究 → 深究实验的定量计算	素养线 宏观辨识与微观探析 → 科学探究与创新意识 → 证据推理与模型认知 → 科学态度与社会责任
板书设计	自制牙膏 认识口腔环境　　pH=6.6~7.1 ↓ 选择牙膏材料　{摩擦剂:水合硅石 （定性）　　酸碱调节剂:碳酸氢钠 ↓ 选择牙膏材料 （定量）　　碳酸氢钠含量在20%以上 ↓ 自制牙膏					

五、教学过程

活动一　认识口腔环境
【知识领悟】学生回顾喝酸性饮料,吃酸性水果、甜食或睡前不刷牙时的感觉,猜测口腔环境,设计方案检验唾液酸碱性。
任务:检验唾液酸碱性。
【学生实验】
①将棉签压在舌下;
②待棉签充分润湿后,将棉签点在pH试纸上,pH为6或7。
【教师演示实验】
检验教师课前收集的唾液样品的pH。实验测得唾液的pH为6.7左右。正常唾液的pH为6.6~7.1,它能有效防止进食等引起的唾液酸碱度降低,但若食物残渣浸润在牙齿周围,经口腔中微生物的发酵产生酸性物质也就是乳酸,口腔环境会变为酸性,因此想要牙齿健康需要去除口腔内的食物残渣。
【探究讨论】观察下图,用糖类葡萄糖漱口后上切牙釉质表面菌斑pH产生了变化,从图中你可以获得什么信息?

067

续表

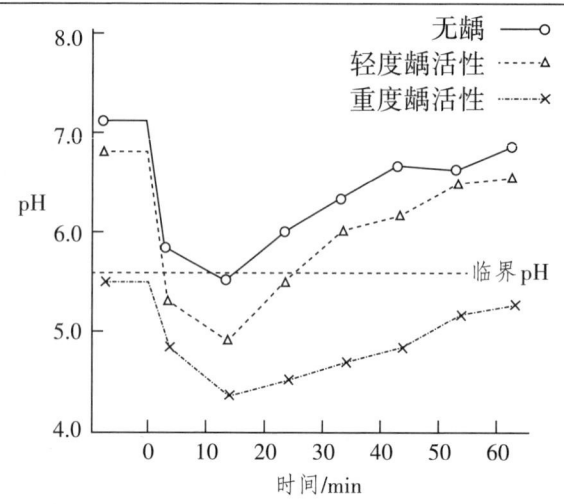

```
      8.0                           无龋 ——○——
                                    轻度龋活性 ——△——
      7.0                           重度龋活性 —·×·—

      pH
      6.0
                                              临界 pH
      5.0

      4.0
         0    10   20   30   40   50   60
                    时间/min
```

【学生】口腔酸碱度会因牙齿健康程度有所差异,一旦出现龋齿,口腔酸碱度很容易达到牙齿脱矿临界值,酸碱度pH=5.5是临界值。因此,想要牙齿健康,调节口腔酸碱度也很重要。

【明确任务】我国12~15岁青少年龋齿患病率高达41.9%,成年人龋齿患病率约为80%,所以每天坚持刷牙、正确刷牙是每个人都要做的。但牙膏的选择也同样重要,今天我们就尝试利用已有的化学知识自制牙膏

活动二 选择牙膏材料

【教师】今天我们研究制作一款使牙齿更健康、清洁、亮白的牙膏需要的原材料及比例。首先是摩擦剂,其能去除食物残渣、牙渍牙菌斑,其次加入酸碱度调节剂,同时想要一口洁白的牙齿还需要加入美白剂。一款好用的牙膏是需要控制用量的。为增加口感和美感,牙膏通常会加入保湿剂、香料、甜味剂、色素等,为使牙膏分散更均匀会加入乳化剂,当然也少不了防腐剂。牙膏中主体原料是摩擦剂,一般占配方的20%~50%,作用是通过摩擦去除食物残渣、牙渍牙菌斑。

任务:选择合适的摩擦剂。

【教师】选择摩擦剂的基本原则有哪些?

【探究讨论】难溶于水、硬度适中、不与牙膏中其他成分反应、颗粒细度均匀外观洁白、无异味、口感舒适安全无毒。

市场上主流的摩擦剂为碳酸钙(如高露洁)或水合硅石(如黑人牙膏)。

【信息】

角度1—价格。

种类	水合硅石	碳酸钙
价格	100元/100 g	5元/100 g

续表

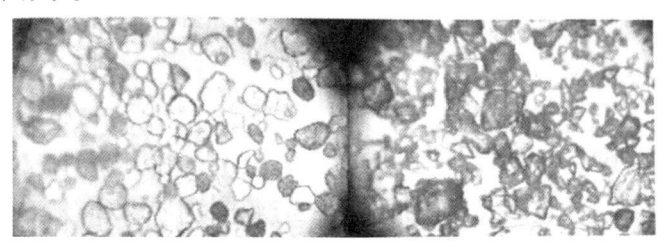

角度2—颗粒形状。

显微镜下的水合硅石(左)、碳酸钙(右)样貌

【教师】通过观察可知,水合硅石颗粒圆滑对牙齿的磨损更小,但价格贵;碳酸钙棱角分明,但价格便宜。
【小结】两者各有优势,本节课我们提供的材料是水合硅石。
任务:选择合适的酸碱调节剂。
【资料】医学上将pH=5.5定义为牙齿脱矿的临界值,中性口腔环境可以提供牙齿的再矿化条件,实现牙釉质的再矿化自修复。口腔中乳酸的化学式为$C_3H_6O_3$,在水溶液中会产生H^+和$C_3H_5O_3^-$。
【知识领悟】可见牙膏中的酸碱度调节剂非常重要,其作用就是及时除去乳酸,防止其在菌斑中滞留导致牙齿持续脱矿。因此牙膏中需要添加哪些可以和酸性物质反应的物质? 首先回顾常见酸的性质,推测乳酸可能有的化学性质。
【教师】可以和酸碱指示剂、较活泼的金属、部分金属氧化物、碱、某些盐反应。
【资料】牙釉质中含有许多微量元素:铁、钠、镁、钾、氟等,Ca^{2+}能修复牙齿表面的细微孔洞。
【教师】如果你是设计师会在牙膏中添加哪些物质来消耗口腔中的乳酸?
【学生】铁粉、镁粉、氧化铁、氧化铜、氧化镁、氢氧化钠、碳酸钙、碳酸氢钠等物质。
【教师】乳酸是否也能与上述几类物质反应? 今天大家的桌面上有铁粉、氧化铜、氢氧化钠、碳酸氢钠,请大家进行实验找到乳酸可以与上述物质反应或不反应的证据。
【学生实验】
(1)分别取少量铁粉、氧化铜、氢氧化钠、碳酸氢钠于试管中。
(2)向上述试管中各加入2 mL乳酸。
【观察实验】
铁粉中加入乳酸后有气泡冒出,氧化铜加入乳酸无明显现象,氢氧化钠固体加入乳酸后固体慢慢消失,碳酸氢钠加入乳酸固体消失,有气泡产生。
【教师】无明显现象就是没有发生反应吗?
【学生】可能是没有反应,也可能是反应程度比较微弱或者反应速率过慢难以观察或是反应了但是没有现象。
【教师】如何改进实验(化隐为显)?
【学生实验】用酒精灯加热氧化铜与乳酸反应的试管。

续表

【教师】氢氧化钠中加入乳酸,白色固体消失,那么它们一定发生反应了吗?如何设计实验?
【学生】有可能发生反应,也有可能只是溶解。可从反应物减少或者消失的角度进行验证,测定反应前后溶液的pH进行确定。
【学生实验】
(1)另取适量乳酸于试管中。
(2)分别用pH试纸测定乳酸及乳酸与氢氧化钠反应后溶液的pH。
【教师】实验后发现铁粉、氧化铜、氢氧化钠、碳酸氢钠都能与乳酸反应,看来乳酸的性质与盐酸类似。
【教师】知道了乳酸的性质,应该选择哪种物质作为牙膏中的酸碱度调节剂呢?是不是只要发生反应的物质都可以?牙膏中含有水,以上物质如铁粉加入后会带来哪些问题?
【学生】铁会生锈,其他金属如镁粉,它的性质活泼,容易变质。氧化铜与乳酸反应很慢,且铜离子是重金属离子中的一种,摄入过多会引起中毒。氢氧化钠碱性较强,且有一定的腐蚀性,在牙膏制作中鲜少使用,碳酸氢钠更适合。
【小结】用碳酸氢钠做酸碱调节剂更合适,也可起到部分摩擦剂的作用

活动三 确定牙膏材料用量
【资料】国家标准规定牙膏的酸碱度范围为5.5~10.0。目前国家并没有明确规定小苏打在牙膏中的添加量,国内小苏打牙膏主要按照国标来执行,多项研究表明小苏打的质量分数应该不低于10%其才能发挥作用。
【教师】今天老师带来一款摩擦剂、酸碱度调节剂与我们选择的材料相同的牙膏,先来检测它是否符合标准。
【演示实验】将牙膏涂抹至pH试纸,并与标准比色卡对照读出对应的pH。
【资料】二氧化碳在常温下密度约为2 g/L。
【演示实验】老师带来一套装置可以快速测定牙膏中碳酸氢钠与酸反应产生气体的体积,请按要求操作。
$C_3H_6O_3+NaHCO_3 == C_3H_5O_3Na+H_2O+CO_2\uparrow$
任务:定量计算。
取0.2 g牙膏样品,加入8 ml乳酸,计算牙膏样品中碳酸氢钠的质量分数,写出具体的计算步骤(假设牙膏中其他成分与乳酸不反应)
(1)向注射器1活塞底部涂牙膏约0.2 g,称量并记录牙膏精确质量。
(2)注射器2吸取乳酸8 mL(过量),并通过二通管与注射器1连接。
(3)将乳酸推入注射器1来回拉动注射器使其反应充分并记录气体体积。
(4)计算牙膏中碳酸氢钠的质量分数(保留到小数点后一位)。
【小结】确定牙膏中碳酸氢钠的质量分数

续表

活动四 自制牙膏 【学生】同学把自制牙膏装入分装软管中,检测牙膏pH是否符合国标,配制好后给自己的"产品"定广告语吧! 水合硅石50%、碳酸氢钠20%、甘油15%、香料10%。制作完成后配上个性化的名称、宣传口号 【小结】今天制作的牙膏只是众多牙膏品类中的一种,并不代表所有的牙膏必须呈碱性,只要酸碱度高于牙齿脱矿临界值且低于10即可,龋齿患者除了要调节口腔酸碱度以外还可选用含氟牙膏增强抗龋能力。 【学生】归纳酸的通性,并梳理牙膏制作过程中用到的化学知识。根据口腔特点倒推牙膏的性质,再根据牙膏的性质进行选材。根据其特定的使用条件做科学性取舍,再通过定量测定和计算确定物质含量。在实际研发中还需进行最佳比例、用户体验等的测试和反馈,最终迎来新产品。在整个过程中用户需求决定反应,最终指向产品,产品的研发则遵循物质的性质决定用途的指导思想,掌握了这一原则,将掌握开拓创新、改善人民生活质量的金钥匙。 【作业练习】用如下装置测定牙膏样品中$NaHCO_3$的质量分数(忽略牙膏中其他成分的影响) ①实验中准确测定样品8 g,进行三次平行试验,测得C装置中含有碳酸钡沉淀平均质量为3.94 g,则样品中碳酸氢钠的质量分数(保留到小数点后一位)为_____。 ②实验中需缓缓通入空气,其作用为_____。 ③装置D的作用是什么?若缺少装置D,对实验结果有什么影响? _____。 【设计意图】立足真实情境,设计实验试题,考查学生的定性、定量实验思维与实验能力,培养学生的化学核心素养
六、教学评价与反馈
本节课让学生从生活经验出发,在解决实际问题中,建立了学与做的一个整体框架。教师在教学实施过程中,通过生活中常见物品吸引学生注意力,学生的知识跨学科融,强化了对物质的结构、性质、应用的三者关联性,知识点较集中,学生印象深刻。

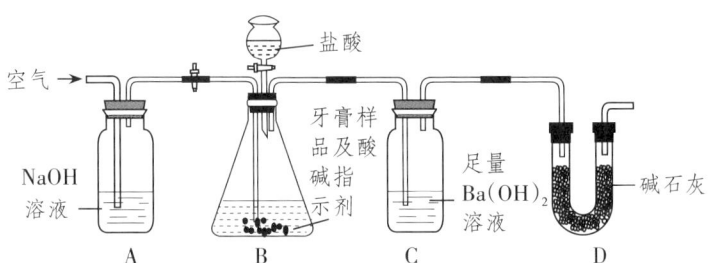

续表

七、教学反思
本节课围绕牙膏的制作分解出连续的4个子任务,学生从已有知识经验出发,在解决真实问题时体会理论与实践的距离。教师采用三维五步教学模式,通过分析、归纳、推理、质疑完成学生深度学习。既保证了知识链的完整性,又调动了学生已有的知识经验,让学生的知识跨学科融合。 "碳酸氢钠含量测定"环节设计采用注射器及二通管,利用简单生活化的微型仪器解决化学课堂中的重难点。同时课程的设计从定性到定量逐步进阶,从最开始的明确本节课的基本任务,到从价格、微观结构、化学反应入手,选择最优的材料,再到通过定量实验确定选材用量,最后到自制牙膏,实现思维、能力、素养的螺旋式上升,让学生感受到化学对人体健康的重要意义。同时教师也突破了对于无明显现象化隐为显的实验教学难点

(三)选修"有机化合物"

有机化合物案例具体内容见表2-2-3。

表2-2-3 有机化合物案例内容

一、基本信息			
课题名称	大话"烯"游——基于创新思维培养的有机化学教学		
授课版本	鲁科版	授课年级和班级	高二(1)
授课时间	2024年4月12日	授课地点	录播教室
二、教学分析			
教材分析	本章第二节讨论了有机化合物结构与性质的关系,本课以有机化合物分子中碳碳单键、碳碳双键和碳碳三键的结构为起点展开,为后续知识的学习进行充足的铺垫。 教材关于烯烃化学性质,是由已学习过的乙烯推及其他烯烃。在从典型物质到一类物质的学习过程中,要关注结构对性质的决定作用关键点		
学情分析	学生在从化学必修二学习中已经掌握了有机化合物的相关知识,在化学选择性必修三中有机化学基础部分已经了解了典型有机化合物的结构与性质。 本节课核心知识的学习基于学生已经学过的乙烯再推及烯烃,让学生的学习从已知到未知,形成由结构推测性质的化学思维		

续表

三、教学目标	
教学目标	1.知识目标。 通过对烯烃官能团、化学键的分析,认识烯烃的组成和结构特点,理解烯烃的化学性质,形成从官能团和化学键的角度认识有机物的认知模型。 2.能力目标。 初步具备根据烯烃的微观结构,预测其物理性质和化学性质的能力;具备运用结构简式、化学方程式等化学用语描述烯烃结构及反应过程的能力。 3.素养目标。 通过从化学键视角再认识碳碳双键,提高学生对加成反应的认识水平;通过了解烯烃在日常生活、有机合成和生产中的应用,培养学生科学态度与社会责任的核心素养,增强社会责任感。
教学重点	丙烯的结构与化学性质
教学难点	不对称烯烃的加成反应

四、教学策略	
设计思路	基于学生已经学习了碳原子的成键方式,会判断常见的断键部位,并认识到基团之间会相互影响。因此本节课设计时围绕大概念"结构决定性质",以"丙烯"为主要研究对象。利用图谱确定C_3H_6的结构,教师引导学生从化学键角度分析其可能断键的部位和反应类型,利用模型模拟断键和成键过程,书写化学方程式。注重"宏、微、中"三重表征,且能增强有机化学教学的趣味性。 打破教材单元界限,将不对称烯烃的加成反应、α-H取代反应在学习烯烃的性质时提前分析,有利于知识的结构化。强调甲基和碳碳双键的相互影响。
教学流程	环节一 → 环节二 → 环节三 → 环节四 → 环节五 任务线:重温乙烯 → 揭秘C_3H_6 → 解锁碳碳双键 → 解锁碳氢键 → 揭秘紫色溶液 知识线:乙烯的结构、性质、用途 → 丙烯结构的表征与性质预测 → 探究丙烯的加成反应 → 探究丙烯的α-H取代反应 → 探究丙烯的氧化反应 素养线:证据推理 模型认知 → 科学态度 证据推理 → 证据推理 模型认知 → 证据推理 模型认知 → 模型认知 科学态度

续表

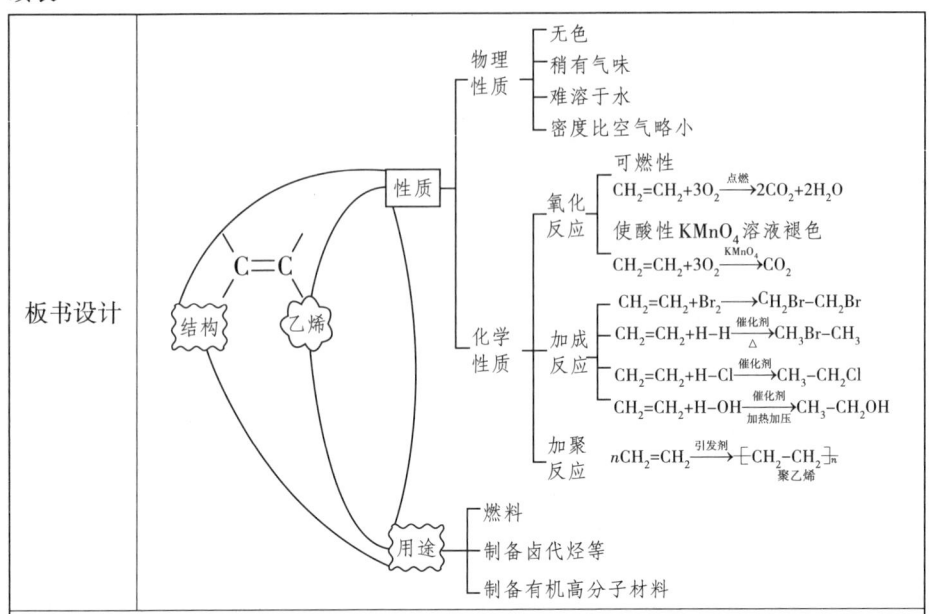

板书设计	结构 — C=C — 乙烯 — 性质 — 物理性质 {无色；稍有气味；难溶于水；密度比空气略小}；化学性质 — 氧化反应 {可燃性 $CH_2=CH_2+3O_2 \xrightarrow{点燃} 2CO_2+2H_2O$；使酸性 $KMnO_4$ 溶液褪色 $CH_2=CH_2+3O_2 \xrightarrow{KMnO_4} CO_2$}；加成反应 {$CH_2=CH_2+Br_2 \longrightarrow CH_2Br-CH_2Br$；$CH_2=CH_2+H- \xrightarrow[\triangle]{催化剂} CH_3Br-CH_3$；$CH_2=CH_2+H- \xrightarrow{催化剂} CH_3-CH_2Cl$；$CH_2=CH_2+H-OH \xrightarrow{加热加压} CH_3-CH_2OH$}；加聚反应 $nCH_2=CH_2 \xrightarrow{引发剂} -[CH_2-CH_2]_n-$ 聚乙烯；用途 {燃料；制备卤代烃等；制备有机高分子材料}

五、教学过程

第一步　重温乙烯

任务：复习"乙烯"相关内容，归纳乙烯的结构、性质、用途等知识点。

【学生】发挥创造性思维，绘制思维导图

第二步　"游戏环节一"——揭秘 C_3H_6

任务：利用模型模拟有机化合物的分子结构。

实验室里有一瓶油漆脱落的有机液化气X，分子式为 C_3H_6，请搭建其可能出现的结构的球棍模型，交流讨论。

提示：小球较为柔韧，可先用笔尖在小球上扎孔，再边旋转边插入"共价键"木棍。

【学生】讨论球棍模型代表的有机化合物之间有什么关系？

任务：表征有机化合物的分子结构。

采用现代仪器分析方法，可以快速、准确地测定有机化合物的分子结构。

常用的测定分子结构的方法：红外光谱（IR）、核磁共振（NMR）、紫外光和可见光谱（UV）、质谱（MS），其原理是样品与特殊电磁波等作用产生相应的信号（图谱），该信号提供分子结构的信息，因此其用于表征有机化合物的分子结构。

【学生】分别写出两种球棍模型对应的结构简式，思考二者在结构上的差异？

【资料】当用红外光照射有机化合物分子时，不同的官能团对红外光的吸收频率不同，不同的结构在红外光谱图中处于不同位置。

续表

【学生】结合红外光谱图思考有机化合物X的结构简式是什么？
【学生】结合氢谱图思考有机化合物X有几种氢原子，比例是多少？有机化合物X的结构简式是什么样的？
资料：不同化学环境中的氢原子的信号峰在图谱上对应位置不同，而且峰的面积与氢原子数成正比。
任务：基于结构预测有机化合物的化学性质。
【学生】从化学键的角度，分析和预测丙烯分子可能的断键部位与反应类型，并在下图中标注。
$$\begin{matrix} & H & & H \\ & | & & | \\ H-C- & C & = & C-H \\ & | & & \\ & H & & \end{matrix}$$
第三步 "游戏环节二"——解锁碳碳双键
任务：探究丙烯的加成反应。
【学生】思考丙烯可能与哪些物质发生加成反应，尝试搭建产物分子的球棍模型，交流讨论。结合搭建的模型，书写化学方程式。丙烯与溴化氢反应后，会生成什么产物呢？尝试搭建产物分子的球棍模型，交流讨论。书写丙烯与水在一定条件下反应的化学方程式
第四步 "游戏环节三"——解锁碳氢键
任务：探究丙烯的α-H取代反应。
【学生】丙烯与氯气在一定条件下可否发生反应，若反应，产物的结构简式是什么？尝试搭建产物分子的球棍模型，交流讨论。
资料：在含有官能团的有机化合物分子中，与官能团直接相连的碳原子为α-C，其余的氢原子为α-H
第五步 "游戏环节四"——揭秘紫色溶液
任务：探究丙烯的氧化反应。
【学生】思考丙烯被酸性高锰酸钾溶液氧化后的产物是什么？
资料：烯烃在酸性$KMnO_4$溶液的作用下，分子中的不饱和键完全断裂，生成羧酸、二氧化碳或酮。
【学生】完成随堂练习：某烃的分子式为$C_{11}H_{20}$，1 mol该烃在催化剂作用下可以吸收2 mol H_2；用热的酸性$KMnO_4$溶液氧化，得到下列三种有机化合物：$CH_3-\overset{O}{\underset{\|}{C}}-CH_2CH_3$、$CH_3-\overset{O}{\underset{\|}{C}}-CH_3$、$COOH-CH_2CH_2-COOH$ 由此推断该烃可能的结构简式是_____

续表

六、教学评价与反馈
本节课从易到难,从结构推测未知物质,建立了一个整体框架:结构—性质—用途。教师在教学实施过程中,通过搭建模型活动与学生互动,实现了由小分子搭建到仪器分析的进阶,从对称加成到不对称加成的进阶教学。在分析不对称烯烃的加成反应中,强化了学生对同分异构体的概念,但受限于球棍模型,课堂节奏推进较慢

七、教学反思
教学实施过程中应注重对学生创新思维的培养:例如球棍模型采用不带孔的泡沫球,学生在让碳原子成四个键时会产生认知冲突,有的学生有区分sp^3杂化和sp^2杂化的碳原子的意识,而有的学生只能保证让碳原子成四个共价键,键角、键长完全无法顾及。因此,教师在授课现场抛出问题,如何让键角刚好为$109°28'$和$120°$?再将硬纸板制作的键角模板发给学生做参照,引导学生调整,并完善球棍模型。另外,采用等长的塑料棒充当共价键,也能引发学生思考键长如何规范化?本节课容量较大,一节课的时间比较紧张,还有很多值得探讨的问题没有展开

八、课堂评价
本课的课堂评价方式为试题评价,具体呈现为以下试题: 1.金刚烷是一种重要的化工原料,工业上可通过下列途径制备: 环戊二烯 → 二聚环戊二烯 → 四氢二聚环戊二烯 → 金刚烷 请回答下列问题: (1)环戊二烯分子中最多有_____个原子共平面。 (2)金刚烷的分子式为_____。 (3)已知烯烃能发生如下反应: $\underset{HH}{\overset{RR'}{C=C}} \longrightarrow RCHO + R'CHO$ 写出下列反应产物的结构简式: [环戊二烯] $\xrightarrow{O_3}$ _____ $\xrightarrow{H_2O/Zn}$ _____。 (4)A是二聚环戊二烯的同分异构体,能使溴的四氯化碳溶液褪色,A经酸性高锰酸钾溶液加热氧化可以得到对苯二甲酸[提示:苯环上的烷基(—CH_3、—CH_2R、—CHR_2)或烯基侧链经酸性高锰酸钾溶液氧化得羧基],写出A所有可能的结构简式(不考虑立体异构):_____。

续表

答案：

(4) $CH_3CH=CH-\underset{}{\underset{}{\bigcirc}}-CH_3$、$CH_2=CHCH_2-\underset{}{\underset{}{\bigcirc}}-CH_3$、

$CH_2=CH-\underset{}{\underset{}{\bigcirc}}-CH_2CH_3$

【命题意图】以金刚烷的制备途径为载体,考查学生在判断有机化合物共面原子数、书写同分异构体,以及基于新信息推测产物结构简式等方面的掌握度；训练学生分析问题、解决问题的能力,进而发展"宏观辨识与微观探析"、"证据推理与模型认知"等化学学科核心素养

(四)选修"物质结构与性质"

物质结构与性质案例内容见表2-3-4。

表2-3-4　物质结构与性质案例

一、基本信息			
课题名称	物质结构与性质教学设计——初识配位化合物		
授课版本	鲁科版	授课年级	高二
授课时间	2024年6月14日	授课地点	录播教室
二、教学分析			
教材分析	配位键、离子键、金属键以及共价键共同构成了化学键(原子之间的强相互作用)的完整知识体系,配合物中含有多种化学键,其在生命科学、材料科学以及催化合成等方面有着重要的意义。因此,学习配位键的成键实质、成键特征,对全面了解微观原子的相互作用、了解化学学科在高科技领域的广泛应用大有益处。教材在共价键的基础上,从共用电子形成方式的角度简略介绍配位键的形成和配合物的意义		
	为了让学生积极主动地获取知识,教材中设置的"交流·研讨"栏目提供了NH_4^+中配位键的形成及配位键判断依据的知识。为了让学生真实地感受配位化合物的存在,教材中设置了配位化合物的制备与应用的"活动·探究"栏目。为了拓宽学生的视野,教材还设置了"化学与生命"(血红蛋白中的配位键)及"拓展视野"(在配位化学及其应用领域有重要贡献的我国著名化学家),介绍了我国科学家在该领域内的杰出成就,旨在激发学生的民族自豪感。		

续表

学情分析	本节课的授课群体是高二年下学期的学生,他们刚学完原子结构与元素性质、共价键部分的内容。 (1)知识储备:学生已积累了原子结构与元素性质、共价键相关的知识,具有实验操作技能和实验理论的知识储备。 (2)能力水平:具有类比思维、团队合作学习能力、初步设计实验方案和评价的能力。 (3)认知瓶颈:知识应用和思维迁移能力较弱
三、教学目标	
教学目标	1.知识目标。 能通过分析H_3O^+中配位键的形成,知道简单配位键的形成实质,并类比推理至铜的多种配合物;能进行制备$[Cu(NH_3)_4]^{2+}$实验,并解释实验现象及原理;能从微观结构角度解释配体、中心原子(或离子)的不同引起的配合物稳定性差异的原因。 2.能力目标。 能通过实验探究感受配位化合物的存在,并能解释制备$[Cu(NH_3)_4]^{2+}$时溶液从淡蓝色变为深蓝色的原因;能通过资料阅读了解配合物在生物、化学等领域的广泛应用。 3.素养目标。 宏观结构决定宏观性质,宏观性质反应微观结构。学生能通过宏观现象分析推理微观可能的结构,建立并完善配合物的认知模型。能针对问题主动提出具体可行的实验操作,培养"宏观辨识与微观探析"、"证据推理与模型认知"、"科学探究与创新意识"的学科核心素养
教学重点	配位键、配位化合物的概念
教学难点	配位键、配位化合物、影响配位离子稳定性的因素
四、教学策略	
设计思路	教师通过引导学生从微观层面理解配合物的组成、结构和性质的联系,让他们逐渐形成"结构决定性质,性质决定用途"的概念。通过探究硫酸铜溶液显蓝色的原因和制备$[Cu(NH_3)_4]^{2+}$实验,培养学生"科学探究与创新意识"的化学学科核心素养。 利用制备$[Cu(NH_3)_4]^{2+}$的实验,说明配合物的稳定性差异能让配合物进行转化;教师让学生讨论能让羊毛衫褪色的染色剂结构,说明配合物存在形式受到中心离子和配体的影响。引导学生寻找证据(实验证据及结构证据),培养学生"证据推理与模型认知"化学学科核心素养

续表

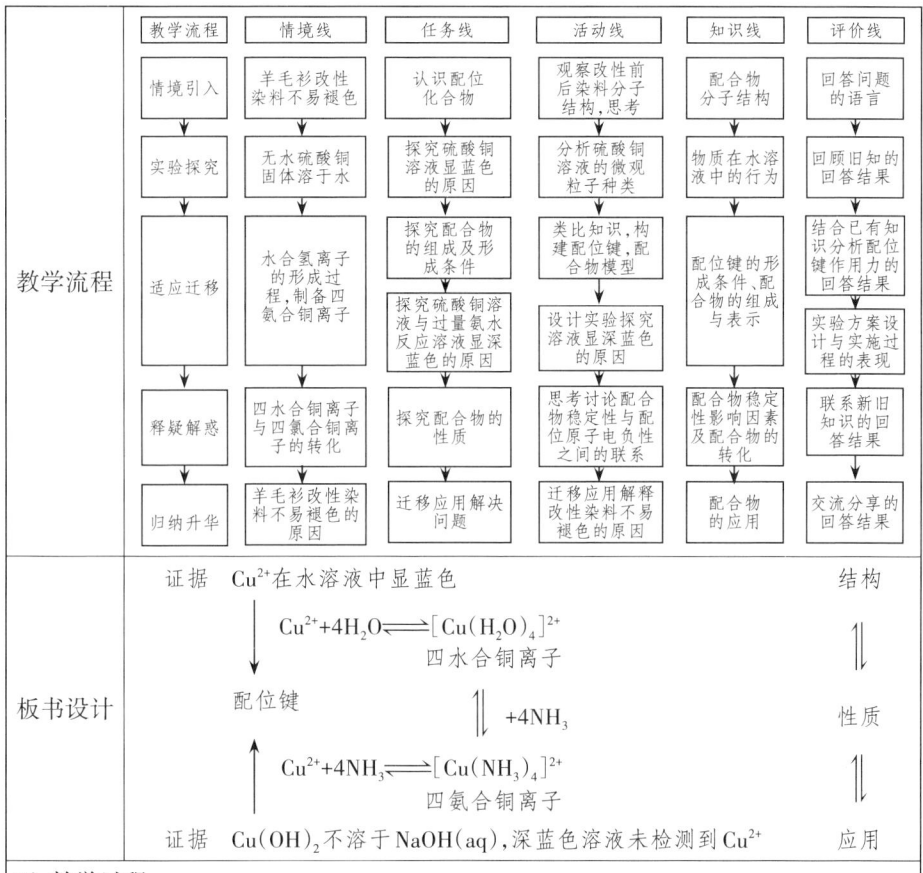

教学流程	教学流程→情境线→任务线→活动线→知识线→评价线 情境引入：羊毛衫改性染料不易褪色 / 认识配位化合物 / 观察改性前后染料分子结构,思考 / 配合物分子结构 / 回答问题的语言 实验探究：无水硫酸铜固体溶于水 / 探究硫酸铜溶液显蓝色的原因 / 分析硫酸铜溶液的微观粒子种类 / 物质在水溶液中的行为 / 回顾旧知的回答结果 适应迁移：水合氢离子的形成过程,制备四氨合铜离子 / 探究配合物的组成及形成条件 / 类比知识,构建配位键,配合物模型 / 配位键的形成条件、配合物的组成与表示 / 结合已有知识分析配位键作用力的回答结果 探究硫酸铜溶液与过量氨水反应溶液显深蓝色的原因 / 设计实验探究溶液显深蓝色的原因 / 实验方案设计与实施过程的表现 释疑解惑：四水合铜离子与四氯合铜离子的转化 / 探究配合物的性质 / 思考讨论配合物稳定性与配位原子电负性之间的联系 / 配合物稳定性影响因素及配合物的转化 / 联系新旧知识的回答结果 归纳升华：羊毛衫改性染料不易褪色的原因 / 迁移应用解决问题 / 迁移应用解释改性染料不易褪色的原因 / 配合物的应用 / 交流分享的回答结果
板书设计	证据　Cu^{2+}在水溶液中显蓝色　　　　　　　　　　　结构 $Cu^{2+}+4H_2O \rightleftharpoons [Cu(H_2O)_4]^{2+}$ 四水合铜离子 配位键　　　　　$\rightleftharpoons +4NH_3$　　　　　性质 $Cu^{2+}+4NH_3 \rightleftharpoons [Cu(NH_3)_4]^{2+}$ 四氨合铜离子 证据　$Cu(OH)_2$不溶于$NaOH(aq)$,深蓝色溶液未检测到Cu^{2+}　　应用

五、教学过程

第一步　情境引入

【真实情境】羊毛衫褪色,天然染料染色的羊毛衫容易褪色,铜盐改性染料染色的羊毛衫不容易褪色。

【学生】观察、思考天然叶绿素A和铜钠盐改性的叶绿素在结构上的差异。

天然叶绿素A　　　c1　X:CH_2—CH_3　　　叶绿素(铜钠盐改性)
　　　　　　　　　c2　X:CH=CH_2

【设计意图】从生活中的真实情景引入化学问题,引发学生的好奇心

续表

第二步　实验探究
【教师】演示实验:无水硫酸铜在水中溶解。 【学生】观察教师演示实验的现象,思考硫酸铜溶液呈蓝色的原因。 【教师】联系已学的相关知识,总结硫酸铜溶液中存在的微粒。硫酸铜溶液中有铜离子、硫酸根、溶剂水分子、水电离的氢离子和氢氧根,那么铜离子是不是使得硫酸铜溶液显蓝色的原因呢? 老师设计了如下实验请同学们讨论。 （$CuSO_4$固体、$CuCl_2$固体、$CuBr_2$固体 加入足量蒸馏水 → $CuSO_4$溶液、$CuCl_2$溶液、$CuBr_2$溶液） 【学生】总结实验,用控制变量法的思维探讨如何优化实验设计。 【教师】播放$CuSO_4$、$CuCl_2$、$CuBr_2$、$NaCl$、K_2SO_4、KBr固体溶于水的实验的视频。 【教师】观察实验现象,Cu^{2+}并不直接显蓝色,那么硫酸铜溶液呈现蓝色是铜离子和水分子共同作用的结果吗?
第三步　知识迁移
【教师】从最简单的离子H^+和H_2O的相互作用出发,引出配位键配位化合物的概念。 【学生】根据H_3O^+的形成过程,从成键角度描述H^+和NH_3结合的过程。 【教师】从铜离子的价电子排布出发,探讨铜离子和水分子间的相互作用;讲解配位化合物的定义、配位离子的表示方法及形成配位离子的化学方程式书写等知识。 【学生】根据$[Cu(H_2O)_4]^{2+}$的形成过程,描述Cu^{2+}和NH_3结合的过程。 【教师】演示实验:制备$[Cu(NH_3)_4]^{2+}$。 【学生】设计实验,探究溶液呈深蓝色的原因:①呈现深蓝色微粒为$[Cu(NH_3)_4]^{2+}$,②呈现深蓝色微粒为$[Cu(OH)_4]^{2-}$。 【教师】将铁钉-$[Cu(NH_3)_4]^{2+}$溶液放置6 h,铁钉表面析出红色固体
第四步　释疑解惑
【教师】实验验证使溶液呈现深蓝色的微粒为$[Cu(NH_3)_4]^{2+}$,溶液中发生的化学变化可由方程式$[Cu(H_2O)_4]^{2+}+4NH_3·H_2O = [Cu(NH_3)_4]^{2+}+4H_2O$来描述,请同学们思考配合物发生转化的原因是什么? 【学生】再次观察四水合铜离子与四氨合铜离子的结构式,联系O、N的电负性差异分析配合物发生转化的原因。

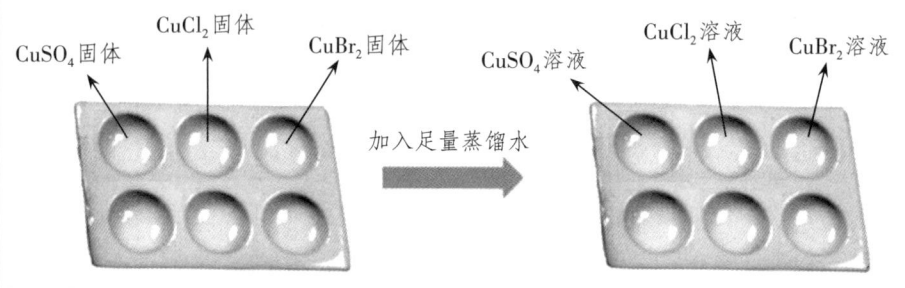

续表

第五步　归纳升华
【情境再现】配位原子的种类影响配合物的稳定性,中心原子同样也会影响配位键的稳定性。 【学生】结合原子结构的相关知识揭示羊毛衫褪色的原因。 【教师】生成结构化板书,根据物质的结构决定性质的规律,Cu^{2+}拥有空轨道,H_2O、NH_3中心原子上存在孤电子对,可形成配位键。而性质又可决定用途,由于配合物的稳定性不同,因此它们可以相互转化

六、教学评价与反馈

本节课以学生为主体,在教学内容上从真实情境引出问题,通过创设情境,让学生回顾已学的知识,引导他们迁移和应用所学知识,学会解决实际问题,进而达到学习新知,并形成知识体系的目的;在教学策略上,教师进行演示实验,鼓励学生进行小组讨论协作,自主设计实验,解决核心问题;在核心素养上,教师始终围绕着"科学探究与创新意识"、"证据推理与模型认知"培养学生的化学学科核心素养;在学习评价上,教师关注深度学习的每个环节,注重"教、学、评"一体化的落实。

七、教学反思

课程教学实效显著,主要体现在以下几个方面:
首先,学生体验深刻。通过学习精心设计的本节课,学生参与了探究、思考和反思等过程,从而完成了深度学习的目标。这种深度的学习体验不仅有助于知识的内化,更能促进学生的全面发展。学生在探索中发现问题,在思考中寻求答案,在反思中总结经验,这样的过程让他们对所学知识有了更深刻的理解和认识。
其次,本节课重视思维过程,有效提升了学生的思维品质。在教学过程中,教师鼓励学生质疑,引导学生分析问题、解决问题,锻炼了学生的综合思维能力和评价思维品质。学生不仅学会了知识,更学会了如何运用知识去分析和解决实际问题,这种能力的提升对学生的长远发展具有重要意义。
最后,课程做到"教、学、评"一体化。教师对每个学习环节进行了全面详细的评价,及时反馈教与学的效果,这有助于学习目标的落实和素养的培育。通过评价,学生可以清楚地了解自己的学习状况;同时,教师也可以根据评价结果调整教学策略,更好地满足学生的学习需求。
本节课以教师演示实验为主,将部分实验改为学生的分组实验课堂效果会更佳。

续表

八、课堂评价
本课的课堂评价方式为试题评价,具体呈现为以下试题: 1.下列分子或离子中,能提供孤电子对与某些金属离子形成配位键的是(　　) ①H_2O　　②NH_3　　③F^-　　④CN^-　　⑤CO A.①②　　　　　　　B.①②③　　　　　　　C.①②④　　　　　　　D.①②③④⑤ 2.下列化合物属于配合物的是(　　) A.$Cu_2(OH)_2SO_4$　　　　　　　　　　B.NH_3 C.$[Zn(NH_3)_4]SO_4$　　　　　　　　　D.$KAl(SO_4)_2$ 3.某物质A的化学式为$CoCl_3·4NH_3$,1 mol A中加入足量的$AgNO_3$溶液中能生成1 mol白色沉淀,用强碱处理并没有NH_3放出,则关于此化合物的说法中正确的是(　　) A.Co^{3+}只与NH_3形成配位键 B.配合物配位数为3 C.该配合物可能是平面正方形结构 D.此配合物可写成$[Co(NH_3)_4Cl_2]Cl$ 4.向盛有硫酸铜溶液的试管中滴加浓氨水,先生成难溶物,继续滴加浓氨水,难溶物溶解,得到深蓝色透明溶液。下列对此现象的说法正确的是(　　) A.反应后溶液中不存在任何沉淀,所以反应前后Cu^{2+}的浓度不变 B.沉淀溶解后,生成深蓝色的配离子$[Cu(NH_3)_4]^{2+}$ C.反应后的溶液中Cu^{2+}的浓度增加了 D.在配离子$[Cu(NH_3)_4]^{2+}$中,Cu^{2+}提供孤电子对,NH_3提供空轨道 【设计意图】巩固有关配位化合物的相关概念与知识,掌握研究配位化合物的一般研究方法,帮助学生建构解决配位化合物相关问题的思维模型,理解模型认知与证据推理的研究思路与研究方法

第三章

精新化学学法：三段五阶学习模式

第一节 三段五阶学习模式的理论基础

本节主要内容如图3-1-1所示。

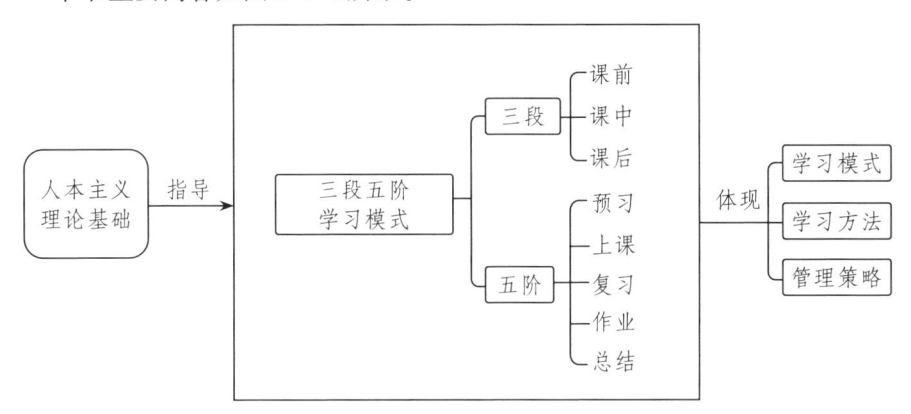

图3-1-1 三段五阶学习模式

人本主义是以人为本,研究整体人的本性、经验与价值的心理学,是研究人的本性、潜能、经验、价值、意向性、创造力、自我选择、自我实现的学科。人本主义心理学主要建立在马斯洛的自我实现理论和罗杰斯的患者中心疗法基础上。

人本主义理论是一种强调人的尊严、价值与动机,以及人的自我实现、成长与发展等问题的理论。这种理论强调每个人都是独特的,每个人都有自我成长和自我实现的能力,而这种能力的发展是人的基本需求之一。人本主义理论的主要观点包括:

(1)人的本质是善良的,每个人都有自我实现和自我成长的能力。

(2)人的行为和决策是由自我实现的愿望驱动的,而不是由外部环境或外部压力所驱动的。

(3)人的自我实现和自我成长是一个自然的过程,需要一个安全、自由、积极的外部环境来促进这个过程的发展。

(4)人的自我实现不仅是为了满足生理和安全需求,更是为了实现自己的价值,成为自己想成为的人。

人本主义理论在教育、心理、管理等领域都有广泛的应用,它强调以人为本,注重人的内在动机和自我实现,是一种以人为本的价值观和方法论。同时,人本主义理论也强调尊重个体的独特性和差异性,认为每个人都有自己独特的成长路径和潜能,需要理解和尊重。

人本主义教育理论强调学生的主体性和自主性,倡导教学方法应根据学生的需求和兴趣进行个性化的设计。人本主义理论在中学化学学习中的应用,包括教师角色的转变、教学方法的改进、学习环境的优化等方面。结合学生的实际情况,依据个别学生的特点和需求,教师将人本主义理论融入化学教学中,可以有效提高学生的学习兴趣和学习成效。

人本主义理论是一种关注学生主体性和个性发展的教育理论,其核心思想是尊重每个学生的差异性和个体需求。化学作为一门抽象性较强的学科,学生学习时容易迷失在公式和概念中。因此,人本主义理论用于中学化学教习中,可以更好地激发学生的学习兴趣和培养他们的创造力和独立思考能力。人本主义理论应用主要在以下三个方面。

首先,教师角色的转变。传统上,教师在化学教学中起主导作用,通过讲课和解释来传递知识。而在人本主义教育中,教师应更多地起到引导者和促进学习者的作用。教师应了解学生的兴趣、需求和学习风格,通过个体指导和反馈来调整教学内容和方法,激发学生的学习动机。

其次,教学方法的改进。人本主义理论强调学生的自主学习和参与,因此,教学时教师需要更多地关注学生的主观需求。探索性学习和实践性探究可作为人本主义教育的具体实践。在化学学习中,教师可以提供实践性的实验、案例和项目,让学生在实际操作中感受化学的魅力,培养他们的实践动手能力。

最后,学习环境的优化。人本主义理论认为,学习环境应当是鼓励和支持学生个体发展的。在化学学习中,教师可以创造积极的学习氛围,鼓励学生提问、探索和交流。并且,可以设计学习小组,让学生之间互相合作和交流,促进他们之间的思想碰撞和共同成长。

(5)案例分析。通过分析某中学化学课堂的案例,展示人本主义理论在实际教学中的应用。通过教师个体指导、自主探索和实践性实验等方式,学生的学习兴趣明显提高,学习效果明显提升。

（6）结论。人本主义理论在中学化学学习中的应用可以有效提高学生的学习成效和兴趣。教师角色的转变、教学方法的改进和学习环境的优化是落实人本主义教育的重要途径。为了更好地促进学生的发展，化学教师应持续探索并灵活运用人本主义理论的相关方法和策略。

第二节　三段五阶学习模式的实施与评价

本节主要内容如图3-2-1所示。

图3-2-1　三段五阶学习模式实施与评价

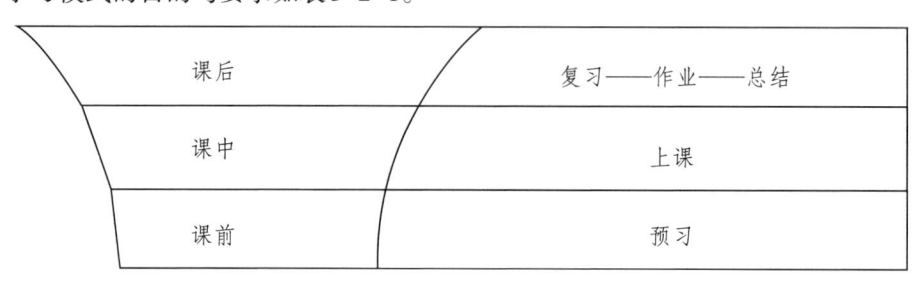

一、三段五阶学习模式概述

三段五阶学习模式，"三段"为学生学习的三个时间段，即课前、课中、课后，"五阶"为学习五个主要阶段，包括预习、上课、复习、作业、总结，如图3-2-2，该学习模式的目的与要求如表3-2-1。

课后	复习——作业——总结
课中	上课
课前	预习

图3-2-2　三段五阶学习模式

表3-2-1 三段五阶学习模式目的与要求

三段	五阶	目的	要求
课前	预习	1.扫除课堂学习的一般知识障碍。 2.熟悉内容，提高听讲的自觉性，学生听课时能知道重点，思路清晰。 3.了解新课内容，加强记笔记的针对性，解决记和听的矛盾。 4.提高自学能力，变被动学习为主动学习	1.通读全文，初步理解教材的基本内容和思路。 2.复习学习新课所要用的旧概念、旧知识，为学习新知识做好准备。 3.找出新教材的重点和自己不理解的问题。 4.尝试做读书笔记和卡片，了解本节课的主要知识、概念、相关术语、公式等，记录关键点、疑难点等，为上课做好准备工作
课中	上课	1.学习新知识，巩固旧知识。 2.掌握并学会应用新的技能技巧。 3.开发智力，训练和发展能力	1.专心听讲。善于控制自己，做到课上全神贯注。 2.积极思考。跟着老师讲课的思路，认真思考并积极回答教师提出的问题。学习教师提出问题和解决问题的方法，根据自己的疑惑，提出问题，与同学或老师探讨。提高自己的学习能力和思维能力。 3.适当记笔记。笔记要抓住重点，简明扼要。 4.做到当堂知识当堂掌握。 5.大胆参与，积极听课。 6."听看想做记"有机结合，高效听课
课后	复习	1.巩固当天学习的知识、技能和技巧。 2.厘清知识结构，加深理解，加强记忆。 3.为做作业做好准备	1.复习的第一步应该是尝试回忆课上知识，增强看书的针对性。 2.认真看书，用彩笔在书上勾出重点和新概念，在空白处写出简要体会，编写内容提要，以利记忆。 3.整理笔记，使其清楚、完整，成为学习的辅助材料。 4.看参考书，丰富和扩展课上学习的知识。 5.强化记忆，及时归纳总结

续表

三段	五阶	目的	要求
课后	作业	1.通过作业加深对知识的理解和记忆。 2.通过作业加强和巩固的基本技能和技巧。检查学习效果。 3.积累复习资料	1.先复习后做作业。 2.要独立、按时完成。 3.力求答案准确,字迹清楚、工整,格式规范。 4.及时纠正错漏
	总结	1.回忆重现,使知识巩固。 2.查缺补漏,使知识完整。 3.融会贯通,使知识系统。 4.综合运用,使知识实用	1.系统钻研教材,掌握知识发展的脉络和各部分之间的内在联系。进一步加深对教材内容的理解。 2.对知识加工整理,把多章节知识写成系统表,把易混的概念写成比较表,把难记内容写成醒目的图示,把复杂内容写成关系图。 3.把习题归类,探求规律。抓住典型题,进行综合练习,提高应用综合知识的能力。 4.养成习惯,经常总结。 5.总结学法,提高效率。 6.做好改错本的整理。可以从不同的角度整理改错本,如从章节顺序、知识点、方法类、题型类等

二 化学预习方法

1.提纲预习法

将预习的内容列成提纲或概括为有逻辑联系的纲要结构,整体层次分明、脉络清晰、观点突出、文字精练。以鲁科版化学必修"预测元素及其化合物的性质"单元为例,学生快速浏览后,列出以下提纲。碳族元素的相似性、递变性、特殊性;如何利用元素周期表进行科学预测,并在生产生活中应用;如何应用"位、构、性"的关系解决元素推断;等等。

2.符号圈点预习法

预习时,用符号做标记,勾出要点、难点、重点等。如化学键的定义为相邻原子间的强相互作用,为了对化学键概念理解更准确,将关键词"相邻""强"圈出。又如离子键是阴、阳离子之间通过静电作用形成的化学键,把关键词"阴、阳离子""静电"圈出,并做好注释,"静电作用"既包括阴离子与阳离子间的吸引作用,又包括离子中原子核间的排斥作用。

3.表格预习法

通过绘制表格,列出重要组成部分、主要条目、关键问题、重点、难点、疑点等。如鲁科版化学必修"第一节 化学键与物质构成",预习时,可列出表3-2-2。

表3-2-2 表格预习法

课题	第一节 化学键与物质构成
重点	准确理解的概念(化学键、离子键、共价键)
难点	电子式的书写
疑点	化学键类型的判断方法
易错点	CO_2、N_2、$HClO$、Na_2O_2、NH_4Cl、$MgCl_2$、H_2O_2、H_2O等电子式书写

4.速读预习法

用超常的阅读速度进行预习。一般步骤为:通读前言、浏览目录、翻阅相关知识的书页(标题、插图、表格等)、重点内容标记或摘录、提出问题。如学习鲁科版化学必修"元素周期表",快速阅读该章节后标记重点知识,如周期、族、元素周期律的具体内容和原因等,对照课本附录的周期表进行阅读,建立对元素周期表的直观认识。针对本节内容提出相关问题,查阅相关资料或请教老师:在俄国化学家门捷列夫发现元素周期表前,有哪些科学家做过相关的研究?研究内容是什么?相比这些门捷列夫的研究有哪些优势?门捷列夫又是如何得出他的研究成果的?元素周期表还有哪些不同的形式?其还有更多的新元素吗?

5."温故知新"预习法

学生在预习过程中,一方面初步理解新知识,归纳新知识的重点,找出疑难问题;另一方面复习、巩固与新知识有联系的旧知识。预习新知识与有联系的旧知识,知识系统化。如学习沉淀平衡,将沉淀平衡与前面学习过的如水解平衡、水的离子积、弱酸弱碱的电离与平衡常数、影响平衡的因素、平衡常数计算、平衡图像、多重平衡等知识与方法联系起来。

三 上课

1.课前及课外准备

(1)知识准备。提前预习,记录预习时的疑问。

(2)工具准备。书本、文具、干净整洁的桌面、课间必要的放松、科学合理的作息。

2.课堂上保持专注

(1)做笔记。用活页纸记录,准备三色笔(红色记录重点知识、蓝色记录难点知识、一般知识用黑色)。笔记应抓住重点,记录框架,不求完美,可课后再稿(整理知识点)。

(2)与老师互动。

(3)学会拒绝干扰源。

(4)保持清醒的头脑。

四 作业

学生做作业时可采用以下方法,提升作业的质量,提高学习成绩。

(1)先复习后做作业。先回忆课堂上老师讲解的知识,查看课堂笔记,将所学知识复习后再做作业。

(2)仔细审题。审好题是正确解答问题的关键。审题时,先通读全题,理解题目含义,注意题目中的特定语言,以免理解错误而做错。

(3)独立做题。在审题的基础上,要独立完成课后作业,遇到难题时,先不要急于问老师或同学,也不要马上去看参考答案。要多思考,尽量通过自己的独立思考去解答,学生以此不断提升自己分析问题、解决问题的能力。

(4)检查修改。做完题后,需要从头到尾仔细检查一遍,如解题的步骤是否规范、思路是否正确、题目是否漏答等,若有问题及时修改。

(5)把握好做作业的时间。中学的课程内容多、难度大,因此做作业时需要做好时间规划,最好是限时完成。

做作业是为了掌握知识、提升能力,出现问题时学生要积极思考,对典型的错误要分类整理,形成自己的资料库,不断看、思考、补充,从而充实、完善、提升自我。

五　化学复习方法

(一)化学文字阅读方法

1.划分句子成分阅读法:对化学概念进行深度理解

准确理解化学概念是学好化学的关键,化学概念一般以陈述句的形式呈现,为了准确地理解化学概念,可以对概念按"主语—谓语—定语—宾语"进行划分,深度阅读,正确把握概念内涵与外延,正确理解化学概念。

例1:初中化学对"氧化物"概念的理解。

氧化物是由两种元素组成且其中一种为氧元素的化合物。

主语:氧化物

谓语:是

定语:两种元素组成且其中一种为氧元素

宾语:化合物

连起来的主干:氧化物是化合物

深度理解:氧化物首先必须是化合物,这是前提条件,化合物是纯净物的下一级概念,即氧化物必须是纯净物,混合物不是氧化物,单质与化合物是并列关系,即只有一种元素的纯净物不是氧化物,如O_2、O_3等,定语为"两种元素组成且其中一种为氧元素",定语表明了限制条件,组成元素是两种元素,其中一种为氧元素。是两种,不是两个,如CO、NO、FeO、CuO是氧化物,Cu_2O、SO_2、SO_3、Fe_2O_3、P_2O_5等也是氧化物;而H_2SO_4、$HClO$、H_3PO_4、$C_6H_{12}O_6$、$NaOH$、$Ca(OH)_2$、$Fe(OH)_3$、$KAl(SO_4)_2 \cdot 12H_2O$等不是氧化物,虽然它们都含有氧元素且是化合物,但元素不是两种,是三种或三种以上,因此,它们不是氧化物。

例2:高中化学对"电解质"概念的理解。

电解质是在水溶液或熔融状态下能导电的化合物。

主语:电解质

谓语:是

宾语:化合物

定语:水溶液或熔融状态下能导电

连起来的主干:电解质是化合物

对电解质概念的深度理解:电解质首先必须是化合物,在物质的分类标准中,纯净物与混合物是并列关系,而化合物是纯净物的下一级概念。因此,电解质是化合物,一定是纯净物,不是混合物,如食盐水、稀盐酸等虽然能导电,但不是电解质,因为它们是混合物,不是纯净物,也就不是电解质。单质与化合物是并列关系,如金属铝、铁、铜等在熔融条件下能导电,但它们是单质,不是化合物,因此,也不是电解质。

例3:高中化学对"气体摩尔体积"的理解。

气体摩尔体积是在一定温度和压强下,1 mol气体的体积。

主语:气体摩尔体积

谓语:是

宾语:体积

定语:在一定温度和压强下,1 mol气体

连起来的主干:气体摩尔体积是体积

对气体摩尔体积的深度理解:气体摩尔体积是体积,不是质量。定语"在一定温度和压强下,1 mol气体",有三层含义,气体摩尔体积与温度和压强有关,标准是1 mol。为什么是气体摩尔体积,不是液体摩尔体积或固体摩尔体积呢?因为,气体分子间的距离大,远比分子的直径大,分子本身的大小可以忽略,而液体和固体的微粒间距离小,微粒本身的大小不能忽略。每种液体或固体本身微粒大小不同,因此液体和固体的体积除了和粒子数有关,还与微粒本身大小有关,而每种液体或固体微粒体积不同,任何1 mol的体积都不同,所以固体或液体摩尔体积就没有意义。气体的体积与分子的个数和分子间距离有关,与分子本身的大小无关;分子个数与物质的量有关,为了好比较,就要统一标准为1 mol,而分子间的距离与温度和压强有关,为了方便比较,要统一温度和压强。

在 0 ℃和 101.325 kPa 条件下,气体摩尔体积约 22.4 L,但 0 ℃和 101.325 kPa 不是气体摩尔体积的必备条件,只是其中必备条件之一,任何温度和压强下,1 mol 气体的体积都是该温度与压强下的气体摩尔体积。

化学阅读法是对概念的"内涵、外延、应用"进行分析,通过此方法,学生深入理解概念的内涵与外延,再通过适当的辨析试题运用,巩固知识。

2.比较阅读法

比较阅读法实际上就是对相近的物质、装置、原理、实验等进行对比,找出相同点、不同点、转化点,对知识、方法等进行系统梳理,从而辨析易错点,解决疑难点,进而掌握知识、提高素养、提升能力。

例如,对铁的氧化物比较阅读,铁的氧化物有:FeO、Fe_2O_3、Fe_3O_4 等,它们之间物理性质有哪些不同?化学性质有哪些不同?它们之间能不能相互转化?等等,可以用列表的形式对比,一目了然,铁的氧化物相关知识如表 3-2-3,同时还列举了钠的氧化物相关知识,如表 3-2-4 所示,其知识点相对简洁,同学们可以此为例,自行尝试。

表 3-2-3　铁的氧化物

物质		氧化亚铁	氧化铁	四氧化三铁
化学用语	化学式	FeO	Fe_2O_3	Fe_3O_4
	化合价	+2	+3	+2、+3
物理性质	颜色	黑色	红棕色	黑色
	状态	粉末	粉末	晶体
俗称		——	铁红	磁性氧化铁
含铁百分比		77.8%	70.0%	72.4%
化学性质	与氢气	$FeO+H_2 \xrightarrow{\triangle} Fe+H_2O$	$Fe_2O_3+3H_2 \xrightarrow{\triangle} 2Fe+3H_2O$	$Fe_3O_4+4H_2 \xrightarrow{\triangle} 3Fe+4H_2O$
	与木炭	$2FeO+C \xrightarrow{高温} 2Fe+CO_2\uparrow$	$Fe_2O_3+3C \xrightarrow{高温} 2Fe+3CO_2\uparrow$	$Fe_3O_4+2C \xrightarrow{高温} 3Fe+2CO_2\uparrow$
	与 CO	$FeO+CO \xrightarrow{高温} Fe+CO_2$	$Fe_2O_3+3CO \xrightarrow{高温} 2Fe+3CO_2$	$Fe_3O_4+4CO \xrightarrow{高温} 3Fe+4CO_2$

续表

物质		氧化亚铁	氧化铁	四氧化三铁
化学性质	与铝	$2Al+3FeO\xrightarrow{高温}Al_2O_3+3Fe$	$2Al+Fe_2O_3\xrightarrow{高温}Al_2O_3+2Fe$	$8Al+3Fe_3O_4\xrightarrow{高温}4Al_2O_3+9Fe$
	与盐酸	$FeO+2HCl=FeCl_2+H_2O$	$Fe_2O_3+6HCl=2FeCl_3+3H_2O$	$Fe_3O_4+8HCl=FeCl_2+2FeCl_3+4H_2O$
	与硝酸	$3FeO+8HNO_3\longrightarrow 3Fe(NO_3)_3+2NO\uparrow+4H_2O$	$Fe_2O_3+6HNO_3\longrightarrow 2Fe(NO_3)_3+4H_2O$	$3Fe_3O_4+28HNO_3=9Fe(NO_3)_3+NO\uparrow+14H_2O$
用途		炼铁	油漆、涂料、炼铁	炼铁
相互转化		$4FeO+O_2\xrightarrow{高温}2Fe_2O_3$，$Fe_2O_3+Fe\xrightarrow{高温}3FeO$		

表3-2-4　氧化钠与过氧化钠比较

物质		氧化钠	过氧化钠
化学用语	化学式	Na_2O	Na_2O_2
	氧价态	-2	-1
物理性质	颜色	白色	淡黄色
	状态	粉末	粉末
化学性质	与水反应	$Na_2O+H_2O=2NaOH$	$2Na_2O_2+2H_2O=4NaOH+O_2\uparrow$
	与CO_2反应	$Na_2O+CO_2=Na_2CO_3$	$2Na_2O_2+2CO_2=2Na_2CO_3+O_2$
用途		——	供氧剂
相互转化		$2Na_2O+O_2=2Na_2O_2$；$2Na_2O_2+4Na=4Na_2O$	

3.问题阅读法

问题阅读法让学生可加深对知识的理解,知识有一定深度、逻辑性强、关联性强,学生复习时带着问题有目的性地阅读,可写出阅读问题单,逐一思考。

例如:学习"酸碱中和滴定",可以列出以下阅读问题单:

(1)什么是中和滴定?

(2)中和滴定的本质是什么?

(3)中和滴定的热效应如何测定?有哪些影响因素?

(4)中和滴定的酸或碱的浓度如何测定?有哪些仪器?有哪些影响因素?

(5)中和滴定的指示剂如何选择?依据是什么?

(6)中和滴定的曲线如何绘制?有哪些类型?

(7)中和滴定有哪些应用?举例说明。

(8)如何分析中和滴定曲线图?

(二)化学模型阅读法

模型是科学认知的一种特殊形式,是一种帮助人们实现认知的工具,去再现一个某种程度类似的系统,作为这个系统代替物出现在人们的认知过程中。模型认知是一种按照科学操作与科学思维进行的认知。

化学模型分为物理模型和形式模型两大类,具体如图3-2-3所示。

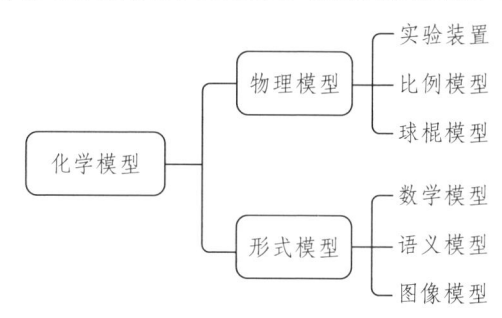

图3-2-3 化学模型

1.物理模型分类

物理模型中包含三大类,具体如图3-2-4。

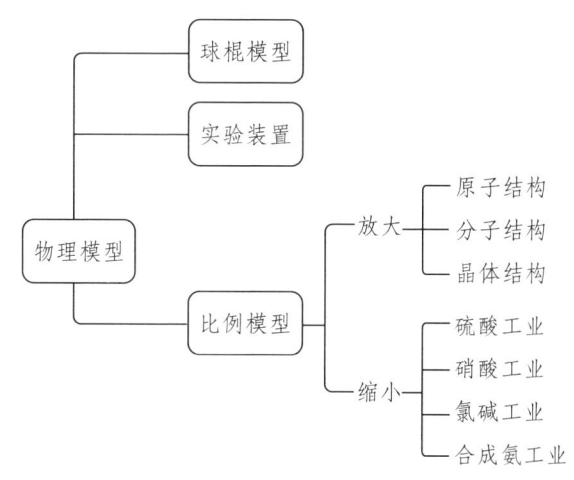

图3-2-4 物理模型

2.形式模型

形式模型(图3-2-5)与模型的表达形式相对应。

数学模型是用公式或方程等数学语言进行描述的模型,如平衡常数表达式、化学反应速率方程。

图像模型是一维、二维或三维坐标系中的数学图像描述的模型,如化学速率与时间的关系曲线、电子云重叠形成的σ键或π键、杂化轨道等。

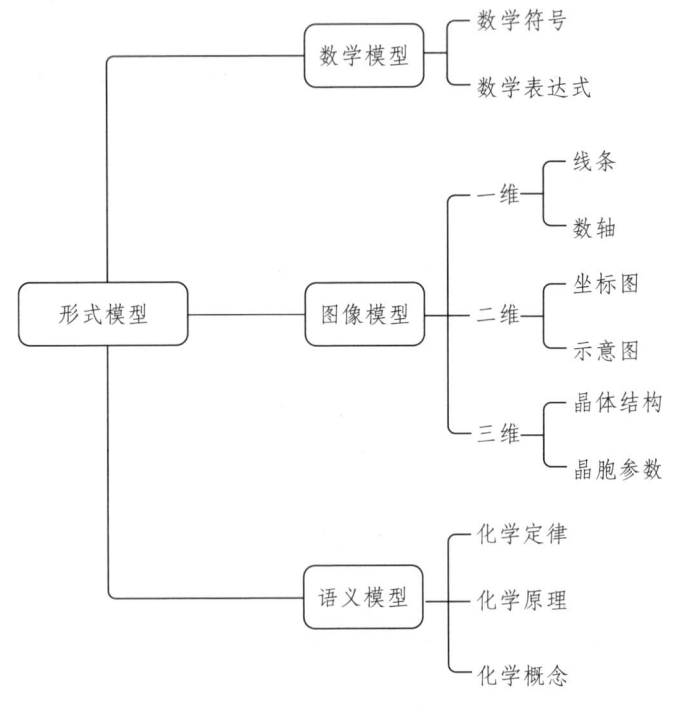

形式模型
- 数学模型
  - 数学符号
  - 数学表达式
- 图像模型
  - 一维
    - 线条
    - 数轴
  - 二维
    - 坐标图
    - 示意图
  - 三维
    - 晶体结构
    - 晶胞参数
- 语义模型
  - 化学定律
  - 化学原理
  - 化学概念

图3-2-5 形式模型

语义模型是用词语描述的模型,如阿伏加德罗定律、元素周期表、盖斯定律等概念、原理、规律等。这些语义模型具有化学学科特点,包含了特定意义的化学语言,如元素符号、原子符号、原子结构示意图、化学式、化学反应方程式、离子方程式、电极反应式等。

同一物体还可以用不同的模型进行表述。如晶胞结构,可以用实物模型,也可以用数学模型范畴的晶胞参数。物质分类的语义模型,如图3-2-6所示。

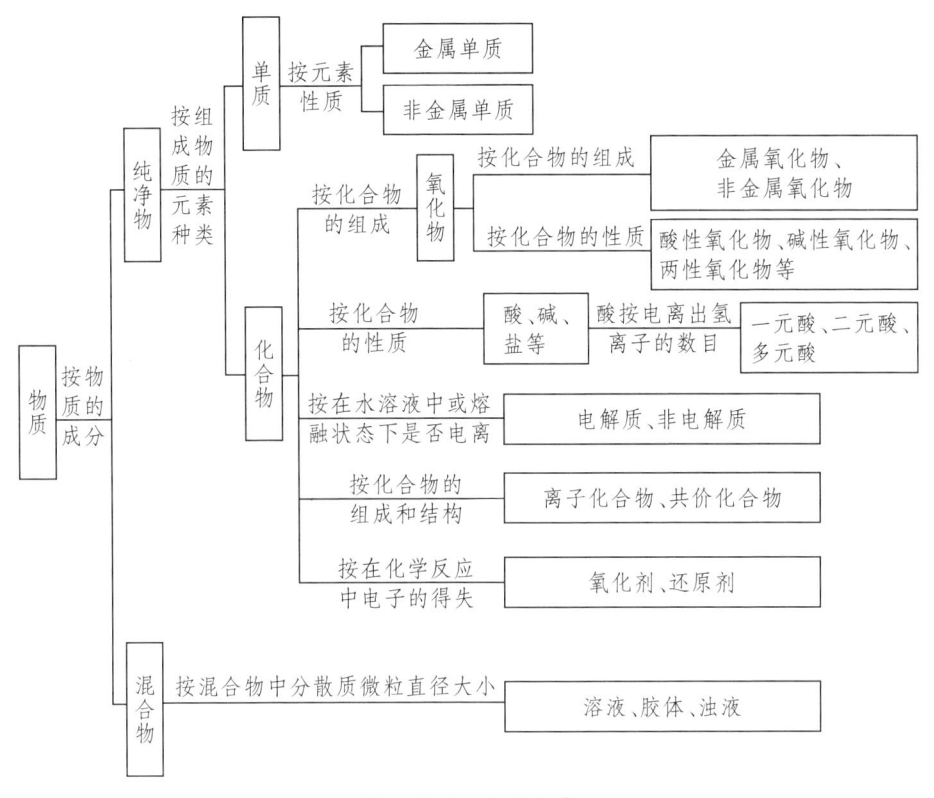

图 3-2-6　物质分类

(三)化学建模历程

1.解决化学问题的建模历程

解决化学问题的建模历程包含建模、用模两大步,具体如图 3-2-7 所示。

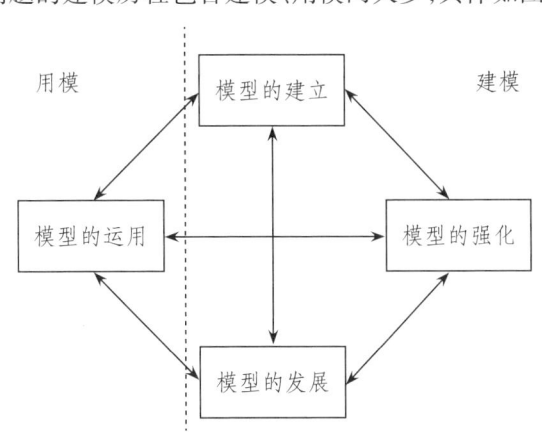

图 3-2-7　建模与用模历程

将某个化学知识的相关知识、方法、思维、素养等进行图示化的归纳、总结,帮助学生建立知识网络,构建分析问题、解决问题的思维模式,培养快速解决问题的能力。"电解原理"的思维模型,如图3-2-8所示,将与电化学相关的影响因素如微粒种类、微粒浓度、电极材料、电压强弱、电子移动方向、电极反应实质等绘成思维模型图,各知识点关系简洁明了,网络化、可视化能很好地提高教学效率。图3-2-9给出某反应式的书写思维模型。

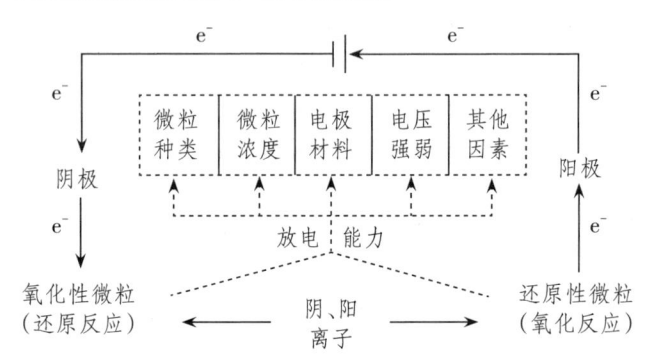

图3-2-8 "电解原理"的思维模型

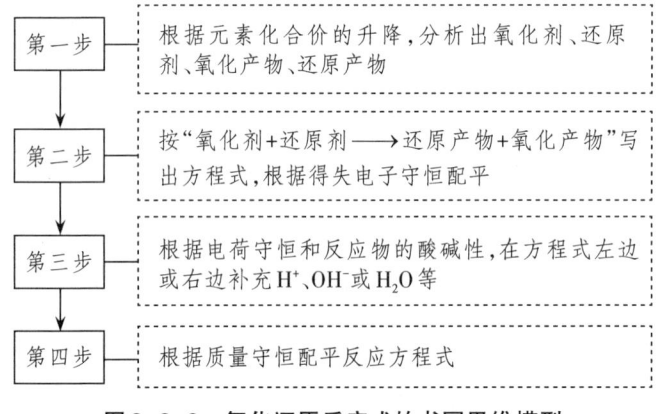

图3-2-9 氧化还原反应式的书写思维模型

2.化工工艺流程模型的建构与应用

(1)构建模型。

化学工艺流程是由一系列单元操作设备通过管道组合而成的复杂系统,通过对原材料进行混合、分离、粉碎、加热等物理或化学方法,制备目标产品,使原材料增值。化学工艺流程题包含预处理、核心反应和产品精制,其一般有两种表达方式,如图3-2-10所示。

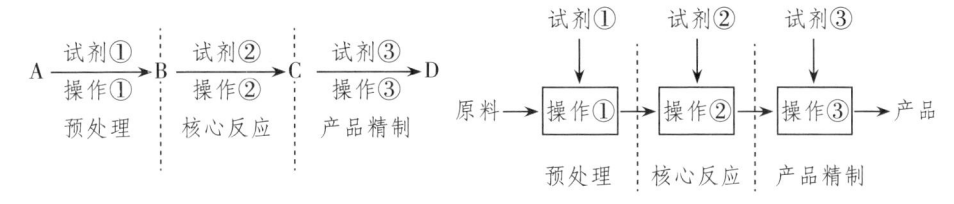

```
A ──试剂①/操作①──> B ──试剂②/操作②──> C ──试剂③/操作③──> D
    预处理              核心反应              产品精制

原料 ──> [操作①] ──试剂①──> [操作②] ──试剂②──> [操作③] ──试剂③──> 产品
         预处理              核心反应              产品精制
```

图 3-2-10　化学工艺流程题的表达

从试题整体立意看,化学工艺流程题主要有4个方面特点:①真情境。以真实化学工业生产为背景,对一般工艺流程进行简约化表述,编制成适合学生思考的化学问题。其不仅体现了化学知识应用性,还让学生学有所用。②新信息。为体现化学工艺流程题的应用性,题干会介绍该工业产品在生活生产中的实际用途,或者最新的生产工艺,或者是新老工艺的优缺点等。根据学生理解该流程或答题需要,给出部分理化数据。例如相关物质的溶解度数据,金属阳离子沉淀的pH范围,不同温度或酸碱性下物质的性质等。③大融合。流程题将高中化学主干知识进行有机融合,包含高中化学各模块内容,问题设计有效融合了化学基本概念与理论、元素及其化合物、化学实验、化学计算等知识点。④高效度。试题中涉及的化学工业情境部分来自教材并对其进行加工,或者最新工业合成或制备工艺,需要运用四种能力才能解决问题,此类题目有很高的效度。这四种能力分别是:阅读理解信息能力,筛选有价值信息能力,迅速进行知识关联能力,运用化学语言解答设问的能力。

化学工艺流程模型的建构与运用,可采用以下分阶段教学活动依次进行,如图3-2-11所示。

```
[原型分析] ──> [模型准备] ──> [模型假设] ──> [模型检验] ──> [模型运用]
                                    ↑_____|
```

图 3-2-11　化学工艺流程模型建构与运用

通过从简单到复杂的实例分析、练习、讨论,由浅入深,教师和学生一起归纳、整理出工艺流程题分析、解答的思维模型。此过程中学生逐渐建立网络化的知识体系、典型的解题思路。

① 工艺流程题的命题模型。

工艺流程题的命题模型分为三阶段,如图 3-2-12 所示。

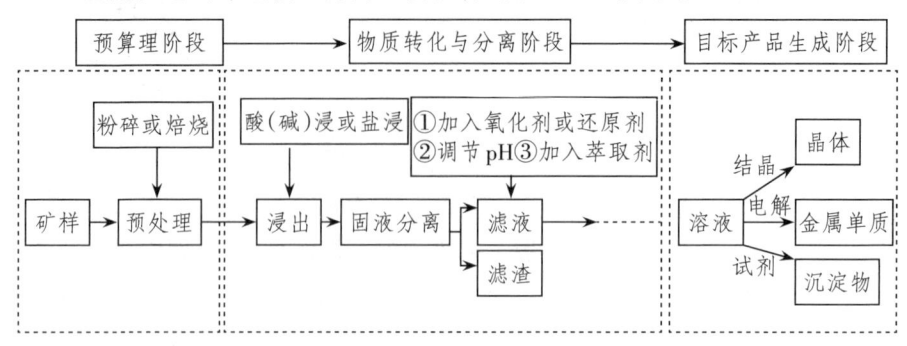

图 3-2-12 工艺流程题的命题模型

② 工艺流程题的审题模型。

工艺流程题的审题模型通过泛读、精读、标注、解答进行搭建,如图 3-2-13。

泛读:了解意图 → 精读:提取信息 → 标注:信息表达 → 解答:专业表述

图 3-2-13 工艺流程题的审题模型

③ 工艺流程题的解题模型。

工艺流程题的结构包含题头、题干和题尾。解答工艺流程题为"粗读题头,挖掘题干,携带题尾,规范答题",即结合题头信息找出杂质,围绕题干流程分析目的,根据题尾问题规范答题。解题思路模型分为以下三步:

第一步,读题目,明确目标;

第二步,审流程,分块破题;

第三步,看设问,按题作答。

具体示例如图 3-2-14。

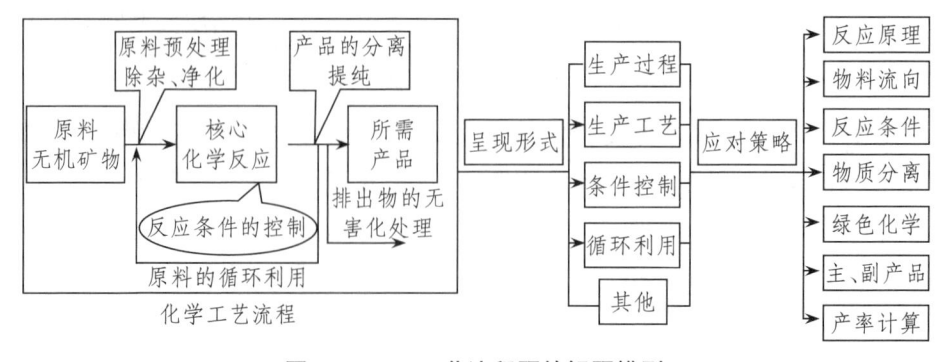

图 3-2-14 工艺流程题的解题模型

(2)运用模型。

经过认识模型、理解模型、建构模型等过程的训练,学生初步理解了建模的形成过程。教师在此基础上,设计从简单到复杂、从熟知到陌生的阶梯式系列练习题,让学生运用模型解决问题,掌握知识、提升化学核心素养,提升综合能力。

①从简单到复杂。

从物质种类比较少、流程步骤少的练习题,过渡到物质种类比较多、流程步骤多的练习题。以下为简单的工艺流程示例:粗盐中含有少量$MgCl_2$、$CaCl_2$和Na_2SO_4等杂质,不能满足化工生产的要求,因此必须将粗盐进行精制、精盐提纯的流程如图3-2-15所示。

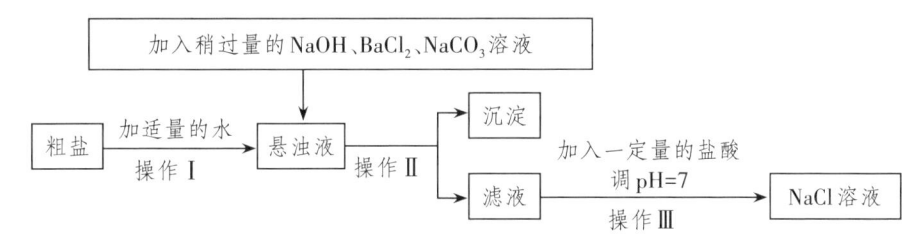

图3-2-15 粗盐提纯

②从熟知到陌生。

设计系列阶梯式的练习题,从由学生比较熟悉的常见主族元素单质与化合物、常见金属,过渡到陌生的单质与化合物。以下为流程示例:工业上采用硫铁矿熔烧去硫后烧渣(主要成分为Fe_2O_3、FeO、SiO_2、Al_2O_3,不考虑其他杂质)制备透明铁黄(FeOOH)工艺流程。涉及的Fe_2O_3、FeO、SiO_2、Al_2O_3等,都是学生比较熟知的,学生比较顺利解答。由废钒催化剂制备V_2O_5,有关钒的相关知识点,是学生陌生的,他们需要去阅读信息、分析信息、提取信息,运用所掌握的思维模型去解决问题。(图3-2-16与图3-2-17)

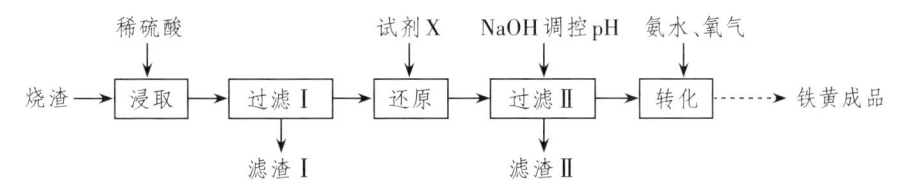

图3-2-16 制备透明铁黄工艺流程

```
              H₂SO₄   KClO₃  KOH        淋洗液   NH₄Cl
                ↓       ↓     ↓          ↓       ↓
废钒      ┌──┐浸液┌──┐ ┌──┐ ┌────┐ ┌──┐ ┌──┐ ┌──┐
────────→│酸│───→│氧│→│中│→│离子│→│洗│→│沉│→│煅│──→V₂O₅
催化剂   │浸│    │化│ │和│ │交换│ │脱│ │钒│ │烧│
         └──┘    └──┘ └──┘ └────┘ └──┘ └──┘ └──┘
          ↓            ↓     ↓
         废渣1        废渣2  流出液
```

图3-2-17　废钒催化剂回收利用

③化学工艺流程图的分析框架。

此类题需先快速整体阅读。快速阅读题头、题干、题尾及流程图以外的文字描述、表格信息、后续设问中的提示性信息，明确生产目的——制备什么物质，找到制备物质时所需的原料及所含杂质，提取出相关信息——物质反应的化学方程式、物质稳定性、物质溶解性等（图3-2-18）。

对比分析生产流程示意图中"物质线、实验线、生产线"，找出原料与产品之间的关系，弄清生产流程过程中原料转化为产品过程中依次进行的反应。把握题目的主线就能对整个流程有完整、系统的理解。

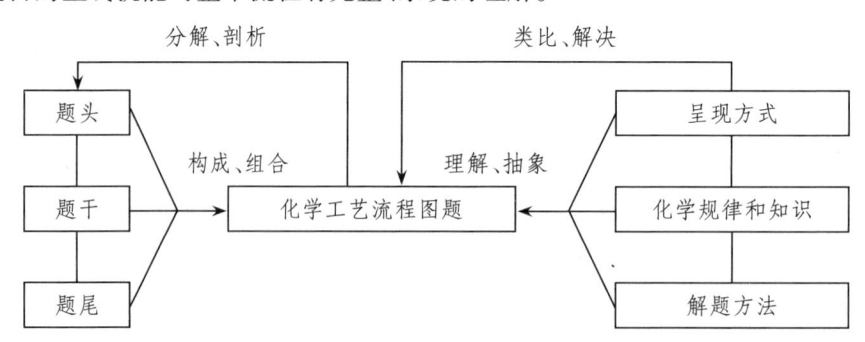

```
            分解、剖析              类比、解决
    ┌────┐   ↓                        ↓    ┌──────────┐
    │题头│───→                        ←────│呈现方式  │
    └────┘    构成、组合    理解、抽象     └──────────┘
    ┌────┐   ↓      ┌──────────────┐    ↓   ┌──────────────┐
    │题干│───→─────→│化学工艺流程图题│←────│化学规律和知识│
    └────┘          └──────────────┘       └──────────────┘
    ┌────┐   ↑                             ↑  ┌──────────┐
    │题尾│───→                        ←────│解题方法  │
    └────┘                                    └──────────┘
```

图3-2-18　化学工艺流程图的分析框架

(四)结构阅读法

结构阅读法是阅读时将知识的相互关系和逻辑用外显的结构框架表示出来的方法。该方法能很好地厘清知识间的相互关系和逻辑，有利于整体、系统地把握学科知识，有利于理解和掌握知识。根据涵盖范围和层级结构，阅读中的结构可分为整体性结构、专题性结构、知识性结构等。

整体性结构阅读，即对整本书进行整体的结构化阅读。

专题性结构阅读。如初中化学"我们周围的空气"这章，相关结构图清晰再现本章知识点和网络化的知识。（图3-2-19）

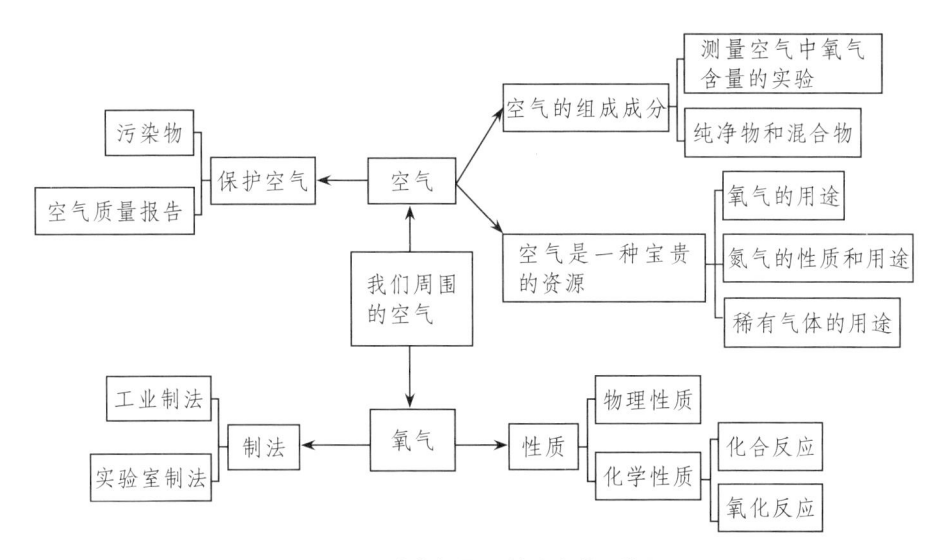

图 3-2-19 "我们周围的空气"思维导图

知识性结构阅读法。针对某个知识点进行梳理,明确知识间的关联、逻辑关系等,形成网络化的知识体系,多个知识点间的逻辑关系清晰明确,有利于学生快速掌握知识、提升素养。示例如图 3-2-20,图 3-2-21 所示。

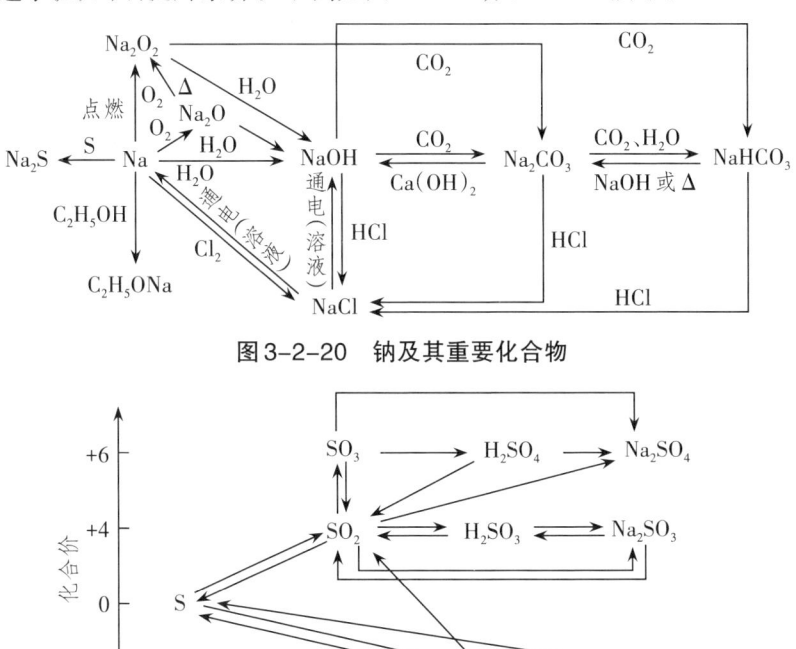

图 3-2-20 钠及其重要化合物

图 3-2-21 硫及其化合物

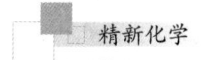

(五)思维导图复习法

利用思维导图,将零碎的知识、方法、思维等构建成整体,建立属于自己的知识体系、方法体系、思维导图,这样学生学习可以举一反三、高效提升核心素养和能力。思维导图可以手绘,也可以用程序制作,在其制作过程中,先依据相关教学用书或论文等设计大纲,再画出思维导图,最后增补内容,根据后续学习需要,再修改完善。使用时学生可以背诵、默写思维导图,但不能盲目依赖思维导图,导图示例如图3-2-22。

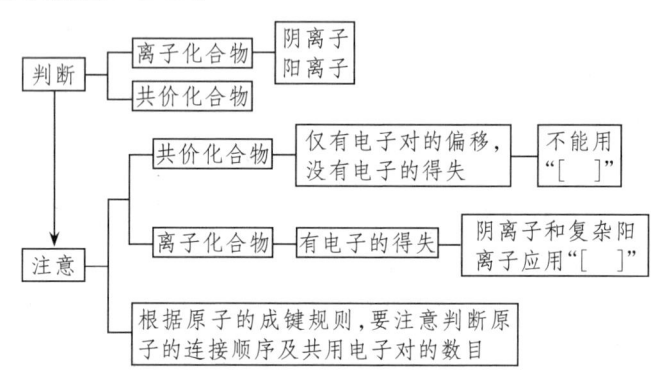

图3-2-22 电子式书写思维导图

(六)专题复习法

从知识、方法、思维等角度,学生可针对自己特点进行专题整理。打乱课本顺序,深入思考,找出不同要点之间的深层联系,进行系统的归纳整理,提取知识类、方法类、题型类、思维类、模型类等各类专题,如在高中化学教学中,平衡常数是教师教学的一个难点,此类题在高考中的得分率很低。教师可帮助学生整理"平衡常数专题",内容有:平衡常数的种类如一般化学平衡常数、水的离子积常数、弱酸的电离常数、弱碱的电离常数、水解平衡常数、压强平衡常数、沉淀平衡常数、络合平衡常数等,计算方法,平衡常数相关的图像,高考命题趋势等。

六 总结

1.整理课堂笔记

整理课堂笔记是学习的一个重要环节,是巩固理解课堂知识、提高学习成绩的重要环节。整理课堂笔记"七步法"共有忆、补、改、编、分、舍、记七步。"忆"

是课后要马上整理,对照课本、笔记,及时回忆课堂内容;"补"是补上课堂上来不及记的内容,可以对照老师的课件或同学的笔记,及时补充,使笔记完整;"改"是指仔细阅读笔记,对错字、错句或其他错误进行修改;"编"是指用统一的序号,对笔记的内容进行提纲式、逻辑式的梳理,使笔记具有系统性;"分"是指用红笔划分笔记内容的类别,使笔记有逻辑性;"舍"是指舍弃无关紧要的笔记内容,使笔记简明;"记"对整理的笔记要多看,对要点要熟练记忆。

2.整理改错本

对错题本及时进行整理,整理知识点、方法等,针对常出错误的习题,多练习,平时多翻看错题本,不断提醒自己,避免重犯,提高答题的准确率。

(1)筛选错题的四个要点:标记错题、筛选错题、再次筛选错题、总结错题类型(将总结的内容抄录到另外一个"错题精华本"上)。

(2)整理错题的五个步骤:整理错题、纠正错误、分析错因、写出疑惑、列表订正。

(3)整理活页错题本的四个步骤:错题分类、写出解题方法、活页装订、自我检查。

(4)错题本常记的内容:重要知识点、重点化学方程式、易错概念的辨析、典型方法、典型例题、灵感、反思,等。

(5)高效使用错题本。经常阅读、相互交流、坚持不懈、错题"模块化"处理(标注错误原因"概念错误、思路错误、理解错误、审题不严、书写错误"等,标注错误知识点等)。

七 三段五阶学习模式对教师的要求

《学生学习程序规范》对教师的基本要求是:高度重视,认真研究,精心指导,严格管理。这也是贯彻该规范的前提条件。同时其还要求教师做到四个结合:一和教学过程相结合,二和改革教学思想、教学方法相结合,三和传授学习方法、发展学习能力、培养良好学习习惯和优良学习品质相结合,四和建立各学科的学习规范相结合。在学习的各环节上对教师的要求如表3-2-5。

表 3-2-5 对教师的要求

三段	五阶	要求
课前	预习	1.教师要留适量的预习作业或者提预习要求。 2.对预习的诸项要求,教师要在方法上加以指导。 3.对预习作业要检查和批阅。 4.指导学生使用学案
课中	上课	1.向学生贯彻听课要求,严格管理学生,努力纠正他们的不良行为,帮助他们养成良好听课习惯。 2.要重视并努力培养提高学生听课的各种能力。 3.要经常总结学生的听课情况,掌握反馈信息。 4.要提高解读教材的能力,提高让学生参与教学的能力
课后	复习	1.要重视培养学生及时复习习惯,纠正他们考前突击的做法。 2.在学生复习时要给予指导。 3.通过课堂提问和其他方式检查学生的复习情况和督促学生复习
课后	作业	1.要贯彻学校关于作业的八条规定:统一布置,分层要求,先做后发,全批全改,个别辅导,及时纠错,点评到位,人人过关。 2.要向学生反复宣传先复习后做作业的科学性和必要性。 3.建立早自习前交作业的制度,帮助学生养成独立完成作业的好习惯,避免抄袭。 4.在批改作业时,教师要对本学科作业的规范要求严格检查
课后	总结	1.每一章、每一单元、每一阶段后要组织学生进行阶段性的复习总结。 2.通过各种方式对学生阶段性的复习总结的情况和效果进行检查。指导学生以科学的方法进行学习总结,让学生学会总结

八 考试工作要求

考试是检测教学效果与学习效果的重要环节,规范考试要求就非常有必要。

【案例】考试工作十二条

☆明确任务,落实目标,制订计划,抓早抓紧。

☆总结经验,正视问题,分析现状,挖掘潜力。

☆立足平时,抓好常规,勤字带头,务真求实。
☆紧扣教材,夯实三基,严格训练,基础关键。
☆考点重点,难点关键,思路方法,启迪指点。
☆准确诊断,开好处方,对症下药,成功之举。
☆顾及全面,保证重点,均值优秀,体现效益。
☆双向细目,吃透说明,纵横对比,知己知彼。
☆捕捉信息,去粗存精,推敲改造,为我所用。
☆出谋划策,鼓励协调,方方面面,段长第一。
☆激发内因,排难除碍,思危破迷,力创新高。
☆加强领导,科学管理,团结向上,共创辉煌。

第三节 三段五阶学习模式的典型案例

本节主要内容如图3-3-1所示。

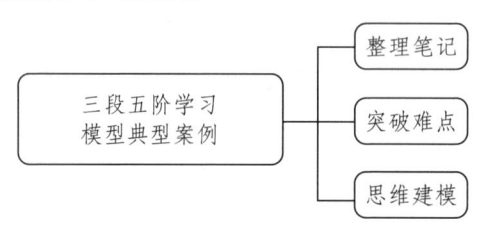

图3-3-1 三段五阶学习模式的典型案例

一、整理课堂笔记

学好化学离不开整理笔记。对教科书、练习册、考试题、学习资料等，根据自己的优势与不足进行系统的整理，可以从知识、题型、方法、思维、疑难点、易错点等角度进行针对性的整理。如物质结构中有关密度的计算是一个难点，学生得分率很低，不知道如何去突破这个难点。以学习过的金刚石为例进行发散，对金刚石的结构深入理解，拓展到金刚砂、立方氮化硼、T-碳、GaAs晶胞、锗单晶等，由熟悉到陌生，由一般到特殊，逐一突破难点。

【案例】金刚石结构拓展

从课本典型的晶体结构模型进行拓展、延伸。把熟悉的晶体结构模型迁移到陌生的晶体结构模型。把金刚石的晶体结构模型迁移到金刚砂、氮化硼、T-碳晶体、砷镓晶体、锗单晶等，这些物质既与金刚石晶体结构模型有相同点，又有不同点。我们既要利用原模型找到突破点，又要利用新信息建构新模型，解决新问题。下面以金刚石的晶体结构为例，设计变式练习，通过练习，体验模型认知与应用。

原型题：如图(A)，在金刚石晶体中，C原子所连接的最小环为六元环，每个C原子连接_____个六元环，六元环中最多有_____个C原子在同一平面。

命题意图:理解金刚石的结构,对其结构的认知建立在动手的基础上,如果只是对图像进行观察,难以解答此题。

变式1:金刚石的晶胞结构如图(B)所示,该晶胞的空间利用率为_____(用含π的式子表示)。

命题意图:考查学生对金刚石晶体结构模型的认知与应用。既要对晶体结构有准确的认知,利用均摊法计算出微粒数,也要理解空间利用率这个数学模型,才能解答此题。

变式2:金刚砂的结构如图(C)所示,晶胞边长为 a pm,金刚砂密度为_____g·cm^{-3}。

命题意图:考查金刚石晶体结构模型的变式认知与应用。金刚砂与金刚石的结构类似,但有区别,其粒子数为两种,要真正理解金刚砂的晶体结构,理解了密度、粒子数计算等数学模型,才能解答此类试题。

变式3:立方氮化硼晶体的结构与金刚石相似,如图(D)所示,晶胞边长为361.5 pm。立方氮化硼的密度是_____g·cm^{-3}。

命题意图:考查学生对理解金刚石结构的理解与应用,在变式2的基础上,进一步提高了难度,两种微粒都是其他原子,需要在理解的基础上迁移。

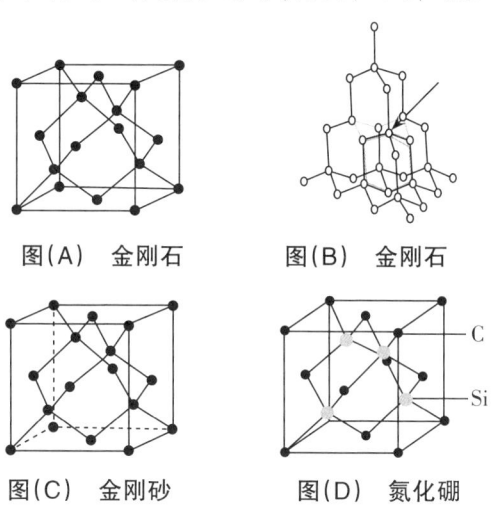

图(A) 金刚石　　图(B) 金刚石

图(C) 金刚砂　　图(D) 氮化硼

变式4:T-碳是碳的一种新型同素异形体。T-碳的结构是将立方金刚石中的每个碳原子用一个由4个碳原子组成的正四面体结构单元取代,形成碳的一种新型三维立方晶体结构,如图(E)所示。已知T-碳晶胞参数为 a pm,T-碳的密度的表达式为_____ g/cm³。

命题意图:考查学生对金刚石晶体结构的理解,既要对金刚石结构有深入和清晰的认知,又要理解和应用题目所给的信息,每个粒子是4个微粒,学生需要拓展思维才能解答。

变式5:Ga和As的摩尔质量分别为 M_{Ga} g·mol⁻¹ 和 M_{As} g·mol⁻¹,如图(F),原子半径分别为 r_{Ga} pm 和 r_{As} pm,阿伏加德罗常数值为 N_A,GaAs晶胞中原子的体积占晶胞体积的百分率为_____。

命题意图:考查金刚石的结构模型和数学模型,两种粒子不同,则原子半径不同,学生需要理解并应用晶体结构的数学模型:均摊法和粒子百分数,还考查学生的数学计算能力、单位的换算能力等。

变式6:Ge单晶具有金刚石型结构,如图(G),为Ge单晶的晶胞,原子坐标参数A为$(0,0,0)$;B为$(\frac{1}{2},0,\frac{1}{2})$;C为$(\frac{1}{2},\frac{1}{2},0)$;则D为_____。

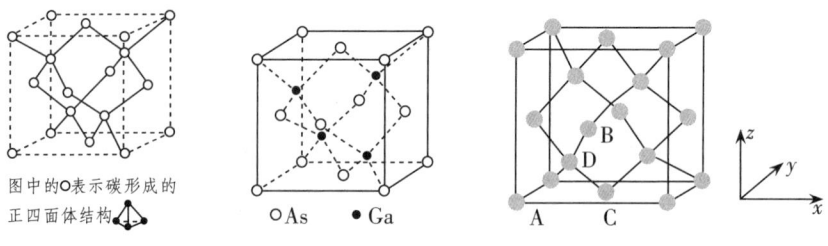

图(E) T-碳   图(F) 砷(As)镓(Ga)晶体   图(G) 锗(Ge)单晶

图中的○表示碳形成的正四面体结构

命题意图:考查金刚石的晶体结构模型与数学模型,原子坐标参数是课本上没有的知识,属于晶体结构数学模型,学生需要对信息的准确理解与提炼,再应用。

晶体结构比较抽象,难度大,学好晶体结构,离不开模型认知、建构模型、应用模型,从"原型、模型、新型",从简单到复杂,从特殊到一般。模型认知与应用是学好物质结构与性质的行之有效的高效方法。

二 典型重难点知识整理、思维方法建模

学生对中学阶段重难点知识进行整理并深入思考,归纳总结解决某类问题的思维模型,并会运用思维模型。如燃料电池是高中化学的难点,是高考试题中的难点和高频考点,也是与日常生产和生活紧密相关的重要知识。学生对燃料电池进行相关系统整理,如燃料电池分类、燃料电池的装置示意图与电极反应、建立燃料电池的思维模型,然后利用该思维模型去解决陌生环境中的实际问题。

【案例】漫话丰富多彩的燃料电池

一、热点知识的整理

(一)燃料电池简介

根据燃料电池的特点,一般在正极上发生还原反应的物质都是 O_2,O_2 得到电子后化合价降低先变成 O^{2-},O^{2-} 能否存在要看电池中的电解质溶液。由于电解质溶液的不同,其电极反应也有不同,如下表中四种不同溶液提供不同电解质环境,O_2 得电子后生成 O^{2-} 的形式均不同。

电解质环境	电极反应式体现 O^{2-} 的存在形式
酸性溶液	$O_2+4H^++4e^-=2H_2O$
碱性溶液	$O_2+2H_2O+4e^-=4OH^-$
固体电解质(高温下能传导 O^{2-})	$O_2+4e^-=2O^{2-}$
熔融碳酸盐(如:熔融 K_2CO_3)	$O_2+2CO_2+4e^-=2CO_3^{2-}$

(二)燃料电池分类

1.氧气参与的燃料电池

(1)氢氧燃料电池(中性、酸性、碱性、高温氧化物、高温碳酸盐等);

(2)无机化合物燃料电池(N_2H_4、水煤气、H_2S、CO、NO_2、NO、SO_2 等);

(3)有机化合物燃料电池(烃类、醇类、醛类、苯酚、糖类等);

(4)金属空气燃料电池(镁-空气、铝-空气、锂-空气、锌-空气、铁-空气、$Na-CO_2$ 等);

(5)微生物燃料电池。

2.其他氧化性气体参与的燃料电池

(1)氢氯燃料电池;(2)N_2-H_2 燃料电池;(3)$NO-CO$ 燃料电池。

3.液体燃料电池

(1)$Mg-H_2O_2$;(2)$Mg-NaClO$;(3)$Zn-Br_2$;(4)$NaBH_4/H_2O_2$燃料电池。

4.固体燃料电池

煤燃料电池。

二、燃料电池的装置示意图与电极反应

有关燃料电池的试题是高中化学学习的难点,其中最难的是电极方程式的推导与书写,如果能正确书写出各电极反应式及总反应方程式,学生就能顺利解答此类问题。下表整理了燃料电池的类别、装置示意图、电极反应式等,通过对不同燃料电池的认识,提炼出解答燃料电池的思维模型,学生再利用思维模型去解答,提升化学素养和解决问题的能力。

类别	电池名称	装置示意图		电极反应式
甲烷燃料电池	甲烷酸性燃料电池	(装置示意图)	正极	$O_2+4H^++4e^- \longrightarrow 2H_2O$
			负极	$CH_4+2H_2O-8e^- \longrightarrow CO_2+8H^+$
			总反应	$CH_4+2O_2 == CO_2+2H_2O$
			电解质	稀硫酸
	甲烷熔融碳酸盐燃料电池	(装置示意图)	正极	$O_2+4e^-+2CO_2 \longrightarrow 2CO_3^{2-}$
			负极	$CH_4-8e^-+4CO_3^{2-} \longrightarrow 5CO_2+2H_2O$
			总反应	$CH_4+2O_2 == CO_2+2H_2O$
			电解质	熔融$K_2CO_3 \setminus Li_2CO_3$
	甲烷固体氧化物燃料电池	(装置示意图)	正极	$O_2+4e^- \longrightarrow 2O^{2-}$
			负极	$CH_4+4O^{2-}-8e^- \longrightarrow CO_2+2H_2O$
			总反应	$CH_4+2O_2 == CO_2+2H_2O$
			电解质	固体氧化物
甲醇燃料电池	甲醇-空气燃料电池(酸性)	(装置示意图)	正极	$O_2+4H^++4e^- \longrightarrow 2H_2O$
			负极	$CH_3OH+H_2O-6e^- \longrightarrow CO_2\uparrow+6H^+$
			总反应	$2CH_3OH+3O_2 == 2CO_2+4H_2O$
			电解质	稀硫酸

续表

类别	电池名称	装置示意图	电极反应式	
甲醇燃料电池	甲醇-空气燃料电池（氧化物）	(装置示意图)	正极	$O_2+4e^- \longrightarrow 2O^{2-}$
			负极	$CH_3OH-6e^-+3O^{2-} \longrightarrow CO_2\uparrow+2H_2O$
			总反应	$2CH_3OH+3O_2=2CO_2\uparrow+4H_2O$
			电解质	氧化物
氢氧燃料电池	聚合物电解质薄膜的燃料电池	(装置示意图)	正极	$O_2+4e^-+4H^+ \longrightarrow 2H_2O$
			负极	$H_2+2e^- \longrightarrow 2H^+$
			总反应	$2H_2+O_2=2H_2O$
			电解质	聚合物电解质薄膜
	碱性氢氧燃料电池	(装置示意图)	正极	$O_2+4e^-+2H_2O \longrightarrow 4OH^-$
			负极	$2H_2+4OH^--4e^- \longrightarrow 4H_2O$
			总反应	$2H_2+O_2=2H_2O$
			电解质	NaOH
	固体酸氢氧燃料电池	(装置示意图)	正极	$O_2+4e^-+4H^+ \longrightarrow 2H_2O$
			负极	$H_2-2e^- \longrightarrow 2H^+$
			总反应	$2H_2+O_2=2H_2O$
			电解质	固体酸膜
	熔融碳酸盐燃料电池	(装置示意图)	正极	$O_2+2CO_2+4e^- \longrightarrow 2CO_3^{2-}$
			负极	$H_2+CO_3^{2-}-2e^- \longrightarrow H_2O+CO_2$
			总反应	$2H_2+O_2=2H_2O$
			电解质	熔融碳酸盐

续表

类别	电池名称	装置示意图	电极反应式	
微生物燃料电池	微生物电池(葡萄糖)	(装置示意图)	正极	$O_2+4e^-+4H^+ \longrightarrow 2H_2O$
			负极	$C_6H_{12}O_6-24e^-+6H_2O \longrightarrow 6CO_2+24H^+$
			总反应	$C_6H_{12}O_6+6O_2 == 6CO_2+6H_2O$
			电解质	质子交换膜
	微生物电池(苯酚)	(装置示意图)	正极	$2NO_3^-+12H^++10e^- \longrightarrow N_2\uparrow+6H_2O$
			负极	$C_6H_5OH-28e^-+11H_2O \longrightarrow 6CO_2\uparrow+28H^+$
			总反应	$5C_6H_5OH+28NO_3^-+28H^+ == 30CO_2\uparrow+14N_2\uparrow+29H_2O$
			电解质	NaCl溶液
无机化合物燃料电池	NO_2-O_2熔融燃料电池	(装置示意图)	正极	$O_2+2N_2O_5+4e^- \longrightarrow 4NO_3^-$
			负极	$NO_2+NO_3^--e^- \longrightarrow N_2O_5$
			总反应	$4NO_2+O_2 == 2N_2O_5$
			电解质	熔融KNO_3
	肼燃料电池	(装置示意图)	正极	$O_2+2H_2O+4e^- \longrightarrow 4OH^-$
			负极	$4OH^-+N_2H_4-4e^- \longrightarrow N_2\uparrow+4H_2O$
			总反应	$N_2H_4+O_2 == N_2\uparrow+2H_2O$
			电解质	NaOH溶液
	质子膜H_2S燃料电池	(装置示意图)	正极	$O_2+4H^++4e^- \longrightarrow 2H_2O$
			负极	$2H_2S-4e^- \longrightarrow S_2+4H^+$
			总反应	$2H_2S+O_2 == S_2+2H_2O$
			电解质	质子固体电解质

续表

类别	电池名称	装置示意图	电极反应式	
无机化合物燃料电池	N_2-H_2燃料电池		正极	$N_2+6e^-+8H^+ \longrightarrow 2NH_4^+$
			负极	$H_2-2e^- \longrightarrow 2H^+$
			总反应	$N_2+3H_2+2H^+ = 2NH_4^+$
			电解质	HCl-NH_4Cl
无机化合物燃料电池	水煤气燃料电池		正极	$O_2+4H^++4e^- \longrightarrow 2H_2O$
			负极	$H_2-2e^- \longrightarrow 2H^+$、$CO-2e^-+H_2O \longrightarrow CO_2+2H^+$
			总反应	$H_2+CO+2O_2 = H_2O+CO_2$
			电解质	有机固体超强酸
	氨燃料电池		正极	$O_2+2H_2O+4e^- \longrightarrow 4OH^-$
			负极	$2NH_3-6e^-+6OH^- \longrightarrow N_2+6H_2O$
			总反应	$4NH_3+3O_2 = 2N_2+6H_2O$
			电解质	KOH溶液
金属气体燃料电池	锂空气燃料电池		正极	$O_2+4e^-+2H_2O \longrightarrow 4OH^-$
			负极	$Li-e^- \longrightarrow Li^+$
			总反应	$O_2+4Li+2H_2O = 4LiOH$
			电解质	固体电解质膜/电解质水溶液
	镁燃料电池		正极	$O_2+2H_2O+4e^- \longrightarrow 4OH^-$
			负极	$Mg-2e^- \longrightarrow Mg^{2+}$
			总反应	$2Mg+O_2+2H_2O = 2Mg(OH)_2$
			电解质	NaCl溶液
	锌空气燃料电池		正极	$O_2+4e^-+2H_2O \longrightarrow 4OH^-$
			负极	$Zn+4OH^--2e^- \longrightarrow [Zn(OH)_4]^{2-}$
			总反应	$2Zn+O_2+4OH^-+2H_2O = 2[Zn(OH)_4]^{2-}$
			电解质	KOH

续表

类别	电池名称	装置示意图	电极反应式	
金属气体燃料电池	Na-CO₂电池	(装置示意图：负载、Na、1 mol·L⁻¹ NaClO₄四甘醇二甲醚溶液、钠箔、多壁碳纳米管、CO₂)	正极	$4Na^+ + 3CO_2 + 4e^- \longrightarrow 2Na_2CO_3 + C$
			负极	$Na - e^- \longrightarrow Na^+$
			总反应	$4Na + 3CO_2 = 4Na^+ + 2CO_3^{2-} + C$
			电解质	NaClO₃四甘醇二甲醚溶液
金属液体电池	镁-次氯酸盐燃料电池	(装置示意图：OH⁻、ClO⁻、Cl⁻+OH⁻、Mg(OH)₂、H₂O、Mg、ClO⁻+H₂O、催化剂)	正极	$ClO^- + H_2O + 2e^- \longrightarrow Cl^- + 2OH^-$
			负极	$Mg - 2e^- + 2OH^- \longrightarrow Mg(OH)_2$
			总反应	$Mg + ClO^- + H_2O = Mg(OH)_2\downarrow + Cl^-$
			电解质	NaClO溶液
	Zn-H₂O₂电池	(装置示意图：Zn电极、Pt电极、H₂O₂)	正极	$H_2O_2 + 2e^- \longrightarrow 2OH^-$
			负极	$Zn - 2e^- \longrightarrow Zn^{2+}$
			总反应	$Zn + H_2O_2 = Zn(OH)_2$
			电解质	NaCl溶液
	锌溴电池	(装置示意图：溴化锌溶液、Br⁻⇌Br₂、Zn²⁺⇌Zn、阳离子交换膜)	正极	$Br_2 - 2e^- \longrightarrow 2Br^-$
			负极	$Zn - 2e^- \longrightarrow Zn^{2+}$
			总反应	$Zn + Br_2 = Zn^{2+} + 2Br^-$
			电解质	ZnBr₂溶液
	NaBH₄/H₂O₂燃料电池	(装置示意图：B、A、BH₄⁻+OH⁻、H₂O₂、BO₂⁻+H₂O、OH⁻、Na⁺选择性透过膜)	正极	$H_2O_2 + 2e^- \longrightarrow 2OH^-$
			负极	$BH_4^- + 8OH^- - 8e^- \longrightarrow BO_2^- + 6H_2O$
			总反应	$BH_4^- + 4H_2O_2 = BO_2^- + 6H_2O$
			电解质	NaBH₄-H₂O₂溶液

续表

类别	电池名称	装置示意图	电极反应式	
固体燃料电池	直接煤燃料电池	(装置示意图)	正极	$O_2+4e^- \longrightarrow 2O^{2-}$
			负极	$C+2O^{2-}-4e^- \longrightarrow CO_2$
			总反应	$C+O_2 = CO_2$
			电解质	固体氧化物

三、建立解答燃料电池相关试题的思维模型

燃料电池的难点是书写电极反应方程式。首先，根据装置是否有外加电源，判断其是电解池还是原电池，若没有电源就是原电池。根据物质的氧化性和还原性判断物质是正极还是负极反应物。氧化性气体或氧化性强的物质，如氧气、氯气、空气、双氧水等一般为正极反应物，它们在反应中得电子，化合价降低，被还原；还原性气体如可燃性气体或还原性物质，如氢气、有机气体、有机物、金属等一般为负极反应物，一般失去电子，化合价升高，被氧化。反应后的物质再结合所提供的电解质，判断其是否与产物发生反应，根据电荷守恒，写出电极反应式。具体思路如下：

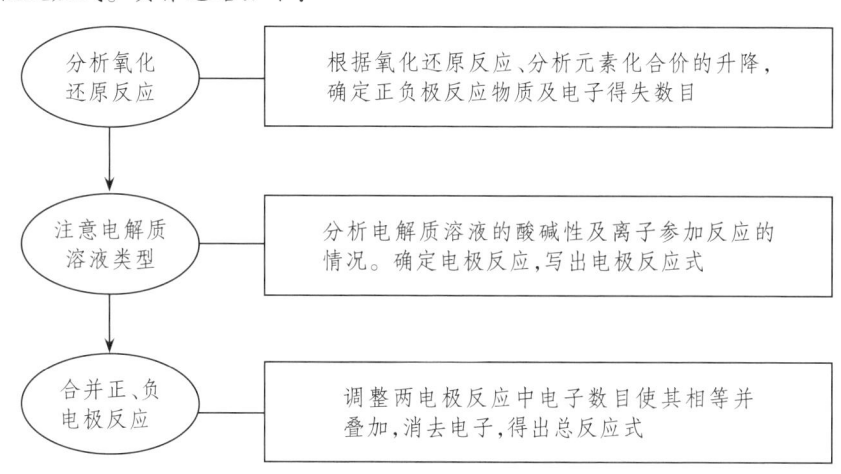

```
分析氧化      →    根据氧化还原反应、分析元素化合价的升降，
还原反应            确定正负极反应物质及电子得失数目
   ↓
注意电解质    →    分析电解质溶液的酸碱性及离子参加反应的
溶液类型            情况。确定电极反应，写出电极反应式
   ↓
合并正、负    →    调整两电极反应中电子数目使其相等并
电极反应            叠加，消去电子，得出总反应式
```

一般情况下，正极反应式比较好写，总反应式直接根据氧化还原反应的规律从题目所给的信息写出，根据电荷守恒，总反应式减去正极反应式，可得负极反应式。只要电极反应方程式能正确书写出来，这类问题就能迎刃而解。

四、思考与讨论

燃料电池与生活、生产紧密联系,高效的燃料电池是科技创新的表现。燃料电池的改进体现在电极材料的改进、反应原理的改进、加工工艺的改进、新材料的应用、电池效率的提升等方面。

解答此类试题,学生首先需要阅读题干,题干多数是文字与图。此题考查了学生的图文阅读能力,提取、加工、运用等信息处理与加工能力;利用燃料电池的思维模型,结合题干信息,用化学符号表征,此题考查他们的模型认知、化学表征等化学关键能力。学生对装置示意图的理解,思维模型的运用,可提升证据推理与模型认知等化学核心素养。每个新研究的燃料电池都能体现研究者的创新,让学生感知创新意识等化学核心素养,真切感知到化学来源于生活、服务于生活,引发他们学习化学的兴趣,提升他们的化学核心素养与关键能力。

第四章

精新化学课程：三层五合校本课程

第一节 三层五合校本课程的理论基础

本节主要内容如图4-1-1所示。

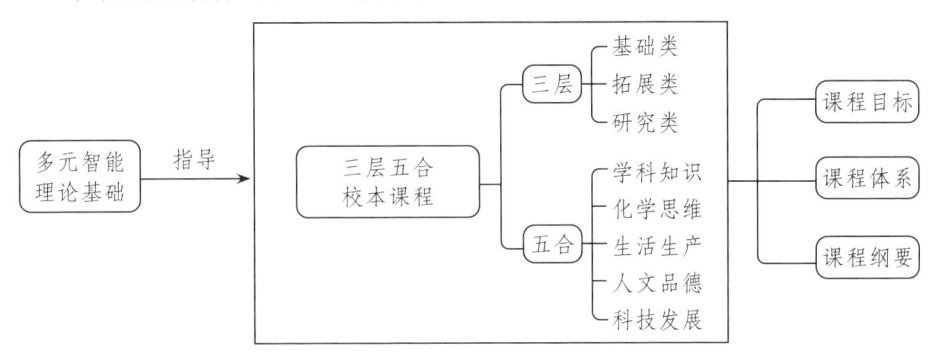

图4-1-1 三层五合校本课程

一 多元智能理论

20世纪80年代哈佛大学认知心理学家提出多元智能理论,智能是人在特定情境中解决问题并有所创造的能力。该理论指出每个人都拥有八种主要智能:言语-语言智能、逻辑-数理智能、交流-人际交往智能、自知-自省智能、视觉-空间智能、身体-动觉智能、节奏-音乐智能、自然智能。

言语-语言智能,指有效运用口头语言或书面文字表达、沟通的能力。对语言智能强的人来说,他们喜欢玩文字游戏;在谈话时常引用他处信息;喜欢阅读、讨论及写作。

逻辑-数理智能,指有效地运用数字和推理的能力。对数理智能强的人来说,他们在学校特别喜欢数学或科学类的课程;喜欢提出问题并进行实验以寻求答案;喜欢寻找事物的规律及逻辑顺序;对科学的新发展有兴趣;喜欢在他人的言谈及行为中寻找逻辑缺陷;比较容易接受可被测量、归类、分析的事物。

交流-人际交往智能,指察觉并区分他人的情绪、意向、动机及感觉的能力;这包括对脸部表情、声音和动作的敏感性,辨别不同人际关系的暗示以及对这些暗示做出适当反应的能力。人际交往智能强的人通常比较喜欢参与团体性质的运动或游戏,例如:篮球、桥牌。当他们遭遇问题时,他们比较愿意找别人帮忙,喜欢教别人如何做某件事。他们在人群中感觉很舒服自在,通常是团体中的领导者。

自知-自省智能,指有自知之明并据此做出适当行为的能力。这项智能强的人对自己相当了解,有意识到自己的内在情绪、意向、动机、脾气和欲求以及自律自知的能力。自省智能强的人,通常能够维持写日记或睡前反省的习惯;常试图从各种的回馈管道中了解自己的优缺点;经常静思以规划自己的人生目标;喜欢独处。

视觉-空间智能,指准确地感觉视觉空间,并能把所感觉到的表现出来的能力。这项智能包括对色彩、线条、形状、形式、空间及它们之间关系的敏感性的感知,也包括将视觉和空间的想法具体地在脑中呈现出来,以及在一个空间的矩阵中很快找出方向的能力。空间智能强的人对色彩很敏锐,喜欢玩拼图、走迷宫之类的视觉游戏;喜欢想象、设计及随手涂鸦;喜欢看书中的插图。

身体-动觉智能,指善于运用整个身体来表达想法和感觉,以及运用双手灵巧地生产或改造事物。这项智能包括特殊的身体技巧,例如平衡、协调、敏捷、力量、弹性和速度以及由触觉所引起的能力。这一类的人很难长时间坐着不动;他们喜欢动手建造东西,或是跑跑跳跳、触摸环境中的物品。他们喜欢在户外活动,与人谈话时常用手势或其他的肢体语言,喜欢惊险的娱乐活动,并且定期从事体育活动。

节奏-音乐智能,指察觉、辨别、改变和表达音乐的能力。这项智能包括对节奏、音调、旋律或音色的敏感性。他们通常有很好的歌喉,能轻易辨别出音调准不准,对节奏很敏感,常常一面工作,一面听音乐;还会弹奏乐器,一首新歌只要听过几次,就可以很准确地把它唱出来。

自然智能指的是对自然的景物(例如:植物、动物、矿物、天文等)有诚挚的兴趣、强烈的关怀及敏锐的观察与辨认能力。

二 多元智能理论在教学中运用

多元智能理论在教学中的运用分为5个方面,具体如图4-1-2所示。

1.改变以往的学生观

在人才观上,多元智能理论认为每个人都是聪明的,只是聪明的范畴和性质呈现出差异。学生的差异性不是教育的负担,而是一种宝贵的资源。教师要改变以往的学生观,用赏识和发现的目光去看待学生,改变用一把尺子衡量学生的想法,要重新认识到每位学生都是一个天才,正确地引导和挖掘他们的才能,每个学生都能成才。

2.重新定位教学观

在教学方法上,多元智能理论强调教育应该是根据每个学生的智能优势和智能弱势选择最适合学生个体的方法。教师考虑个体差异,因材施教。要关注学生差异,善待学生的差异,在教学中根据学生的差异,运用多样化的教学模式,开发学生的潜能。

3.重新建构智力观

多元智能强调,智力的本质更多体现的是个体解决实际问题的能力,这些能力的重要性远远超过了传统教学。教师不但要关注学生的学业成绩,同时要关注学生的全面发展,重视培养学生的实践能力和创新能力。加强考试内容与学生生活经验、社会实际的联系,重在考查学生分析问题、解决问题的能力。

4.改变教学目标

在教育目标方面,多元智能不主张将所有人都培养成全才,应该根据学生的不同情况来确定每个学生最适合的发展道路。让每个学生都来有所学,学有所得,得有所长。

5.改变教学行为

教师备课、上课不能仅为了完成教学大纲的要求,更多地从关注学生、开发学生潜能、促进学生全面发展方面去考虑问题。教师要改进教学形式和环节,努力培养学生的多种智能。在教学形式上重视小组合作学习和讨论,以利于人际交往智能方面的培养。在教学环节上重视最后的反思环节,培养学生的自省智能。

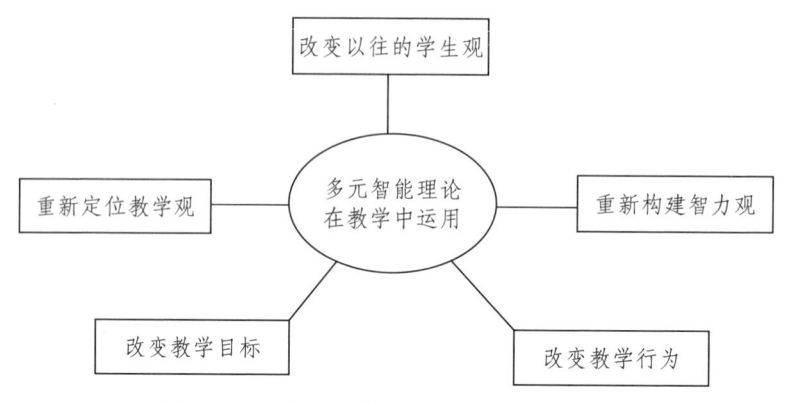

图4-1-2 多元智能理论在教学中运用

三 三层五合校本课程体系

(一)中学化学校本课程体系

中学化学校本课程体系是指根据学校的实际情况和特点,结合国家和地方教育政策要求,教师自主设计和构建的化学校本课程体系。以下是中学化学校本课程体系的主要特点和组成部分。

(1)课程目标和理念。根据学校的办学理念和教育目标,确定中学化学的课程目标和培养目标,强调知识的掌握、学科思维方式的培养以及实践和应用能力的发展。

(2)课程结构和内容。教师应根据化学学科的基础性和拓展性,将课程划分为不同的学习模块和单元,并确定每个单元的内容和学习目标。课程内容应包括化学基础知识、实验活动、应用和案例分析等方面。

(3)教学方法和策略。教师应选择适合学生学习的教学方法和策略,如探究式学习、合作式学习、项目式学习等,帮助学生主动参与和深入理解化学知识。

(4)实验教学。教师应重视实验教学,在课程中设置实验活动,并提供充足的实验设备和材料。通过实验教学,培养学生的实验技能和科学探究能力。

(5)学科交叉与综合性学习。推进化学教学与其他学科的交叉融合,创设跨学科的学习环境,并培养学生的综合学科素养。

(6)评价策略。教师应设计多样化的评价方式,对学生进行全面、客观、准确的评价。评价包括对学习过程和学习成果的评价,同时还要重视学生的实践能力和创新能力的培养。

(7)教材和资源选择。教师应选择与课程目标、内容相适应的学习资源,要考虑知识的科学性和准确性、资源的实用性和趣味性。中学化学校本课程体系需要根据学校的实际情况和学生需求进行不断调整和改进,结合他们的学习特点、能力,提供适合他们学习的环境和资源,促进他们全面发展。

(二)三层五合校本课程体系

"三层"是校本课程的三个层次,包含基础类课程、拓展类课程、研究类课程;基础类课程面向所有学生群体,可夯实基础;拓展类课程面向不同层次学生内容不同,开阔学生视野;研究类课程针对研究能力较强的学生,面向个体,丰富学生个性。这三类不同层次的课程,既满足高中化学教学的共性要求,也满足了不同学生群体的个性要求,让不同层次学生群体化学素养与化学关键能力都能得到充分提升。"五合"指化学校本课程与"学科知识、化学思维、生活生产、人文品德、科技发展"相结合,契合、践行新课程改革理念,素养为本,能力立意。具体示意如图4-1-3和图4-1-4所示。

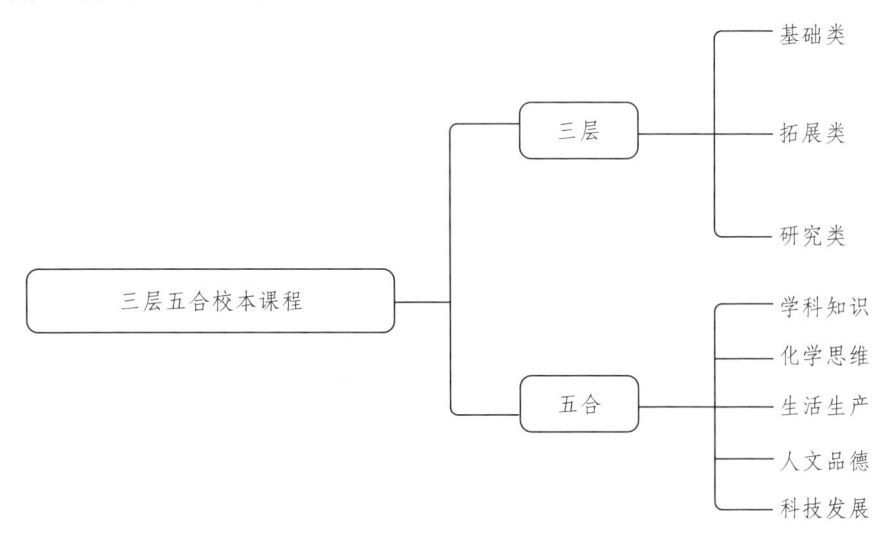

图4-1-3 三层五合校本课程

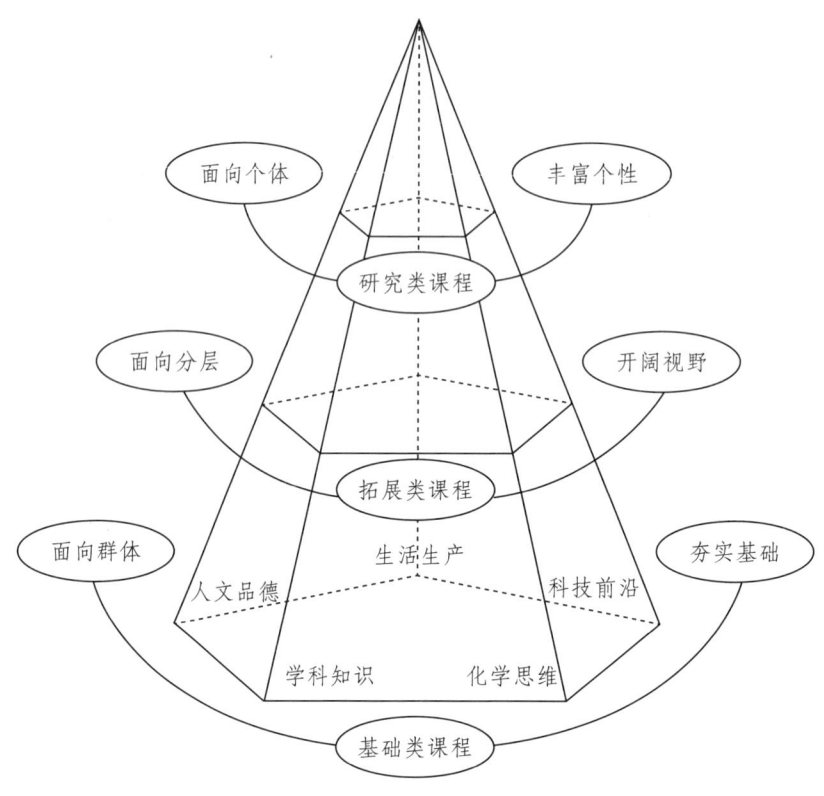

图 4-1-4　三层五合校本课程体系

(三)校本课程的简要课程纲要

化学校本课程包含基础类课程、拓展类课程、研究类课程等三类,这三类课程面向的群体,其课程特点、课程目标、课程内容、教师行为、学生行为、评价形式等内容见表4-1-1。

表 4-1-1　三类课程的简要课程纲要

项目	基础类课程	拓展类课程	研究类课程
面向群体	全体学生	有个性需求的学生	研究能力强的学生
课程特点	注重化学学科核心知识、化学关键能力、化学基本思维	注重个性化、拓展性、生活化	注重研究方法与研究思维、创新性意识
课程目标	国家课程校本化,化学必修与选修科目	满足学生兴趣与个性需求,为有兴趣从事与化学相关专业的同学打基础	为选拔化学人才搭建成长平台,提升学生科研能力和创新能力

续表

项目	基础类课程	拓展类课程	研究类课程
课程内容	按照国家课程标准,对必修或选修重点内容校本化	趣味类、竞赛类、大学选修类、制作类等	专项研究、项目式学习、小课题研究
教师行为	整合课程内容	开发内容丰富、形式多样、多层次、多系列的个性化课程	研究指导,项目化教学
学生活动	日常班级、行政班级授课	校本选修课程,兴趣小班	研究小组
评价形式	笔试为主	笔试、报告、作品	论文、作品

(四)化学校本系列课程与多元智能

教师在化学校本课程的开发中,需要针对不同智能的学生,开设不同的校本课程,以满足不同学生的个性需求,促进他们发挥优势智能,提升能力。针对言语-语言智能优势的学生,可以开设偏文的基础性化学校本选修,如《化学与新闻》、《传统文化与化学》等;针对身体-动觉智能优势的学生,可以开设动手类、探究类拓展类课程,如《化学测量》、《化学制作》、《化学实验》等;针对逻辑-数理智能强的学生,可以开设研究类的课程,如《化学奥赛》、《有机合成》等。(见表4-1-2)

表4-1-2 化学校本系列课程与多元智能

课程类别	课程名称	融合主体	融合的多元智能
基础类	趣味化学	学科知识 生活生产	言语-语言智能、视觉-空间智能、身体-动觉智能、交流-人际交往智能
	舌尖上的化学	学科知识 生活生产	视觉-空间智能、身体-动觉智能、交流-人际交往智能、自然智能
	厨房化学	学科知识 生活生产	视觉-空间智能、身体-动觉智能、交流-人际交往智能、自然智能
	客厅里的化学	学科知识 生活生产	言语-语言智能、视觉-空间智能、身体-动觉智能、交流-人际交往智能
	化学与饮食	学科知识 生活生产	言语-语言智能、视觉-空间智能、身体-动觉智能、交流-人际交往智能、自知-自省智能
	化学与新闻	学科知识 生活生产 人文品德	言语-语言智能、交流-人际交往智能

续表

课程类别	课程名称	融合主体	融合的多元智能
拓展类	化学理论变迁	学科知识 生活生产 化学思维	言语-语言智能、逻辑-数理智能、交流-人际交往智能
	化学探究	学科知识 生活生产 化学思维	言语-语言智能、视觉-空间智能、身体-动觉智能、交流-人际交往智能、自然智能
	传统文化与化学	学科知识 人文品德 生活生产 化学思维	言语-语言智能、视觉-空间智能、交流-人际交往智能、自知-自省智能、自然智能
	化学与航天	学科知识 科技前沿	言语-语言智能、逻辑-数理智能、视觉-空间智能、交流-人际交往智能
	化学测量	学科知识	逻辑-数理智能、身体-动觉智能、交流-人际交往智能
	化学制作	学科知识 生活生产	视觉-空间智能、身体-动觉智能、交流-人际交往智能
研究类	无机化学	学科知识 生活生产	逻辑-数理智能、交流-人际交往智能、自知-自省智能、自然智能
	有机化学	学科知识 生活生产	逻辑-数理智能、交流-人际交往智能、自知-自省智能
	物质结构	学科知识 生活生产	逻辑-数理智能、交流-人际交往智能、自知-自省智能
	分析化学	学科知识 生活生产	逻辑-数理智能、交流-人际交往智能、自知-自省智能
	化学实验	学科知识 生活生产	逻辑-数理智能、交流-人际交往智能、自知-自省智能
	综合化学	学科知识 生活生产	言语-语言智能、逻辑-数理智能、身体-动觉智能、交流-人际交往智能

第二节 三层五合校本课程的实施与评价

本节主要内容如图4-2-1所示。

图4-2-1 三层五合校本课程实施与评价

一 校本课程设计

(一)课程设计的关键

课程设计需要考虑的三个关键问题：第一，要满足国家层面的期望与要求，落实党的教育方针政策，具有合规性、领导力；第二，要重视学生的需求，根据学校学生实际来进行设计，具有科学性；第三，以终为始，设计以能实施为前提条件，具有可操作性。(图4-2-2)

(二)课程设置原则

(1)多样性原则。教师结合学校特色，科目设置力求丰富多彩。

(2)主体性原则。教师是课程建设和开发的主体，学生是学习的主体。在校本课程建设、开发过程中教师要重视学生的需求，优化校本课程。

(3)选择性原则。以学生为本，尊重学生的主体地位，让学生对校本课程的选择具有自主权。在实施校本课程中，教师要灵活地、创造性地实践课程，不断反思出现的各种问题，对课程补充、调整。

(4)可行性原则。教师最大限度地挖掘、利用校内外课程资源，使校本课程实用、可行。

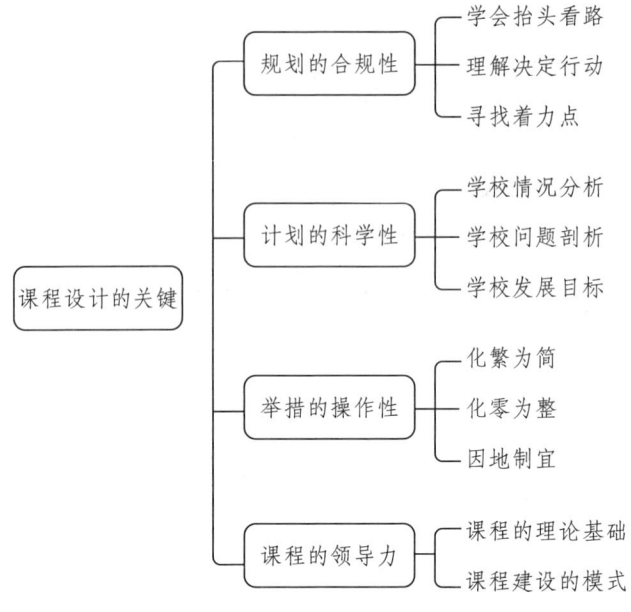

```
                         ┌── 学会抬头看路
              ┌ 规划的合规性 ── 理解决定行动
              │          └── 寻找着力点
              │
              │          ┌── 学校情况分析
              ├ 计划的科学性 ── 学校问题剖析
              │          └── 学校发展目标
课程设计的关键 ┤
              │          ┌── 化繁为简
              ├ 举措的操作性 ── 化零为整
              │          └── 因地制宜
              │
              │          ┌── 课程的理论基础
              └ 课程的领导力 ── 课程建设的模式
```

图 4-2-2　课程设计的关键

（三）课程设计

在课程设计时，教师要考虑课程的设置、课程开发的组织、课程的实施、课程的评价等方面，建构多层次、多类别、模块化的学校课程，创设个性化的课程组织，以问题为中心让学生自主探究，并对课程的效果进行评价。（图4-2-3与图4-2-4）

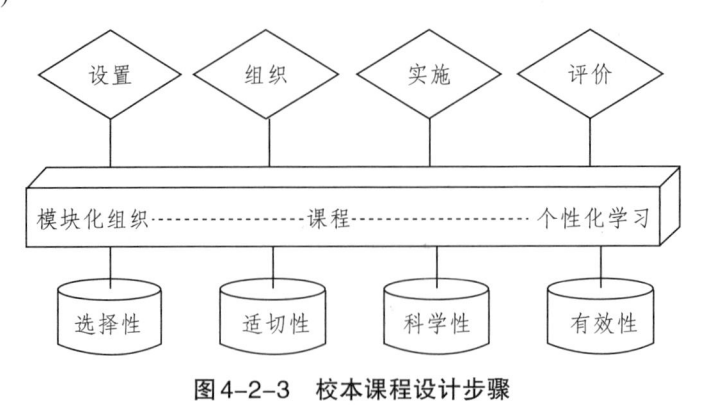

```
   ◇设置    ◇组织    ◇实施    ◇评价
     │       │        │        │
   ┌─┴───────┴────────┴────────┴─┐
   │ 模块化组织 ———— 课程 ———— 个性化学习 │
   └─┬───────┬────────┬────────┬─┘
     │       │        │        │
   ▭选择性  ▭适切性   ▭科学性   ▭有效性
```

图 4-2-3　校本课程设计步骤

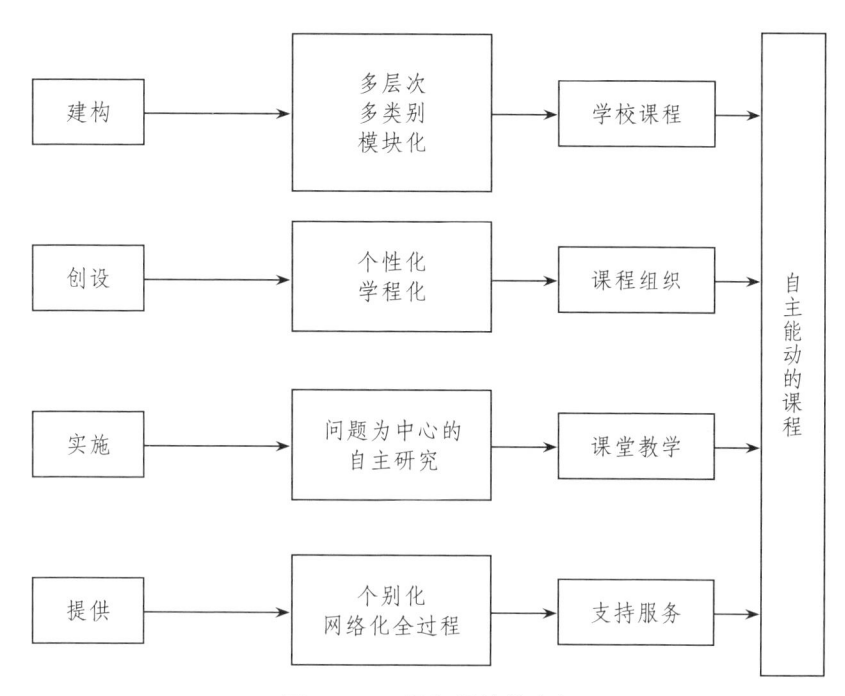

```
建构  →  多层次       →  学校课程  ┐
          多类别                      │
          模块化                      │
                                     │
创设  →  个性化       →  课程组织   │
          学程化                      │  自
                                     │  主
实施  →  问题为中心的 →  课堂教学   │  能
          自主研究                    │  动
                                     │  的
                                     │  课
提供  →  个别化       →  支持服务   │  程
          网络化全过程                ┘
```

图4-2-4　课程设计的流程

(四)课程开发流程

校长引领本校的课程开发,教研组长负责协调教科室、教务科,具体落实课程开发工作,教科室指导课程评审,教务科负责课程开发与督促、检查、评价。(图4-2-5)

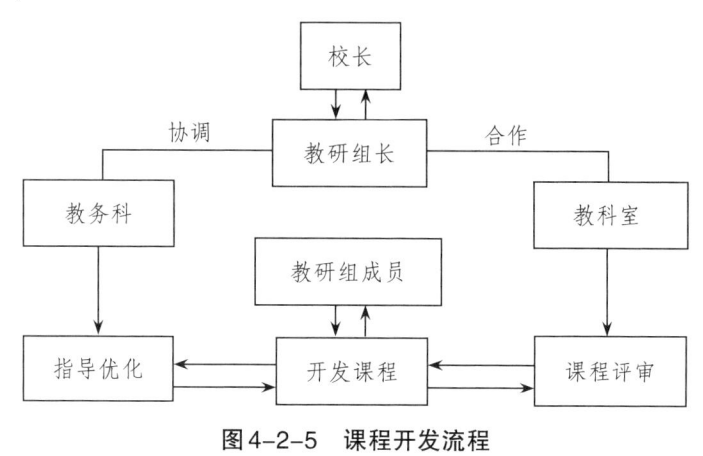

```
                    校长
                     ↓
      协调 ← 教研组长 → 合作
        ↓       ↓        ↓
      教务科          教科室
        ↓     教研组成员    ↑
        ↓       ↕        ↓
      指导优化 ← 开发课程 ← 课程评审
```

图4-2-5　课程开发流程

(五)开发精品课程操作程序

在学校课程规划指导下教师初步列出课程纲要,并小范围试用,在专家指导下修改完善,编写课程纲要,开发精品课程。开发精品课程程序如图4-2-6。

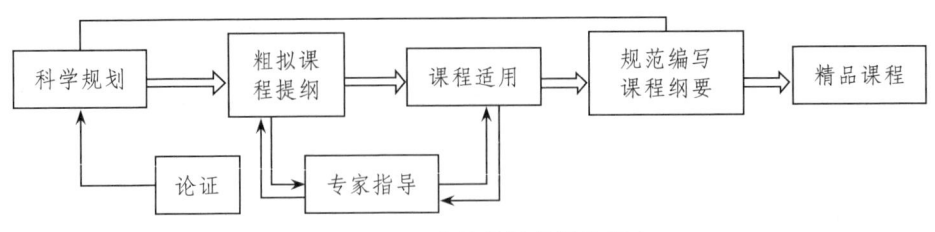

图 4-2-6　开发精品课程操作程序

(五)课程资源共建共享过程逻辑

学校建立本校的教育教学资源库,搭建平台网站,建立课程资源网络。该网站链接国内优秀教育教学资源网站和搜索引擎,鼓励教师自己制作课件,丰富学校的教学资源库,将教师的个人主页挂在网上,便于教师管理自己的资源,还建立专题网站,课程资源共建共享过程逻辑如图4-2-7所示。

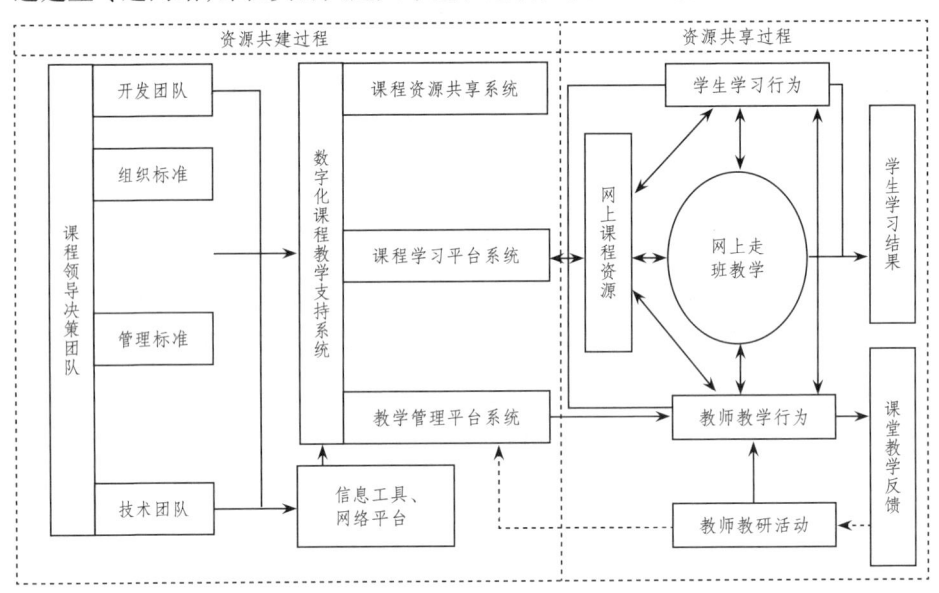

图 4-2-7　课程资源共建共享过程逻辑

(六)校本课程管理系统

校本课程开发需要学校层面的规范管理,学校成立课程开发与管理的制度、机构。课程管理包括四个方面:课程申请、课程审核、功能管理、课程教学。课程申请包括书面申请、审批程序、学校备案、课程立项;课程审核包括专家管理、技术支持、评价管理、指标设置;功能管理包括课程管理、公告管理、测试管理、论坛管理;课程教学包括在线测试、在线答疑、在线讨论、作业上传、成绩浏览(图4-2-8)。

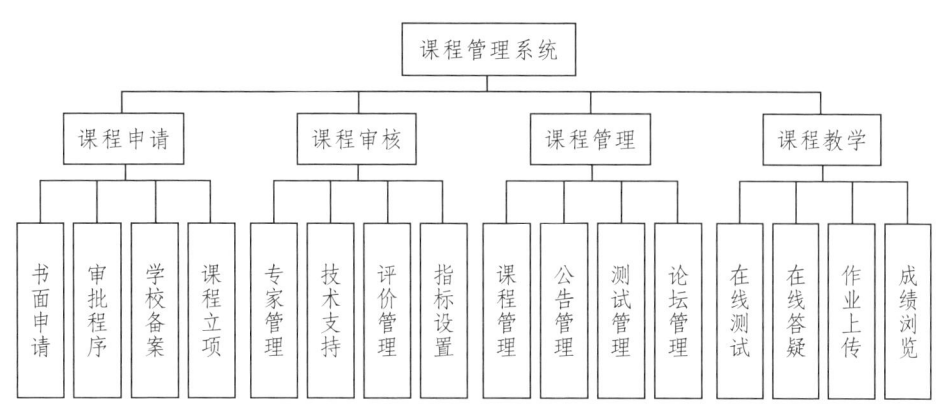

图 4-2-8　课程管理系统

二　校本课程开发模式与开发流程

(一)国外校本课程开发流程

校本课程是指在国家和地方课程的基础上，通过对本校学生的需要进行调查和分析，尽量结合本土课程资源和学校课程资源而设计的多样化、本土化、可选择化的课程。学校依据校内的教育理念，将学校资源和社会资源相结合，采取选择、改良、编辑新教辅或安排学习活动的方式，在本校开展及构建相应的评估体系的课程。国外校本课程开发的主要流程如下所列。

1.斯基尔贝克程序

其校本课程开发实施流程的归纳：首先，学校对情境进行分析，结合分析的结果制订恰当的课程目标，同时设计与之匹配的课程方案，最后进行探讨并开始实施，同时监控和修订方案。

即情境分析—制订目标—设计方案—阐述与开展—跟踪与重构五个步骤（图4-2-9）。

图 4-2-9　斯基尔贝克程序

其开发流程可归纳如下。

第一步,情境分析。学校对学生需求情况进行调查分析,校本课程开发小组分析本校课程资源以及限制条件。

第二步,制订目标。依据分析结果制订校本课程一般的目标,结合课标制订课程的特殊目标。

第三步,设计方案。确定实施校本课程的教学方法和使用的工具,评估学生的基本情况。

第四步,阐述与开展。合理分配课程资源、参与人员、设备及确定课程时间。

第五步,跟踪与重构。对校本课程效果进行评估,并通过评估结果进行修订,完善校本课程。

2.塞勒-哈夫洛克程序

其开发流程可以简单归纳为查找问题—评估问题—制订目标—拟定解决途径—制订解决对策—修改文本—实施教学—评价反馈—修订并持续采用九个程序(图4-2-10)。

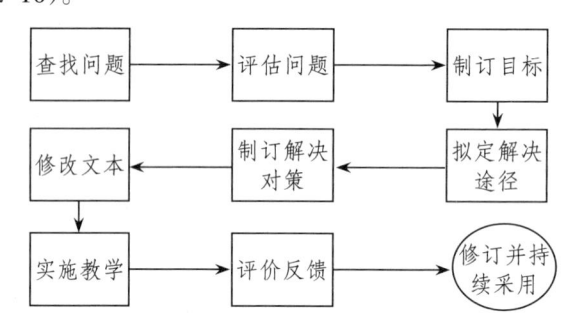

图4-2-10 塞勒-哈夫洛克程序

3.托马斯程序

其可以简单归纳为以下四步。

第一步,组建人员。学校组建课程开发委员会或工作小组,确定参与人员及流程。

第二步,明确校本课程实施思路。

第三步,制订课程目标与发展计划。

第四步,开发课程。既包括实施校本课程教学活动,也包括制订课程纲要、选择适合的教学策略及评价体系。整合校本课程目的,体现化学学科的社会价值。

(二)国内校本课程开发流程

在教学过程中,教师采用项目式学习理念,可以有效体现学生的主体性,在PBL理念与实际教学经历的基础上,化学资源校本课程的开发总共可分为六大步骤。

第一步,成立课程开发工作小组。开发工作小组是指学校成立课程专家、教师等专门人才队伍,对如何开展的校本课程进行沟通。同时还成立校本课程委员会开展督导和调控,保障校本课程顺利有序进行。校本课程委员会成员包括负责教学工作的学校领导、备课组组长、化学组教师及学生代表。师生之间及时沟通,教师及时了解学生需求,才能使课程的实施得到保证。

第二步,需求分析。主要针对社会、学校、学生的需求进行分析,确定实施校本课程的必要性。

第三步,制订开发目标。制订的课程标准应注重学生关键素养和核心能力,避免课程内容安排为成绩服务的问题,应该为学生适应未来生活和职业发展服务,为学生的终身发展打好根基。

第四步,基于PBL理念制订校本课程开发方案。国内对项目式学习有较深研究,结合校本课程的特点,教师将项目式学习法应用到校本课程的实施中。校本课程的实施流程要包括确定教学目标、确定项目主题、项目实施和项目评价。在项目实施的具体内容上为创设情境引入制订方案、开展讨论活动、合作完成任务、成果展示、项目评价等,通过评价结果来验证校本课程是否具有教学和培养学生核心素养的作用。

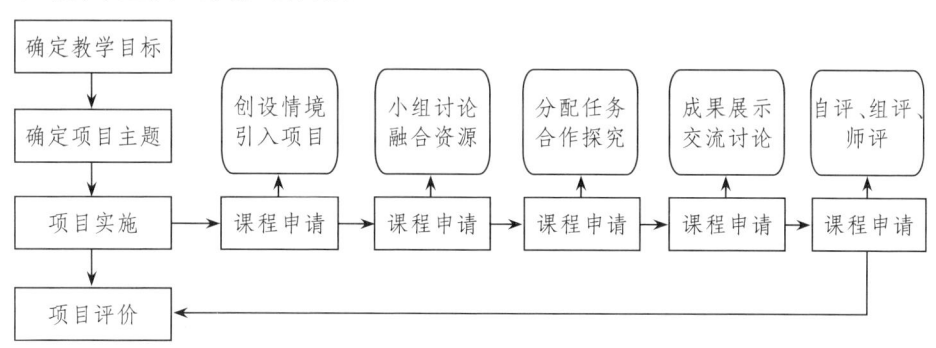

图4-2-11 基于PBL理念的校本课程开发方案

第五步,组织实施校本课程。在整个校本课程实施过程中,教师起监控和引导的作用,项目以学生为主进行实施。实施过程包括教师线和学生线,项目式学习中的教师线是教师设计项目发布任务,学生线是其在自主完成任务的过程中思考教师提出的问题,积极进行活动探究。学生理解项目任务,查阅相关文献,充分利用化学资源制订计划,形成实验报告等项目作品,再展示成果。活动探究结束后,学生对自评、小组及其他组的成果进行评价,最后以项目报告的形式结束项目。

第六步,实施PBL理念下校本课程的评价、反思与重建。传统评价方式包括纸笔测验、学习档案评价和活动表现评价。PBL理念下的校本课程倡导评价目标多元化和评价方式多样化,倡导组内自评、组间互评与教师评相结合,努力将评价贯穿于校本课程实施的全过程,通过评价有效完成校本课程的目标任务。

(三)典型化学校本课程开发

1.中学化学校本课程开发一般步骤

中学化学校本课程开发是指根据学校的教育目标和教学理念,自主设计和开发适合学校实际情况的化学课程。以下是中学化学校本课程开发的一般步骤。

(1)确定课程目标。明确学校对学生学习中学化学的目标和期望。根据学科标准和国家教育政策,制订适合学校情况的中学化学课程目标。

(2)制订课程大纲。根据所定义的课程目标,结合学生的年级特点和学习需求,制订中学化学的课程大纲,明确教学内容和学习要求。

(3)设计教学计划。根据课程大纲,制订具体的教学计划,包括每个学期或学年内的教学进度、教学时数、学习活动和评价策略等。

(4)选择教材和学习资源。选择适合中学化学教学的学习资源,包括教科书、辅助教材、实验手册和参考书籍等。确保学习资源能够支持教师完成课程目标和教学任务。

(5)设计教学活动。根据教学计划,设计多样化的教学活动,如讲授课、实验、小组讨论、项目研究、演示和展示等。教师结合学生的实际情况,调整和优化教学活动的安排。

(6)实施教学活动。按照教学计划和设计的教学活动,开始实施中学化学课程的教学活动。教师应根据学生的学习进展和需求,进行及时的反馈和调整。

(7)评价与反馈。根据课程目标和学习活动的要求,选择合适的评价方法和工具,对学生的学习成果进行评价和反馈。学习成果包括书面作业、实验报告、项目展示、考试等多种形式。

(8)持续改进。根据教学实践和学生反馈情况,进行课程的持续改进和调整。根据教师和学生的评价,学校优化课程内容和教学方法,提高教学效果。中学化学校本课程开发需要教师们的共同努力和不断探索,通力与教育专家和同行进行交流、合作,更好地开发适合学校和学生需求的中学化学课程,并提供有针对性的教学体验和学习成果。

2.三层五合校本课程开发的流程

(1)以地方文化为背景的化学校本课程开发。

课程开发思路如图4-2-12所示,化学校本课程资源的开发聚焦地方文化的特点,以地方文化为背景的校本课程是国家课程的补充,选取教师和学生都比较熟悉的、比较感兴趣的文化现象作为校本课程开发的切入点,让教学内容与国家课程接轨。从人文的角度提出问题,用化学的方法解决问题,容易激发学生的学习兴趣,引起教与学的共鸣。教师引导学生发散思维,建立化学与人文社会的广泛联系,提升学生对化学的理解与运用能力,让学生养成正确的科学思维习惯。同时在教学中,让学生更了解家乡丰富文化内涵,增强自身认同家乡、热爱家乡、服务家乡的意识。

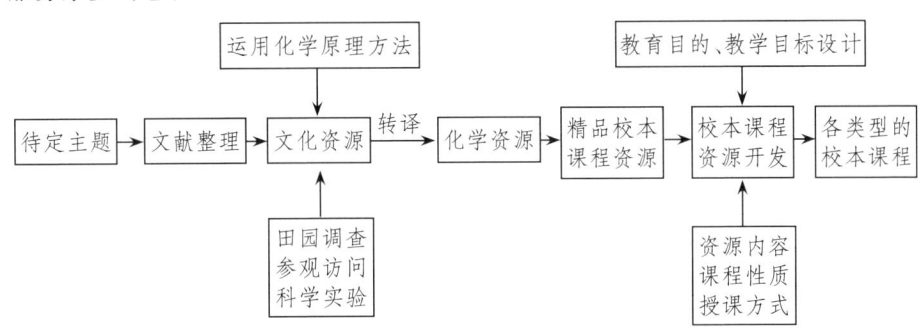

图4-2-12 化学校本课程的开发思路

学校根据学生学习需求,选择本地课程资源并确定课程目标,按照课程理论编制校本教材、课程实施、课程评价。

农村学校中学化学校本课程开发流程如图4-2-13所示,以化学新课程理念为指引,紧扣国家课程标准、化学教科书和本地特色资源初步确立资源开发的切入点。确立开发切入点后,对该资源背景进行分析,了解该资源的社会背景、内容及特点。再进行现场调研、走访调查、查阅资料、可行性分析。对收集的资源进行筛选、设计、规划、实施,教师依据资源设计和规划实施后,针对实施中的具体问题不断修正并进行教学评价,对课程资源进行"二次开发"和整理。(图4-2-14)

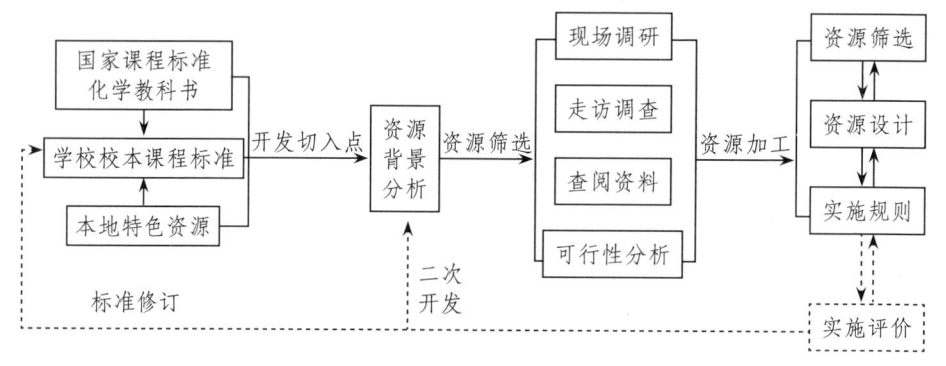

图4-2-13 农村学校化学校本课程开发流程图

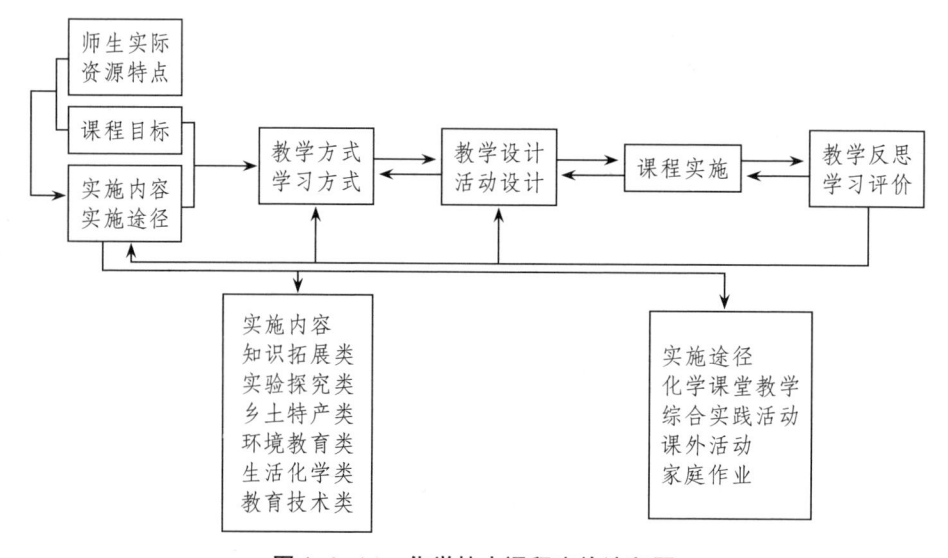

图4-2-14 化学校本课程实施流程图

(2)化学学科拓展校本课程开发。

城市优质学校的校本课程同样需要开发,其具体实施流程如图4-2-15所示,以高端有机合成项目课程为例,关注学生科研素养的早期培养。具体表现在:使学生能参与科学研究;培养学生发现问题和解决问题的能力,收集、分析和利用信息的能力;在参与研究过程中养成科学态度与科学道德;熟悉进行科研课题研究的一般方法,掌握基本的科研技能,包括文献查阅能力、实验设计与评价能力、实验仪器与仪器操作技术、论文写作能力、答辩与表达能力和团队合作能力。

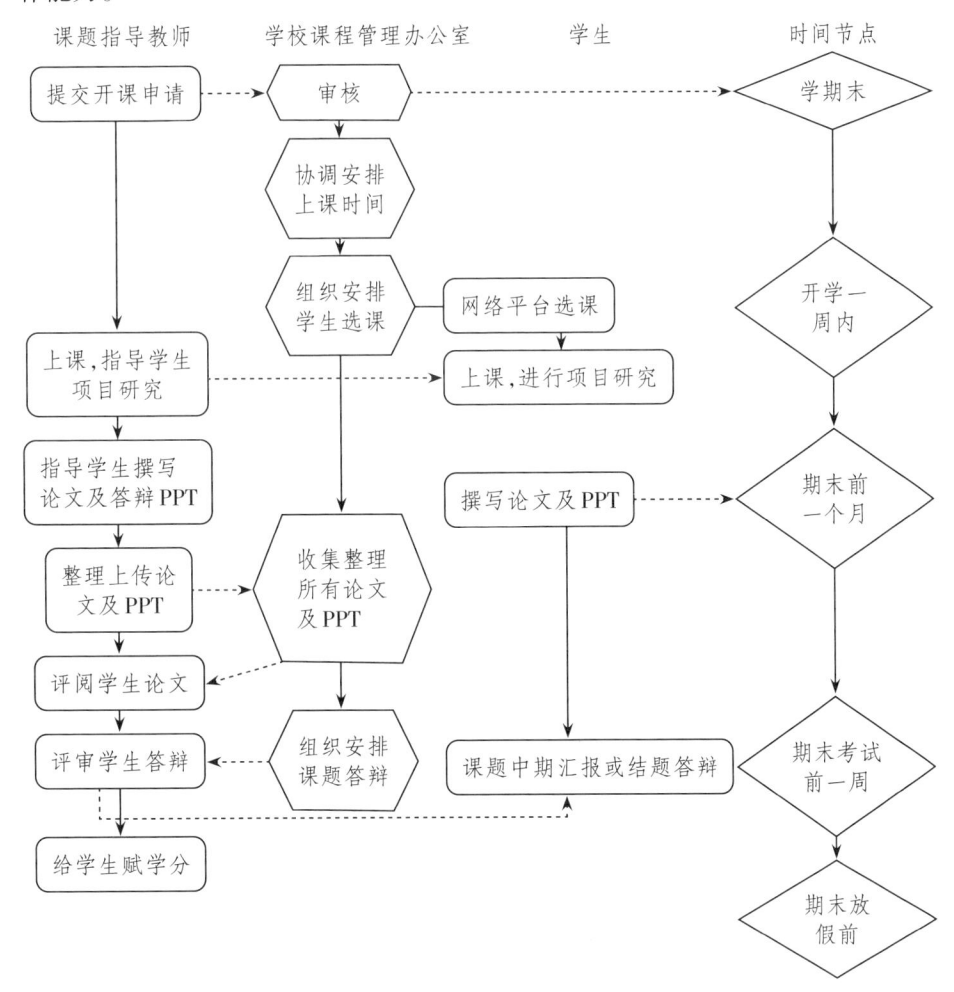

图4-2-15 高端有机合成项目课程实施流程

三 校本课程开发评审与实施评价

(一)校本课程开发评审

1.课程评价的追求

课程评价的追求有导向性、即时性、适切性,具体如图4-2-16所示。

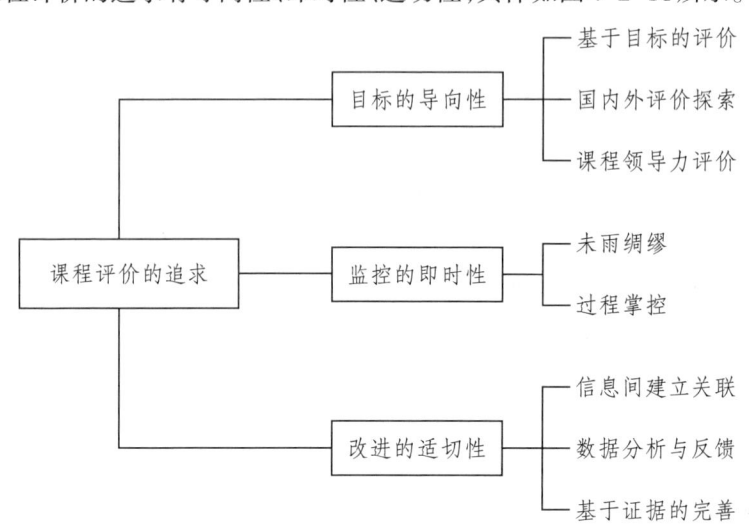

课程评价的追求:
- 目标的导向性
  - 基于目标的评价
  - 国内外评价探索
  - 课程领导力评价
- 监控的即时性
  - 未雨绸缪
  - 过程掌控
- 改进的适切性
  - 信息间建立关联
  - 数据分析与反馈
  - 基于证据的完善

图4-2-16　课程评价的追求

2.校本课程开发评审表

学校成立课程开发与管理小组,专家对校本课程开发评审,从课程类型、课程开发背景、课程研发现状、课程目标、课程内容、课程开发条件、课程开发进度等多方面评审。(表4-2-1)

表4-2-1　校本课程开发评审表

课程名称			填写日期	
负责人		联系电话		
编写人员				
开设年段		选课要求		
课程类型	( )基础类课程( )拓展类课程( )研究类课程			

续表

项目	内容		得分
课程开发背景 （10分）	课程开发的原因,即根据什么或受什么启发而开展研究		
课程研发现状 （15分）	当前有没有类似相关的研究？已有的研究解决了哪些问题？哪些还没有解决？已经有的研究与本研究的关系是什么？现有资料有哪些？还有哪些资料需要收集？		
课程目标 （5分）	本课程的开发目的,以及通过本课程学习所能掌握的知识技能		
课程内容 （40分）	课程大纲		
	课时计划		
	文本资料		
	其他材料		
课程开发条件 （5分）	课程顺利开展所需要的条件,如场地、图书资料、音响资料、实验设备、信息技术设备、其他器材、经费预算等。		
课程开发进度 （10分）	研究阶段 （研究时间安排）	研究任务 （具体研究阶段的任务）	
开发成员分工 （5分）	成员姓名	分工内容	
预期成果及 成果形式 （5分）	预测研究达到的效果 成果的形式(比如:教案、课件等)		

续表

其他(可能遇到的困难与策略措施等)（5分）	预测研究过程中可能遇到的问题以及解决策略、所需要的帮助等,比如出行安全预案	
评审意见	负责人签字 处室盖章 年 月 日	

3.课程开设申报表

课程开发的教研组或教师,提交相应申请表(表4-2-2)给学校课程管理部门审核,内容包括课程名称、编写人员、适用年级、课程简介、背景分析、课程目标、学习主题、评价活动、参考文献等。

表4-2-2 课程开设申报表

课程名称					
编写人员					
适用年级			总课时		
课程简介					
背景分析	目的和意义： 学情分析： 资源分析：				
课程目标					
学习主题	主题	课时	内容 (重点明确,即选择什么样的内容或安排什么样的活动)	实施要求 (组织形式、安排、场地、设备等)	

续表

评价活动/成绩评定	评价综述(主要对学业成绩的评定,涉及评定方式、记分方式、成绩来源等):	
	评价项目	评价活动/等级描述(依据目标,采用若干评价方式,根据学生不同的表现,可分为若干等级)
	过程性评价 (权重:50%)	1.评价方式/活动一:出勤 2.等级描述:优、良、差 3.评价方式/活动二:小组活动 4.等级描述:优、良、差 ……
	终结性评价 (权重:50%)	1.评价方式/活动一:开卷考试 2.等级描述:优、良、差 3.评价方式/活动二: 4.等级描述: ……
	成绩评定: 优秀:90分及以上;良好:80~89分; 合格:60~79分;不合格:60分以下	
参考文献	无	
备注		

4.课程实施评价

校本课程在实施过程中,通常采取教师自评与学校评价相结合。评价项目包括课程方案评价、校本课程实施过程评价。课程方案评价包括课程开发的意义、目标定位、课程内容、评价方式等;校本课程实施过程评价包括指导思想、教学过程等。(见表4-2-3与表4-2-4)

表4-2-3 课程实施评价表

项目	内容	具体指标	自评	校评	备注
课程方案评价 (40分)	课程开发的意义(10分)	1.校本课程与国家课程、地方课程紧密联系,也是对其补充的课程,可彰显学校特色			
		2.校本课程促进学生的个性发展,提高学生的各方面素质			

续表

项目	内容	具体指标	自评	校评	备注
课程方案评价（40分）	目标定位（15分）	1.目标明确清晰			
		2.知识、能力和情感目标齐全			
		3.考虑到学生分层的因素，贯彻因材施教的原则			
	课程内容（10分）	1.教材框架清晰，有序列性			
		2.教材内容科学、启发性强，突出实践能力的培养			
	评价方式（5分）	评价可操作性强、方法科学，具有激励性和制约性			
校本课程实施过程评价（60分）	指导思想（10分）	1.体现教(师)为主导、学(生)为主体、疑(问)为主轴的教学原则			
		2.深刻理解课程纲要，并落实到校本课程的实施中			
		3.课程实施中注重德育渗透和情感熏陶，注重培养目标的达成			
	教学过程（30分）	1.学期初能制订教学计划、安排好教学进度			
		2.能深入钻研教材，根据学生的实际，设计内容开放、容量适量、层次分明、有针对性的教案			
		3.能灵活运用多种教学方法进行教学，重点和难点的处理有新意，且效果好			
		4.课堂语言流畅、规范，具有生动性和启发性。思维清晰，有强度、有坡度			
		5.能面向全体学生，因材施教，学生情绪高涨。课堂无死角、无"闲"人，整体性成效好			
		6.娴熟运用现代化教育技术，设计内容及呈现手段具有不可替代性			
		7.板书设计合理、简洁、规范、美观			

续表

项目	内容	具体指标	自评	校评	备注
校本课程实施过程评价（60分）	实施成果（20分）	1.能激发并维持学生对该课程的兴趣,学生评价良好			
		2.能及时收集、整理学生学习的过程性资料			
		3.指导的学生能进行一定范围的展示活动			
说明	等级分数	优秀:90分及以上;良好:80~89分;合格:60~79分;不合格:60分以下			

表4-2-4 校本课程实施情况评价标准

序号	指标内容	指标分值	计分办法 好	计分办法 中	计分办法 差
1	学校对校本课程实施工作的重视程度怎样？	5	5	3	1
2	校本课程任课老师是否比较固定？	5	5	3	1
3	学校对任课老师授课情况如何评价？	5	5	3	1
4	课时能保证吗？	10	10	6	2
5	教师备课情况怎样？	5	5	3	1
6	教师能熟练掌握课程内容吗？	10	10	6	2
7	教师对课程的教学目标清楚吗？	10	10	6	2
8	场所和设施是否满足课程实施要求？	5	5	3	1
9	课程实施方式是否符合课程特点？	5	5	3	1
10	学生有无相关材料？	5	5	3	1
11	对学生掌握课程内容评价吗？	5	5	3	1
12	对学生的评价方法是否符合课程特点？	5	5	3	1
13	学生完全掌握课程内容了吗？	15	15	9	3
14	课程实施后学生取得成果或素养提高的情况如何？	10	10	6	2

5.对学生学习校本课程的评价

学生的学习兴趣、学习习惯、学业成果,采用课堂提问、随堂练习、作业、纸笔测验、表现性评价、作品展示等融入学生学习过程的评价(评价表如表4-2-5所示)方法,教师采用"等级+评语"的方式反馈评价结果,形成以评价促进教与学改进的机制。

表4-2-5 学生学习情况评价表

评价项目	评分标准				自评	教师	总评
	优	良	及格	不及格			
参与态度	积极热情主动	较积极、较主动	态度一般	态度较差			
出勤情况	不旷课、不迟到、不早退	不旷课、有个别迟到(2人以下)	不旷课、有个别迟到(2~4人)	有旷课、有迟到现象(4人以上)			
课堂纪律	课堂氛围好、师生互动好	课堂氛围较好、师生互动较好	课堂氛围一般、师生互动一般	课堂氛围差、无师生互动			
掌握情况	绝大多数(90%以上)学生能很好掌握课堂内容	大部分学生(80%以上)能很好掌握课堂内容	60%~80%的学生能掌握课堂内容	60%以下的学生能掌握课堂内容			
知识迁移	绝大多数学生(90%以上)能很好地进行知识迁移和应用	大部分学生(80%以上)能很好地进行知识迁移和应用	60%~80%的学生能进行知识迁移和应用	60%以下的学生能进行知识迁移和应用			
学习总评							

第三节 三层五合校本课程的典型案例

本节主要内容如图4-3-1所示。

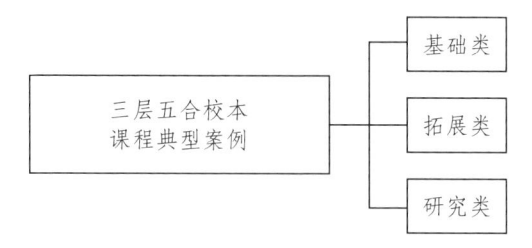

图4-3-1 三层五合校本课程典型案例

一 融合生活的化学基础类校本课程

1.趣味化学

"趣味化学实验"校本课程中设计了有吸引力的趣味实验,引导学生自主学习。选修课要使学生自主学习,最有效的办法是提高学生的内部动机,让学生对实验的内容感兴趣或者在实验过程中获得乐趣。具体做法如下。

①选择会燃烧、显色、变色等对感官产生强烈刺激的实验,可分为成火系列、显色系列和变色系列。

②设计制作系列,如"消字灵的制作""制作叶脉书签"等。如果能够按照自己的想法得到想要的作品,那么学生的积极性就很高。

③选择与学生已有知识及现实生活实际有联系的实验,如检测系列。学生在问题解决的过程中,产生更大的学习兴趣,从而提升学习动力。

如校本课程"奇妙化学",可以面向初三、高一全体学生开设,其为基础类校本课程,目的是激发学生兴趣,让学生在做中学,以动手检测、动手制作为授课方式,培养学生的动手实践能力,运用所学化学知识解决生活中的具体问题。(表4-3-1)

表 4-3-1　校本课程"奇妙化学"

校本课程"奇妙化学"			
专题	课时	课时内容	课程内容
奇妙火焰	第1课时	神奇点火	魔棒点灯、吹气生火、滴水生火
奇妙火焰	第2课时	神奇火焰	美丽焰火、子母火焰
奇妙火焰	第3课时	奇妙声响	粉笔炸弹、自制风哨、音乐喷泉
奇妙色彩	第4课时	奇妙显色	喷雾作画、指纹破案、火龙写字
奇妙色彩	第5课时	奇妙变色	变色喷泉、神奇魔壶、水中花园、制晴雨计
奇妙色彩	第6课时	奇妙烟雾	滴水生烟、魔棒生烟、空杯生烟、神奇烟圈
奇妙形态	第7课时	奇妙气体	自动充气、多彩泡泡、喷气小艇
奇妙形态	第8课时	奇妙液体	点火生水、多层色环、去除油污
奇妙形态	第9课时	奇妙晶体	滴水变冰、缤纷晶体、制大晶体
奇妙检测	第10课时	奇妙定性	酸碱检验、离子检验、气体检验
奇妙检测	第11课时	奇妙定量	甲醛检测、盐分检测、酸度检测、蛋白质含量
奇妙检测	第12课时	奇妙鉴定	真假黄金、皮革鉴定、真假蚕丝
奇妙制作	第13课时	消字灵	制作消除字迹的试剂
奇妙制作	第14课时	灭火器	制作简易泡沫灭火器
奇妙制作	第15课时	指示剂	自制酸碱指示剂
奇妙制作	第16课时	叶脉书签	制作叶脉书签
奇妙制作	第17课时	制米酒	自制米酒
奇妙制作	第18课时	制镜子	自制银镜、铜镜

2.舌尖上的化学

本课程目标：了解物质性质及变化等基本概念，了解空气、水、饮料，营养物质、化学元素等物质的用途及正确使用方法，可分析生活中常见的化学现象。初步学习运用观察、实验等方法获取信息,能用文字、图表或化学语言表述有关信息。能用变化和联系的观点分析常见的化学现象。保持和增强对生活和自然界中化学现象的好奇心和探究欲望,体会化学对改变人类生活和促进社会发展的积极作用。

课程示例如下。

第1章　食物中的营养素

第1课时　食物中的营养素

第2课时　水的结构和生理功能

第3课时　蛋白质在人体内的生理功能

第4课时　油脂的营养和对人体的生理功能

第5课时　膳食纤维的生理特性与功能

第6课时　维生素选择要点释疑

第2章　生活中的饮用水

第7课时　明天我们喝什么水

第8课时　六类饮料的健康价值与禁忌

第9课时　教您挑选净水器

第10课时　一种便携式净水器的设计

第3章　食品添加剂

第11课时　正确看待食品添加剂

第12课时　正确用食盐

第13课时　味精的合理使用

第14课时　食用油品种

第4章　保健食品

第15课时　中国保健食品的展望

第16课时　保健食品的慧眼鉴别

第17课时　补铁剂中铁的测定

第18课时　蛋白粉并非人人适用

该课的课程纲要及开课申请见表4-3-2与表4-3-3。

表4-3-2　课程纲要

课程名称	舌尖上的化学		
编写人	×××		
适用年级	高一	总课时	18
课程简介	课程内容主要包括四方面。一是介绍食物中的各种营养素其生理功能，介绍"白糖""红糖""冰糖"、"动物油""植物油"、"鸡汤"等生活中常见食品的成分。二是介绍生活中饮用水的水质标准、自来水的处理过程，以及如何合理选择水和饮料，介绍净水器的种类、原理与选择方法。三是介绍食品添加剂的概念、种类，以及生活中常用的三种食品添加剂食盐、味精和食醋的合理使用方法，食用油品种以及如何选择；四是介绍保健食品的概念、种类以及选择方法		
背景分析	目的和意义：通过本课程的学习，学生学会从化学的视角、物质的视角看待营养素、饮用水、食品添加剂和保健食品，学会合理膳食，合理选择饮料，辩证看待食品添加剂和保健食品，提高健康饮食意识和能力 学情分析：高一学生，已经学了一年的化学，但主要是停留在考试层面，对化学与生活方面的了解欠缺。因此，校本课程拓宽学生视野，从化学视角提升学生对饮食的了解 资源分析：校本教材《舌尖上的化学》、科普纪录片		
课程目标	通过学习本课程，学生从化学的视角、物质的视角合理膳食、选择饮料，辩证看待食品添加剂和保健食品		
学习主题	主题	课时	内容（要求重点明确，即选择什么样的内容或安排什么样的活动）	实施要求（包括组织形式、安排、场地、设备等）
	食物中的营养素	4	了解食物中的各种营养素其生理功能；了解生活中常见食品的营养成分；尝试编制食谱；观看《饮食之基》	实验室、多媒体
	生活中的饮用水	4	了解生活中饮用水的水质标准、自来水的处理过程；了解净水器的种类、原理以及选择方法；了解饮料的种类、成分和选择方法	实验室、多媒体
	食品添加剂	4	了解食品添加剂的概念、种类；了解生活中常用的食品添加剂；客观地看待食品添加剂；了解食用油的种类与选择方法	实验室、多媒体

续表

学习主题	保健食品	4	了解保健食品的概念、种类；了解如何选择保健食品；了解补铁保健食品中铁元素的价态；观看纪录片《健康饮食的真相》	实验室、多媒体
	课程总结与测试	2	课程总结，观看视频《人人需要的健康饮食攻略》 课程总结，开卷考试	实验室、多媒体
评价活动/成绩评定	评价综述(主要对学业成绩的评定,涉及评定方式、记分方式、成绩来源等):			
	评价项目	评价方式/活动及等级描述 (依据目标,采用若干评价方式,收集学生达标证据,根据学生不同的表现,可分为若干等级)		
	过程性评价 （权重:50%）	评价方式/活动一:出勤 等级描述:优、良、差		
	终结性评价 （权重:50%）	评价方式/活动二: 等级描述:		
	成绩评定: 优秀:90分及以上;良好:80~89分; 合格:60~79分;不合格:60分以下			
主要参考文献	无			
备注				

表4-3-3　开课申请表

课程名称	舌尖上的化学			
申请人	×××			
总学时数	18	适宜年级	高一	限制人数	30

一、课程目标(通过本课程的实施期望达到的教育教学目标)

通过本课程的学习,学生可从化学的视角、物质的视角看待生活中常见食品及相关添加剂,学会合理膳食,合理选择饮料,辩证看待食品添加剂和保健食品,提高健康饮食意识和能力。

续表

二、课程内容简介（200～300字）
课程内容主要包括四方面。一是介绍食物中的各种营养素其生理功能，介绍生活中常见食品的成分。二是介绍生活中饮用水的水质标准、自来水的处理过程，以及如何合理选择饮用水，介绍净水器的种类、原理与选择方法。三是介绍食品添加剂的概念、种类，以及生活中最常用的三种食品添加剂的合理使用方法，食用油品种以及选择方法；四是介绍保健食品的概念、种类以及选择方法

三、课程计划
第1章食物中的营养素。第1课时介绍食物中的各种营养素其生理功能，并结合生活实际适当拓展视野，如"白糖""红糖""冰糖"的区别与联系，动物油与植物油哪种更好，等等。第2课时学生课后调查生活中常出现的一些与饮食相关的问题，如鸡汤是治疗感冒的"良药"吗？土豆为何炖牛肉？等等。然后在班级交流。第3课时学生查找资料，尝试编制食谱，并在家准备一顿饭，拍照后到课堂上交流分享。第4课时，观看视频《饮食之基》。 第2章生活中的饮用水。第7课时介绍生活中饮用水的水质标准、自来水的处理过程，以及如何合理选择水和饮料等；第8课时学生观看"生活调查"栏目有关净水器的调查节目，然后交流讨论如何选择净水器；第9课时学生查找资料，设计一套野外净水的装置，并在课堂上组装、实验和交流。第10课时，课后调查各种饮料，课堂上交流讨论如何选择饮料。 第3章食品添加剂。第11课时介绍食品添加剂的概念、种类，以及生活中最常用的食盐、味精和食醋等添加剂的合理使用方法；第12课时学生观看"揭开食品添加剂的真相"节目，交流讨论如何看待食品添加剂；第13课时学生利用周末调查身边的珍珠奶茶店如何制作珍珠奶茶，通过查找资料尝试自制卫生营养的珍珠奶茶，然后在课堂上交流分享。第14课时观看视频《鲜为人知的食用油真相》。 第4章保健食品。第15课时介绍保健食品的概念、种类；第16课时学生观看视频《如何选择保健食品》，然后交流讨论如何选择保健食品；第17课时学生查找资料，设计实验测定补铁保健食品中铁元素的价态。第18课时观看纪录片《健康饮食的真相》。 课程总结，观看视频《人人需要的健康饮食攻略》。 课程总结，开卷考试

四、课程的组织形式与教学方法
1.教师讲授：从物质角度介绍各类食品，进行科普。主要介绍食品中各种营养素的生理功能，食品添加剂的概念和种类，介绍保健食品的概念、种类以及选择方法。 2.学生调查、交流讨论：饮料选择、净水器选择、食用油选择等的方法。 3.观看视频：观看科普调查节目或纪录片。

续表

五、课程评价(参加本课程学生学业情况的评价方式和评价结果的表述)		
过程性评价 (权重:50%)	评价方式/活动一:出勤	
^	等级描述:优、良、差	
^	评价方式/活动二:小组活动	
^	等级描述:优、良、差	
终结性评价 (权重:50%)	评价方式/活动一:开卷考试	
^	等级描述:优、良、差	
^	评价方式/活动二:	
^	等级描述:	
成绩评定: 优秀:90分及以上;良好:80~89分; 合格:60~79分;不合格:60分以下		

六、课程实施的支持条件

多媒体,复印机、打印机

备课组、教研组对课程方案的评审意见:

该课程有很好的学科价值和育人价值,同意开展。

    备课组长签字: 教研组长签字:

             日 期:

课程评审委员会对课程实施的评价:

             教研室盖章:

             日 期:

学校审批意见:

             学校盖章:

             日 期:

3.体验化学

"化验化学"课程的示例如下。

第1讲　自制叶脉书签

第2讲　自制钟乳石

第3讲　自制米酒

第4讲　腌制咸蛋

第5讲　制作腐乳

第6讲　制作晴雨计

第7讲　自制铜镜

第8讲　粉笔上的化学实验

第9讲　室内甲醛的检测

第10讲　亚硝酸盐检测

第11讲　音乐喷泉实验装置

第12讲　鸡蛋的综合探究

第13讲　探究松花蛋

第14讲　电化学综合实验装置

第15讲　多功能气体装置

第16讲　微型化学实验装置

以"第13讲　探究松花蛋"为例,选择部分课程具体内容。

一、松花蛋简介

皮蛋又称松花蛋、变蛋,是我国特有的蛋制品,最早始于明朝初期。由于皮蛋味道鲜美富有营养,入口爽滑、口感醇香、回味绵长,深受广大消费者的喜爱,家喻户晓的皮蛋主题菜品就有皮蛋瘦肉粥、糖醋皮蛋、皮蛋拌豆腐、翡翠皮蛋羹、三色蛋、皮蛋鱼片汤等。

中国传统医学认为皮蛋性凉、味辛,有解热、去肠火、治牙疼、去痘等食疗功效。新鲜鸭蛋腌制成皮蛋后,胆固醇含量下降约20%,蛋白质与脂质被分解,更容易被人体吸收。皮蛋的营养成分与一般蛋品相近,皮蛋是一种独特的碱性食品,具有中和胃酸的作用,皮蛋腌制熟后不再出现凝固蛋白液化现象,具有冰晶般美丽的"松花"外观特征,因此,也称"松花蛋"。

皮蛋是我国一种传统的风味食品。皮蛋的腌制方法有多种,查阅其中一种药剂配方,相关资料说明如下。

> 原料:生石灰、纯碱或草木灰(主要成分碳酸钾)、食盐等
> 辅料:黏土或米糠、稻壳等
> 制法:将原料溶于冷开水中,配制成浆糊状,再将其涂在鲜蛋的外壳上密封保存,数天后制成皮蛋,即可食用。

为了研究皮蛋腌制机理,首先要研究浸泡液成分。实验时,先取适量的配料放于小烧杯中,并向其中加入足量的水,搅拌、静置、过滤。过滤后得到白色固体为碳酸钙,这是当我们剥除皮蛋外边灰料后,可发现蛋壳上有一些坚硬的白色斑点的缘故。

滤液中一定存在氢氧化钠和氯化钠(食盐),推测的理由是生石灰与水化合生成氢氧化钙,放出热量,然后氢氧化钙与碳酸钠(纯碱)反应生成碳酸钙和氢氧化钠。若反应没有恰好完全反应,浸出液中还可能存在氢氧化钙或碳酸钠。原料可用草木灰代替纯碱,草木灰中含有碱性的碳酸钾。

然后取少量皮蛋样品放入烧杯中加入少量水后用玻璃棒搅拌,用玻璃棒把皮蛋浸出液滴在pH试纸上,可测得pH=8,或在少量的皮蛋浸出液中滴入几滴无色酚酞试液,试液变成红色,则可证明皮蛋呈碱性。因此提出:皮蛋上的松花是鸭蛋中蛋白质在强碱作用下产生的。

传统生产工艺在泡制料液中加入氧化铅,如果经常食用含铅量高的食品,会影响我们的身体健康。新标准规定要求:新的无铅加工工艺不再准许使用铅化合物,皮蛋中铅含量新标准为含铅量不能大于0.5 mg/kg。只有符合这一标准的松花蛋方可为无铅松花蛋,可放心食用。

二、皮蛋的制作

(一)原料配方

鸭蛋30个,纯碱150 g,生石灰150 g,食盐150 g,草木灰、红茶末、开水适量。

(二)制作方法

1.煮茶汁:将红茶末与水一起放在锅内煮沸后,捞出或滤去茶叶渣。

2.拌料:称量所用的开水(包括茶叶汁水),放在不漏水的容器内,再逐步放入块状石灰(粉碎已氧化的不可用)。放石灰不能过快,防止氧化剧烈,沸腾过猛,水溅出来烫伤操作者。当80%的石灰已溶化时,将纯碱、食盐全部加入容器里,并将剩余的石灰全部加入,搅拌均匀,然后清除渣石。渣上黏附的配料,要用开水(或腌皮蛋用过的卤水)洗清。如渣石过多,应酌量补足石灰。洗渣石用的水应倒回容器内。

3.拌草木灰：将配方中草木灰的一半，倒入上述容器内，充分拌匀后再将剩下的草木灰加入，拌和至料泥起黏后，全部倒在地面上冷却。10~20 h后，料泥可冷至室温，结成团块。

4.复拌：将上述料泥团块捣碎，并不断地搅拌，至料泥起黏后，放入缸内待用。如用不完，每隔1 h要上下翻拌一次，防止卤液渗出。

5.包泥：左手拿蛋，右手用刀刮料泥约30 g，均匀地涂在蛋表面，不能留有空白。若戴手套操作，为防止手套粘料泥，可先在手套掌心部位撒少许草木灰，这样包起来方便，也易包匀。

6.滚糠：料泥包匀后，放入米糠中滚一下，防止相互黏结。

7.装缸：滚糠后的蛋，横放在缸内，放整齐，最好呈盘香形，缸内不宜放得过满，上面留有空隙。盖好缸口后，还必须密封，不漏气，然后贴上写有封缸日期的标签。

8.贮存：密封后的蛋缸，宜放在阴凉处，不能日晒，温度以15~20 ℃为宜。封缸后第3~20天内切忌搬动，以免影响蛋白质的凝固。贮存期要定期抽样检查。一般情况下夏季经30天，春季约40天，秋季约50天，冬季约60天可以成熟。

【想想做做】无铅松花蛋制作过程中产生少量的碱性物质，为了减轻皮蛋的苦涩味，调节不同的口味，味道变得更鲜美可口，食用时添加适量的厨房中一种显酸性调味品是（　　）

A.纯碱　　　　B.食盐　　　　C.食醋　　　　D.味精

三、探究松花蛋的腌制机理

松花蛋是中国一种传统的风味食品，由于皮蛋味美营养好，具有"松花"外观特征，深受广大消费者的喜爱。可是传统生产工艺在泡制料液中加入氧化铅，以保证皮蛋熟后不再出现凝固蛋白液化现象，如果经常食用含铅量高的食品，会影响我们的身体健康。

根据《蛋制品卫生标准》中新标准规定要求：新的无铅加工工艺不再准许使用含铅化合物，皮蛋中铅含量新标准为含铅量不能大于0.5 mg/kg。符合这一标准的松花蛋才能叫无铅松花蛋，可放心食用。

【想想做做】松花蛋是我们喜爱的食品，味道鲜美富有营养。传统腌制皮蛋的主要配方原料，由某活动小组同学查阅资料得知，其中药剂说明如下：

> 原料:生石灰、纯碱、食盐等
> 制法:将原料溶于冷开水中,配制成浆糊状,再将其涂在鲜蛋的外壳密封保存,数天后制成皮蛋即可食用。

为了验证皮蛋加工配料的主要成分,进行了如下实验。

取少量配料于小烧杯中,并向其中加入足量的水,搅拌、静置、过滤。过滤后得到滤渣和滤液,对滤液中的溶质成分进行分析。

(1)配方中物质在水中发生化学反应,请写出相关化学方程式。

①化合反应_____,反应中_____(填"吸收"或"放出")热量。

②复分解反应_____。

(2)该活动小组同学设计出如下探究过程:

【猜想与假设】

甲同学认为:可能是 $NaCl$、Na_2CO_3、$Ca(OH)_2$;

乙同学认为:可能是 $NaCl$、$NaOH$、Na_2CO_3;

丙同学认为:可能是 $NaCl$、$NaOH$、$Ca(OH)_2$;

丁同学认为:可能是 $NaCl$、$NaOH$。

【交流与评价】经过讨论,大家一致认为_____同学的猜想不合理。理由一是_____;理由二是_____。

【活动与探究】乙同学取原滤液向其中倾倒一定量的稀盐酸,观察到有大量气泡产生,于是得出该滤液中的溶质是 $NaCl$、$NaOH$、Na_2CO_3 的结论,证实了自己的猜想。

丙同学取原滤液向其中加入 Na_2CO_3 溶液,无现象,据此否定了自己的猜想;他又重新取原滤液,向其中加入 $CaCl_2$ 溶液,观察到_____,得出了和乙同学相同的结论。

丁同学为了验证上述结论也取原滤液向其中滴加了少量稀盐酸,却发现无气泡产生。

【解释与结论】大家经过分析找出了丁同学所用试剂与乙同学相同,却没有看到产生气泡的原因。你认为可能的原因是_____。经过上述四位同学的共同努力,大家终于对滤液中溶质的成分得出了正确结论。

四、"毒皮蛋"被曝用工业硫酸铜腌制

【新闻背景】中央电视台"朝闻天下"栏目播出了"皮蛋食品安全调查"节目,曝光部分企业为了缩短皮蛋加工周期,腌制皮蛋时违规滥用含有铅、砷、镉等有害元素的工业硫酸铜,本次"毒皮蛋"事件让不少消费者闻"蛋"色变。工业硫酸铜用于食品加工却无法检测出来,当地生产的皮蛋大多存在食品安全隐患。

【巩固练习】

1.皮蛋腌制的化学配方有多种。制作含锌皮蛋的方法是把新鲜鸭蛋放在培养溶液中浸泡,培养溶液由水、食盐、氢氧化钠、少量硫酸锌等物质配制而成。

(1)取少量培养溶液于试管中,滴入无色酚酞试液后试液变红,则培养溶液的pH____7(填">""<"或"=")。

(2)在(1)试管中滴加过量的稀硫酸,红色褪去,发生反应的化学方程式为_____。由于皮蛋中含有少量氢氧化钠,为了适合人们的口味,在食用时应放入适量的一种厨房调味品为_____(填物质的名称)。

(3)含锌皮蛋中含有锌元素有利青少年生长发育,锌元素属于人体所需的_____(填"常量""微量"或"有害")元素。

2.松花蛋是一种我国传统的风味食品,央视栏目曝光"毒皮蛋"违规使用工业硫酸铜腌制,误食这种皮蛋有害健康。但国内目前还没有一家获批生产食品添加剂硫酸铜的企业。

(1)2013年1月25日起实施的食品添加剂硫酸铜国家标准,皮蛋加工必须要用食品添加剂硫酸铜,则硫酸铜属于(　　)

A.混合物　　　B.氧化物　　　C.盐　　　D.酸

(2)皮蛋加工企业在配制和盛装硫酸铜溶液时不能用铁质容器,请用化学方程式说明其原因:_____,该反应的基本类型为_____。

(3)工业硫酸铜含有铅、砷、镉等有毒有害元素,如果用于食品加工,将导致食品重金属含量超标。若人体发生重金属中毒,则可饮用一些富含蛋白质的_____和豆浆等进行解毒。

(4)传统的皮蛋腌制方式都是用食用碱、食用盐、生石灰等原料加工出来的,可加入适量的厨房调味品中的_____(填名称)去除或中和皮蛋中的涩味。

3.央视栏目曝光"毒皮蛋"违规使用工业硫酸铜腌制,误食这种皮蛋有害健康。2013年1月25日起实施的食品安全国家标准食品添加剂硫酸铜,规定必须要用食品添加剂硫酸铜来进行皮蛋加工。硫酸铜和硝酸钾的溶解度曲线如下图所示。

（1）t_1 ℃时,两物质的溶解度关系为:硝酸钾_____（填">""<"或"="）硫酸铜的溶解度。

（2）欲从 t_2 ℃的混有少量硫酸铜的硝酸钾饱和溶液中提纯硝酸钾,则应采用的分离方法是_____;

（3）在 t_2 ℃时,将 12.5 g 硫酸铜晶体 $CuSO_4 \cdot 5H_2O$ 溶于 100 g 水中,所得溶液为_____（填"饱和"或"不饱和"）溶液,溶液中的溶质化学式为_____。

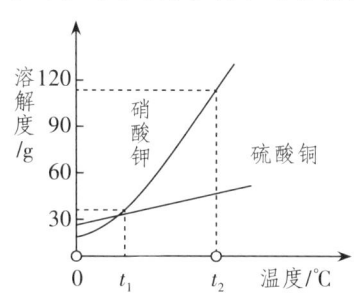

二 融合化学学科的化学拓展校本课程

【案例】基础性课程

一是初中化学校本课程《化学用语》目录。

第一章 元素与原子结构

第1节 元素及物质分类

第2节 原子结构

第3节 化学模拟图

单元检测

第二章 化学式与化学价

第1节 单质的化学式的写法与化合物的读法

第2节 化合价的定义与标注

第3节 化合物的化学式

第4节 化学量

单元检测

第三章 化学方程式

第1节 化学方程式的意义和书写

第2节 化学方程式的配平

第3节 有关化学方程式的简单计算

第4节 综合计算

单元检测

第四章 化学反应类型

第1节 化合反应与分解反应

第2节 置换反应

第3节 复分解反应

单元检测

第五章 常见的酸碱盐

第1节 酸碱指示剂常见的酸

第2节 常见的碱

第3节 常见的盐

单元检测

第六章 综合练习

第1节 综合练习一

第2节 综合练习二

第3节 综合练习三

附录

附录1 化学用语

附录2 化学方程式

二是化学拓展校本课程《实验化学》。

基础篇

第一章 化学实验仪器与装置

第一节 化学实验仪器

第二节 化学实验装置

本章自我评价

第二章 化学实验操作与方法

第一节 化学实验操作

第二节 化学实验方法

本章自我评价

实验一 过氧化氢溶液分解及其条件研究

第三章 化学实验研究过程

第一节 化学实验问题与猜想

第二节 化学实验研究方案的设计、表达与评价

第三节 化学实验的证据收集与解释

本章自我评价

应用篇

第四章 物质制备与提纯

第一节 物质的制取

第二节 物质的提纯

本章自我评价

实验三 海带中碘的制取与提纯

第五章 物质的检验与测量

第一节 定性实验

第二节 定量实验

本章自我评价

实验四 食醋中成分的检验与总酸量测定

【案例】实验类课程

第一章 化学实验仪器与装置

第一节 化学实验仪器

一、化学基本实验仪器和应用

1.化学实验离不开实验仪器,它的主要分类有以下几类。

(1)容器与反应器。

能直接加热的:试管、蒸发皿、坩埚、燃烧匙;

需垫石棉网加热的:烧杯、烧瓶、锥形瓶;

不能加热的:集气瓶、广口瓶、启普发生器、容量瓶、量筒、滴定管。

(2)长期存放药品的仪器:广口瓶、细口瓶、烧杯。

(3)加热仪器:酒精灯、喷灯、水浴装置。

(4)计量仪器:温度计、天平、滴定管、量筒、容量瓶、移液管。

(5)干燥仪器:干燥管、干燥器、洗气瓶。

(6)夹持仪器:试管夹、铁架台、镊子、坩埚钳、铁圈、三脚架、泥三角、铁夹、滴定管架。

【实践】

1.回答下列问题。

(1)请你说出由集气瓶组装的下图装置有哪些用途。

(2)现要进行某高锰酸钾固体样品中高锰酸钾质量分数的测定,你选定的仪器是什么？各有什么作用？

2.浓H_2SO_4和木炭在加热时发生反应的化学方程式为

$$2H_2SO_4(浓)+C \xrightarrow{\triangle} CO_2\uparrow+2H_2O+2SO_2\uparrow$$

请从下图中选用所需的仪器(可重复选用)组成一套能进行该反应并能检出反应产物的装置。现提供浓H_2SO_4、木炭和酸性$KMnO_4$溶液,其他固、液试剂自选。(连接和固定仪器所用的玻璃管、胶管、铁夹、铁架台及加热装置等均略去)

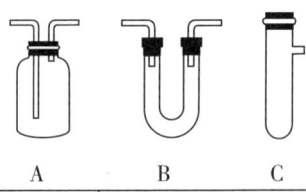

选用的仪器(填字母)	加入的试剂	作用

二、化学实验仪器的改进和优化

化学实验仪器可以根据需要进行改进,主要根据物理原理进行改进,如恒压漏斗(如右图)是利用气压等物理因素对仪器进行的改进。其原因是,将分液漏斗应用在往实验装置加液体时,瓶内气压的影响可能出现两个问题,一是由于瓶内气压大,无法加入液体;二是用于测量产生的气体体积时,需要实验前后等压以减少误差。采用恒压漏斗可以解决上述问题。

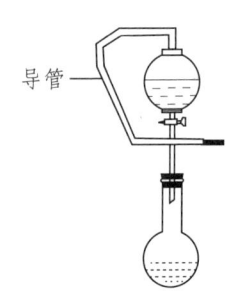

【观察与思考】

下图是由试管改进的四种微型实验使用的试管。

将T形管的b端封闭,称它为T—b管;

将Y形管的a端封闭,称它为Y—a管;

将Y形管的b端封闭,称它为Y—b管;

将Y形的b端和c端都封闭,称它为Y—bc管。

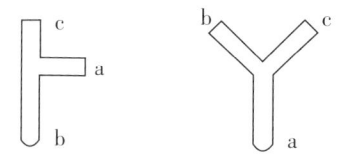

【实验1】T—b管的应用:Cl_2的制备及性质。

将高锰酸钾放入b端,在c端插入一装有浓盐酸的滴管,接头处套有乳胶管,在a端内插入一细玻璃管,并在细玻璃管两端分别蒙上滴有溴化钠溶液和碘化钾溶液的纱布,细管的另一端插入一装有红磷的玻璃管,接头处用透明胶或乳胶管封闭。实验时挤压滴头。

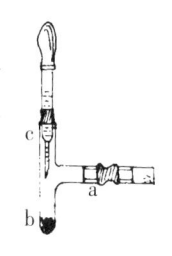

【实验2】Y-bc管的应用:H_2、Cl_2见光爆炸。

实验装置见下图。

操作步骤如下:

(1)往Y形管的一侧放入几粒Zn粒,另一侧放入半匙$KMnO_4$;

(2)滴入4~5滴浓盐酸,盖上一块塑料片;

(3)在距管约5 cm处点燃镁条;

(4)滴入NaOH溶液吸收有毒气体。

实验说明:

(1)在滴浓盐酸时,先滴到Zn这一侧,因为$KMnO_4$与浓盐酸反应速度快,另外产生的H_2可以排尽空气;

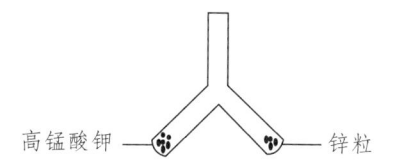

(2)该实验用量少,再滴入浓盐酸还可以进行实验。

实践思考:

试讨论如何利用Y形管组成合理的适用下列实验的装置,画出草图。

(1)二氧化硫和硫化氢反应。

(2)硝酸与铜反应。

三、现代化学实验仪器

现代化学实验仪器逐渐电子化和计算机化,目前实验室常用的现代实验仪器有质谱仪、核磁共振仪、红外光谱仪等,它们在物质的定性、定量检测中发挥着越来越重要的作用。

当前,许多学校也配备了化学探究性实验室,其原理是应用电子技术和计算机技术,利用物质的电化学性质测量物质的含量,再利用计算机技术直接显示出数字,如pH计、二氧化碳检测仪等。

作业:

1.化学家戴维首次确认"氯气"是一种新元素组成的单质。兴趣小组利用以下装置进行实验。其中,难以达到预期目的的是(　　)

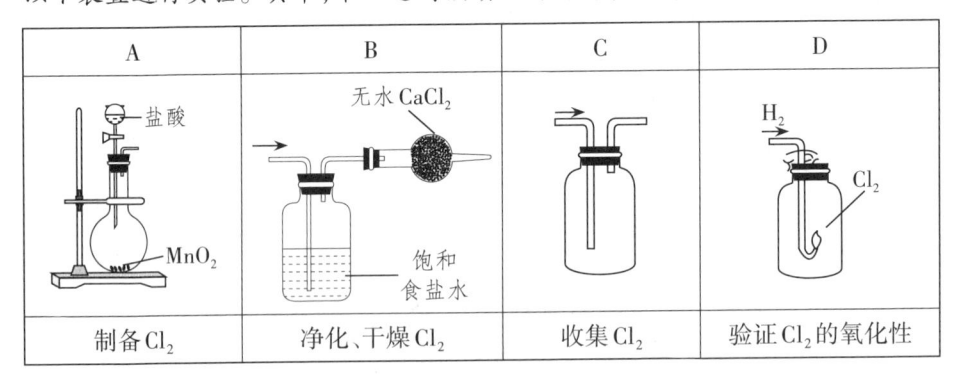

A	B	C	D
制备Cl_2	净化、干燥Cl_2	收集Cl_2	验证Cl_2的氧化性

2.关于下列各实验装置及药品的叙述中,正确的是(　　)

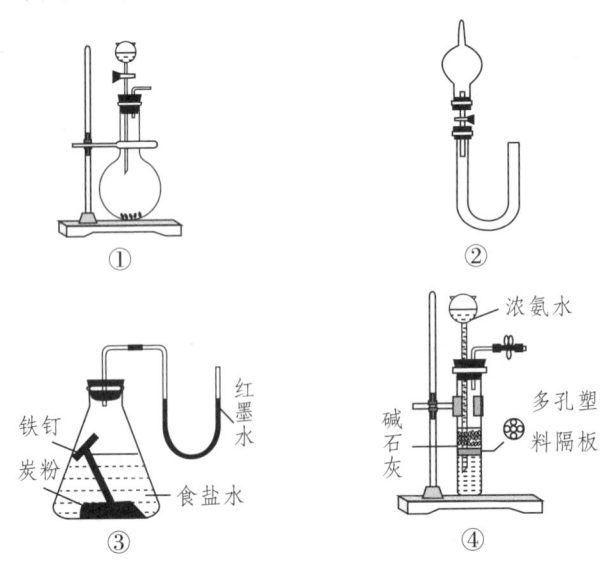

A.装置①可用于实验室制取少量O_2

B.可用从左侧加水的方法检验装置②的气密性

C.利用装置③验证铁的析氢腐蚀

D.装置④随关随停制氨气

3.实验室制备C_2H_2并检验其性质,下列装置不能达到实验目的的是(　　)

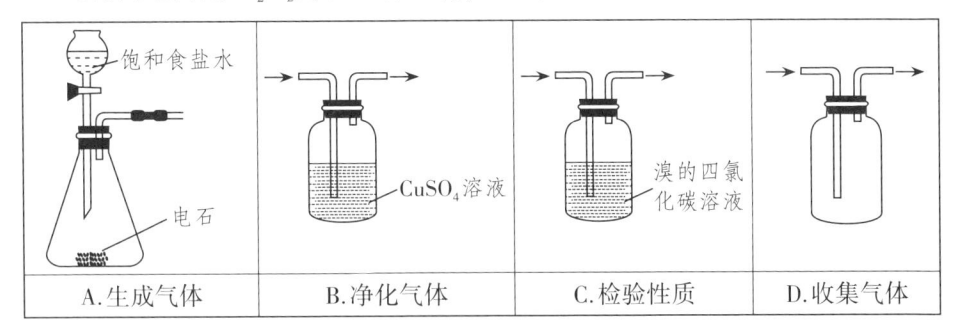

A.生成气体	B.净化气体	C.检验性质	D.收集气体

(饱和食盐水、电石；$CuSO_4$溶液；溴的四氯化碳溶液)

4.英国科学家法拉第进行了NH_3喷泉实验。在此启发下,兴趣小组利用以下装置,进行如下实验。其中,难以达到预期目的的是(　　)

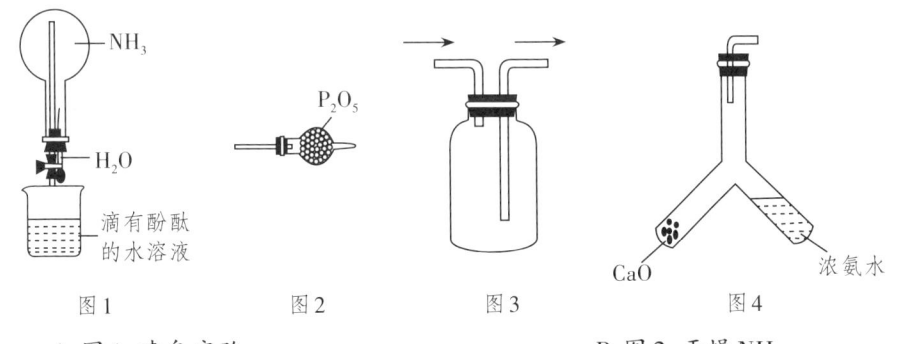

图1　　图2　　图3　　图4

A.图1:喷泉实验　　　　　　　　　　B.图2:干燥NH_3

C.图3:收集NH_3　　　　　　　　　　D.图4:制备NH_3

5.按下图装置实验。将稀硫酸全部加入Ⅰ中试管,关闭活塞。下列说法正确的是(　　)

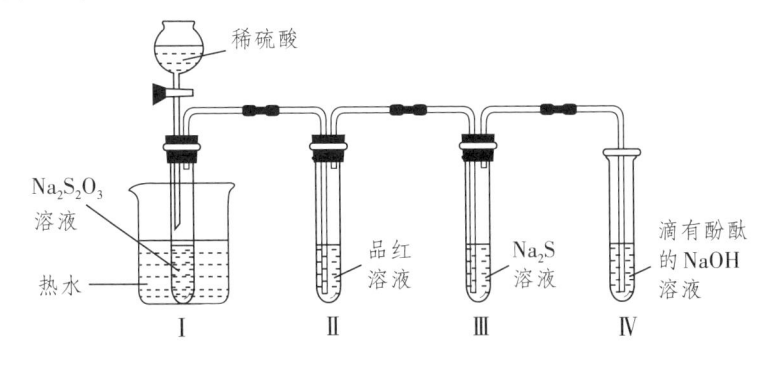

A.Ⅰ中试管内的反应,体现H⁺的氧化性

B.Ⅱ中品红溶液褪色,体现SO₂的还原性

C.在Ⅰ和Ⅲ的试管中,都出现了浑浊现象

D.撤掉水浴,重做实验,Ⅳ中红色更快褪去

6.若将铜丝插入热浓硫酸中进行如图(a~d均为浸有相应试液的棉花)所示的探究实验,下列分析正确的是(　　)

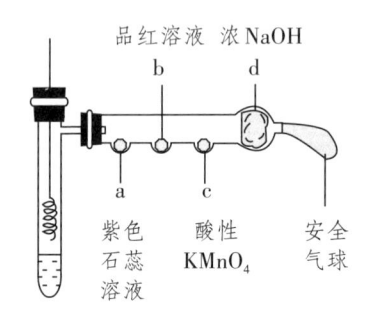

A.Cu与浓硫酸反应,只体现H₂SO₄的酸性

B.a处变红,说明SO₂是酸性氧化物

C.b或c处褪色,均说明SO₂具有漂白性

D.试管底部出现白色固体,说明反应中无H₂O生成

7.NH₃是一种广泛应用于工业、农业和医药领域的重要化工气体,下列有关氨气的实验中,能达到实验目的的是(　　)

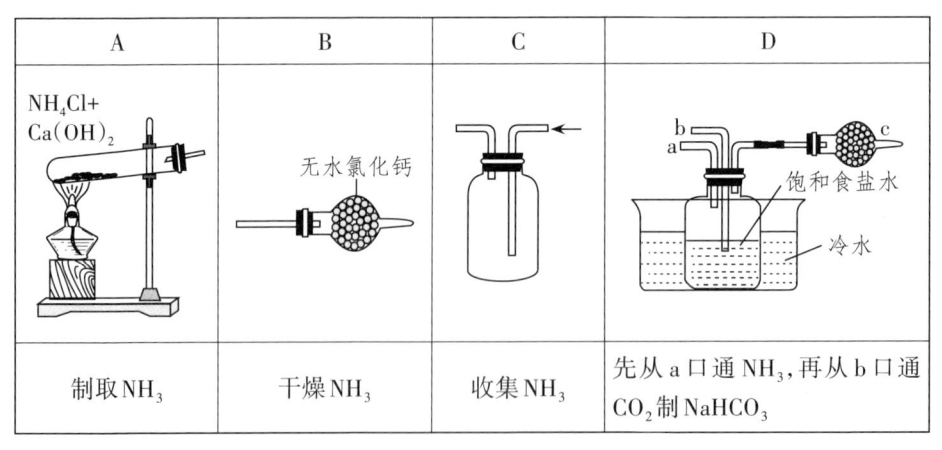

A	B	C	D
NH₄Cl+Ca(OH)₂	无水氯化钙		饱和食盐水　冷水
制取NH₃	干燥NH₃	收集NH₃	先从a口通NH₃,再从b口通CO₂制NaHCO₃

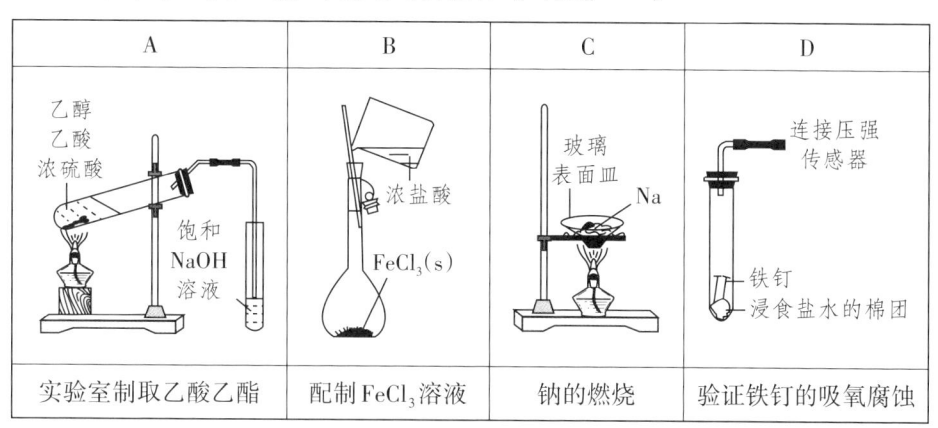

8.下列所示装置或操作能达到实验目的的是(　　)

A	B	C	D
乙醇乙酸浓硫酸／饱和NaOH溶液	浓盐酸／FeCl₃(s)	玻璃表面皿／Na	连接压强传感器／铁钉／浸食盐水的棉团
实验室制取乙酸乙酯	配制FeCl₃溶液	钠的燃烧	验证铁钉的吸氧腐蚀

9.利用下图装置验证制备乙烯时产生的杂质气体(加热、夹持及尾气处理装置已省略)。下列说法正确的是(　　)

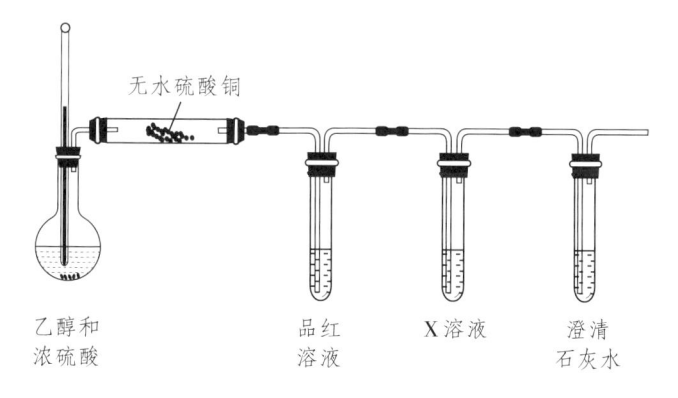

乙醇和浓硫酸　　无水硫酸铜　　品红溶液　　X溶液　　澄清石灰水

A.无水硫酸铜的作用是干燥气体

B.品红溶液褪色说明有SO_2产生

C.X溶液为酸性$KMnO_4$溶液

D.澄清石灰水变浑浊说明一定有CO_2产生

10.三氯化硼(BCl_3)常用作有机合成的催化剂,也可用于制取乙硼烷(B_2H_6),遇水能够发生水解反应。某兴趣小组设计下图所示装置,用单质硼与氯气反应制备三氯化硼。

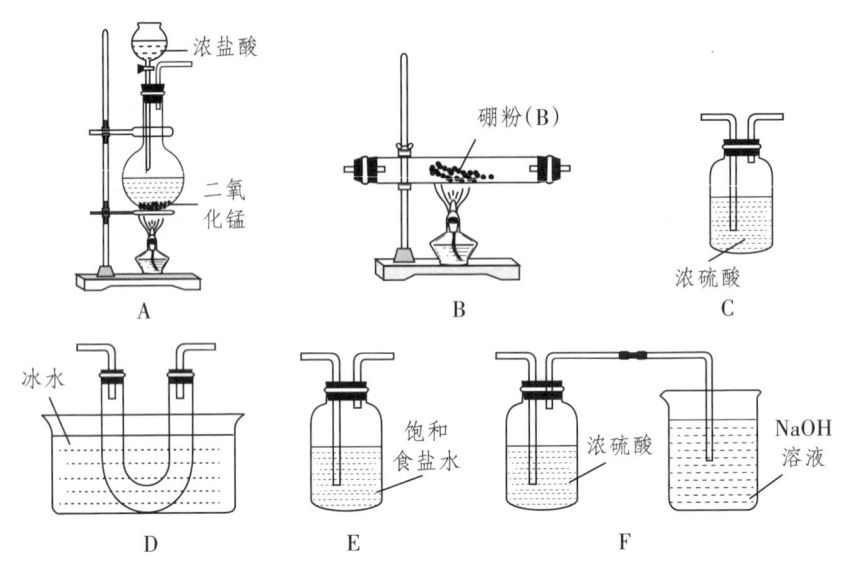

已知：BCl₃的熔点为-107.3 ℃，沸点为12.5 ℃；SiCl₄的熔点为-70 ℃，沸点为57.6 ℃。

(1)装置的连接顺序为A、_____、F。

(2)装置D的作用是_____，装置F可用一个盛装_____(填试剂名称)的干燥管代替。

(3)实验过程中，应先点燃A处的酒精灯，当观察到_____时再点燃B处的酒精灯。

11.亚氯酸钠(NaClO₂)是一种高效的漂白剂和消毒剂，它可用NaClO₃和草酸(H₂C₂O₄)反应制得的ClO₂，再制取。已知：无水草酸100 ℃可以升华，亚氯酸钠(NaClO₂)是一种高效的漂白剂和消毒剂，ClO₂有类似Cl₂的性质。某兴趣小组探究亚氯酸钠的制备与性质。

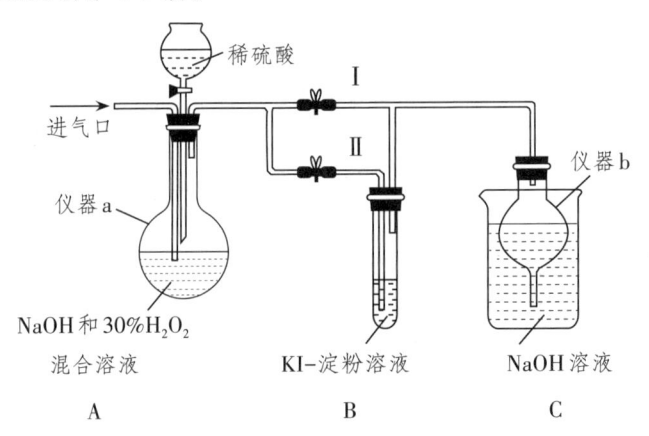

（1）制备 ClO_2 时实验需在 60～100 ℃中进行的原因是_____，控制温度的方法是_____。

（2）用上图所示装置制备 $NaClO_2$ 时,首先关闭止水夹Ⅱ,打开水夹Ⅰ,从进气口通入足量 ClO_2,充分反应。

①仪器 a 的名称为_____,仪器 b 的作用是_____。

②装置 A 中生成 $NaClO_2$ 的离子方程式为_____。

③若从装置 A 反应后的溶液中获得 $NaClO_2$ 晶体,则主要操作有减压蒸发浓缩、降温结晶、_____、_____、干燥等。

四、融合探究的研究类化学校本课程

学生经历高中化学探究性实验方案的设计、评价、优化、实施与反思等学习过程,激励学生质疑书本知识,形成更加理性的思维方式,崇尚科学探索的价值,最终达到增强创新意识的目的。课程内容选择充分考虑了趣味性、知识性、实用性、科学性、创新性的融合,采用了"专题化单元式"的设置形式,以便引导学生关注问题解决过程。单元都以国家课程概念原理为基础,结合学生已有经验,选择了真实的、有探究价值的问题作为单元学习主题,主题问题应由4个维度构成。课程目录可说明单元学习主题充分融入了4个维度,作为参考展示部分内容。

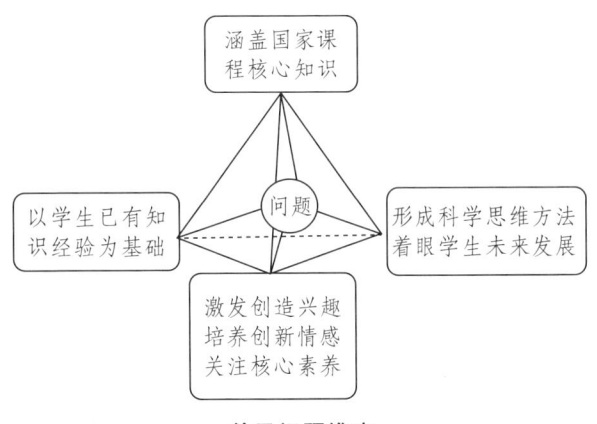

单元问题维度

第一章 探究性化学实验设计基础

第一节 探究实验问题设计与优化

第二节 探究实验方案设计与评价

第三节 探究实验变量设计与处理

第二章　常见营养物质组成的探究

第一节　蔗糖组成的探究

第二节　淀粉组成的探究

第三节　油脂组成的探究

第四节　蛋白质组成探究

第五节　加碘盐中碘元素含量检测

第六节　蔬菜中维生素C的检测

第三章　常见药物检测

第一节　常见有机药物药效团的性质

第二节　阿司匹林中有机基团的确定

第三节　补血剂中铁元素含量的检测

第四节　科学探究抗酸药作用的机理

第四章　环境治理方法的探究

第一节　酸雨的形成与治理方法

第二节　废弃易拉罐再利用方法

第三节　废弃塑料的回收与利用

第四节　废水中重金属离子回收

第五节　废旧电池的回收与利用

第六节　地板中甲醛含量的检测

第五章

精新化学作业：四要五环校本作业

第一节 四要五环校本作业的理论基础

本节主要内容如图5-1-1所示。

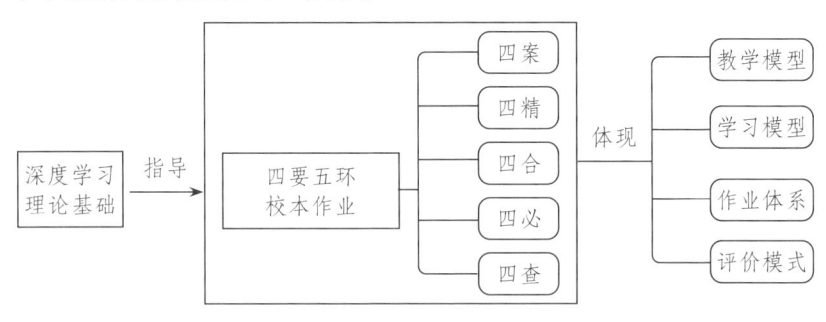

图5-1-1 四要五环校本作业

一 深度学习理论

(一)深度学习理论简介

深度学习要求学生的学习以内在学习需求为动力,以理解性学习为基础。深度学习能力主要包括认知能力、人际能力、个人能力三个方面。在认知能力方面,学生在掌握学科核心知识时,逐渐形成批判性思维,在实践中学习,基于问题学习;教师在教学方法上提倡差异化教学、个性化教学,不是机械教学。在人际能力方面,深度学习强调团队合作、有效沟通,在学习方式上,提倡小组合作学习,提倡跳出课堂,在课外实践学习。在个人能力方面,通过教师的引导,学生在实践中学会学习,提倡个性化教学、小组合作学习。

其要求学生运用高阶思维批判性地学习新的思想和事实,能够在知识间进行整体性联通,将它们融入原有的认知体系进行建构;能够在不同的情境中创造性地解决问题,会运用原认知策略对学习进行调控,并达到专家的学习程度。其中,基于深度学习的作业设计是达成深度学习能力(图5-1-2)(认知能力、人际能力和个人能力)的关键要素。

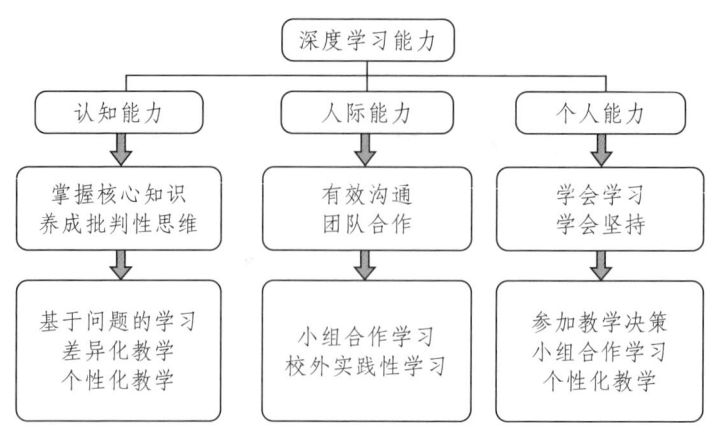

图 5-1-2　深度学习策略

(二)基于解决问题的深度学习模型

基于解决问题的深度学习是将解决问题作为核心目标,解决问题的过程就是实现深度学习的过程。这个过程包含八个步骤:发现问题、分析目标、记忆检索、批判性地理解问题、做出假设、演绎推理、判断每种假设是否可行并付诸行动(图 5-1-3)。

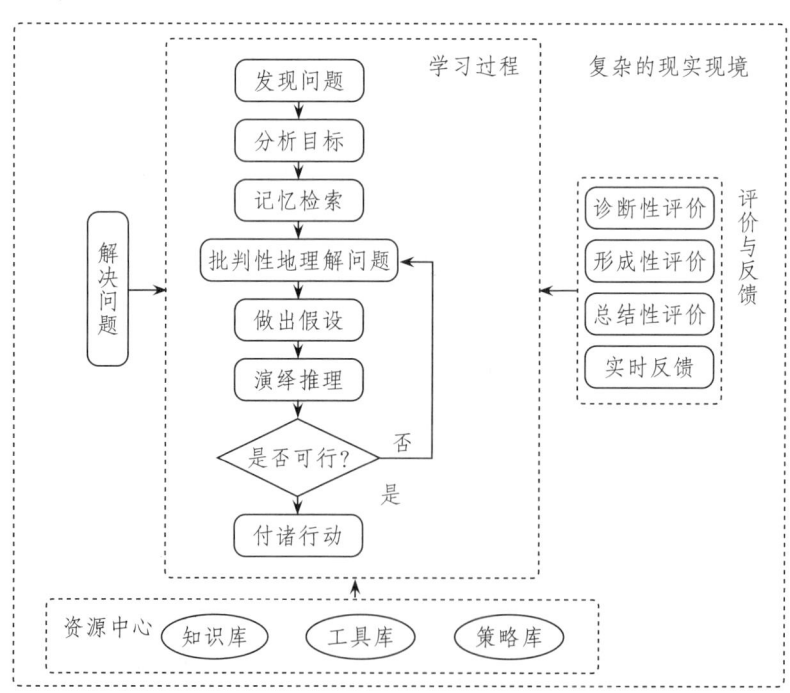

图 5-1-3　基于解决问题的深度学习模型

(三)基于反思的深度学习过程模型

基于反思的深度学习就是在深度学习活动过程中,学生树立反思意识、开展反思活动、形成反思能力。基本环节包括导入阶段、主体阶段、评价阶段,将反思分为学习活动前反思、学习活动中反思、学习活动后反思(图5-1-4)。

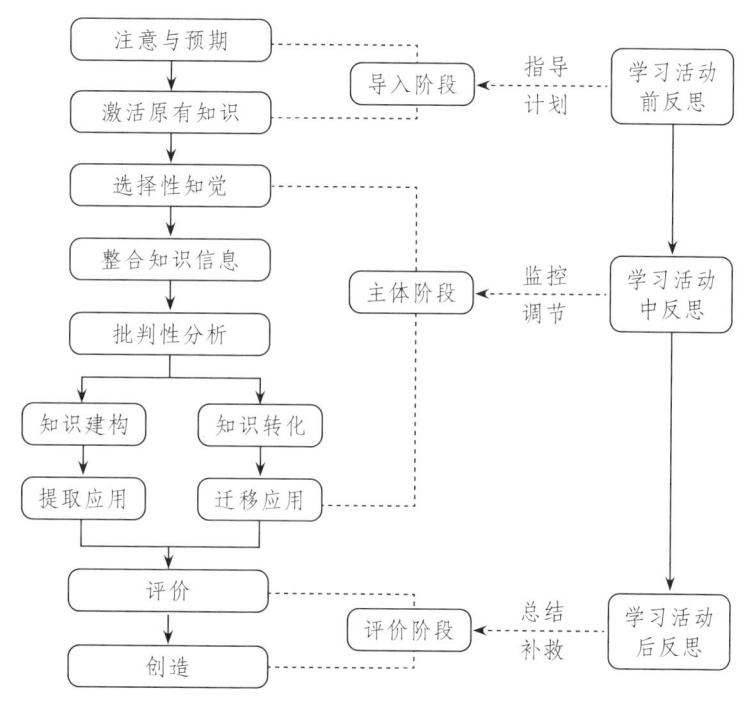

图5-1-4 基于反思的深度学习过程模型

(四)深度学习的评价模式

1.SOLO分类法用于评价深度学习

从思维结构层次上看,浅层学习是运用低阶思维进行的机械学习,是一种低阶学习。深度学习是运用高阶思维进行有意义的学习,是一种高阶学习,高阶思维是实现深度学习的关键。高阶思维表现为分析、综合、评价、创造等高认知水平层次的能力。可采用SOLO分类法对高阶思维能力进行评估,根据回答问题思维结构的复杂程度,将每种认知水平由低到高划分为前结构、单一结构、多元结构、关联结构、抽象拓展结构五个层次。SOLO分类法与浅层学习、深度学习的关系如图5-1-5所示。

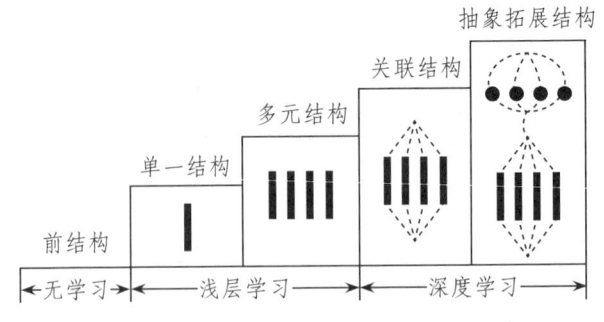

图 5-1-5　SOLO 分类法用于评价深度学习

2.深度学习"3+2"评价模式

基于迁移理论与 SOLO 分类法,构建出深度学习的"3+2"评价模式。深度学习的评价模式构建分为两大方面、三个维度,即评价深度学习的基础、评价深度学习的程度这两大方面,新知理解、内部关联迁移、外部拓展迁移这三个维度(图 5-1-6)。

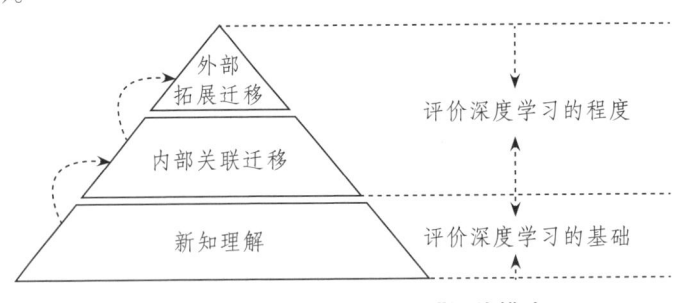

图 5-1-6　深度学习的"3+2"评价模式

二、深度学习理论在四要五环校本作业中的应用

1.深度学习的概念模型

深度学习是以发展素养为目标的学习,是对学科知识进行理解性的学习,是面对实际问题要进行解决的学习,是关注对学习过程如何评价的学习,其概念模式如图 5-1-7。

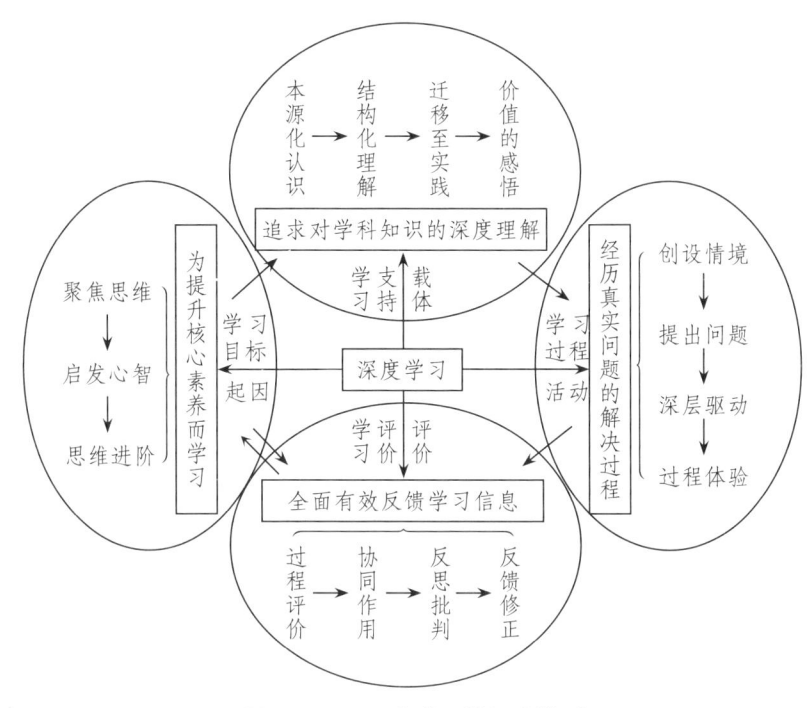

图 5-1-7　深度学习的概念模型

2.深度教学模型

深度教学模型如图 5-1-8 所示，其体现了"教"与"学"相互依存的关系。"聚焦理解"逐级达成学习目标，"紧扣课标"多维解读核心知识，"真实情境"深度驱动学习活动，"融合过程"多元评价学习表现。

图 5-1-8　深度教学模型

3.基于深度学习的化学教学设计流程

深度学习的四个基本要素：单元学习主题、深度学习目标、深度学习活动、持续性评价。教师教学设计思路：首先，解析素养要素的内涵，明晰具体的教学目标;其次,强调学生发挥主体作用,确定具体的教学内容;最后,用持续性评价引领教学过程,使学生实现学习进阶。基于深度学习的化学教学设计流程如图5-1-9所示。

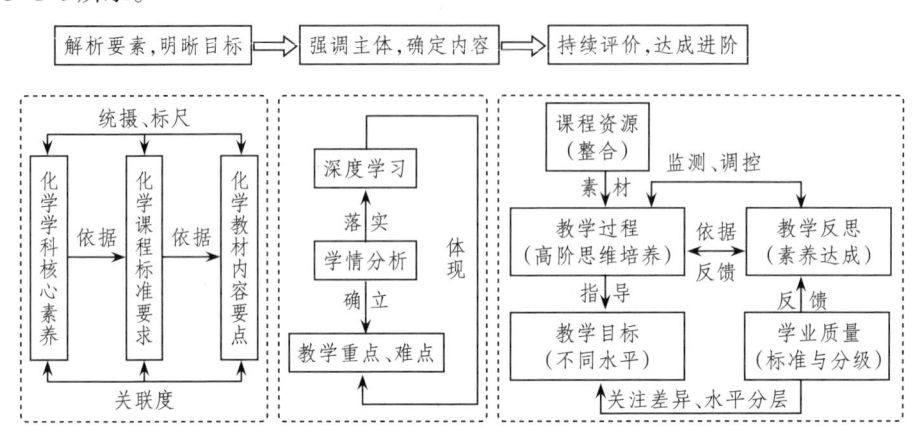

图5-1-9 基于深度学习的化学教学设计流程

4.深度学习模型

教师基于学科本质、知识结构、真实情境开展活动,建构化学认识模型,对化学认识模型进行优化升级并呈现情境化的模型形态,促进学生的高阶思维不断升级,提升学生的逻辑思维和分析能力,使其完成进阶式的深度学习(图5-1-10)。

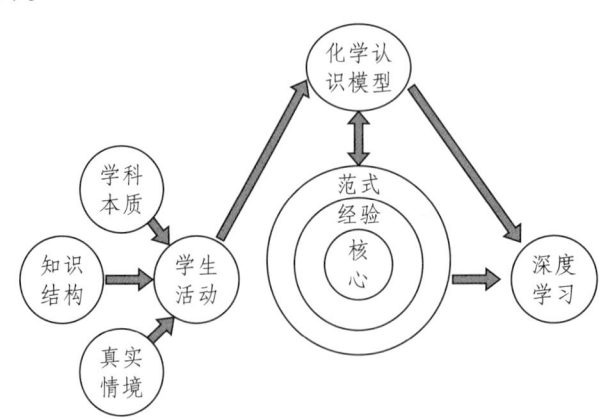

图5-1-10 深度学习模型

基于深度学习的七个教学步骤:

①设计标准与课程;

②预评估;

③营造积极的学习氛围;

④激活先前知识；
⑤获取新知识；
⑥深度加工知识；
⑦评价学生的学习。

5.基于深度学习的教学内容选择和组织策略

深度学习的教学内容和策略如图5-1-11所示。

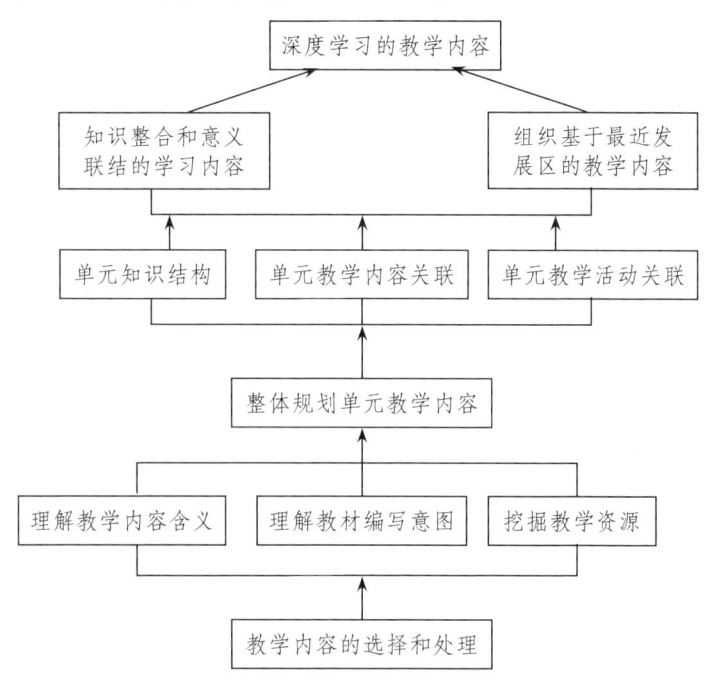

图5-1-11 基于深度学习的教学内容选择和组织策略

6.关于深度学习的评价

(1)基于素养的评价。

考查学生是否具备素养标准所需的知识、技能,让学生参与多种形式的评价活动,考查学生的批判性思维,解决问题、沟通协作、自主学习能力等。

(2)表现性评价。

检查学生完成任务所需要的技能情况。学生的行为表现,如制作产品、实验操作、撰写论文等,需要教师开发、使用档案袋或评价量表来保存学生的作业样本、测试结果、进步报告等。

(3)基于项目的评价。

项目学习具有真实性、复杂性、整体性、累积性、长期性等特征,需要学生以团队合作的方式来完成。因此,该评价能考查学生设计、实施项目和解决问题的能力,可以检查深度学习的效果。

(4)持续性评价。

教师依据深度学习目标,确定评价标准,为学生的深度学习活动持续提供反馈,帮助学生改进。该评价强调对真实问题解决和项目学习任务完成情况的评估,多元主体参与标准的制订与评价。其中,过程性评价与终结性评价结合,评价结果的及时反馈。

7.深度学习下的思维进阶式学习

深度学习包含体验性学习、本质性学习和结构性学习三个层次(图5-1-12)。体验性学习内容主要为范例和问题,是真实情境中的任务挑战,目的是激发学生的学习兴趣,让学生产生学习动力。本质性学习主要内容为建议和向导,目的是引导学生把握知识的内涵和外延,感悟化学知识蕴含的思想和方法。结构性学习主要内容为图表和范例,目的是引导学生洞察知识结构,灵活应用化学知识解决实际问题。在教学中,教师应依据教学需求和学生实际,搭建具有针对性和指向性学习支架,使学生形成进阶式思维,完成深度学习。

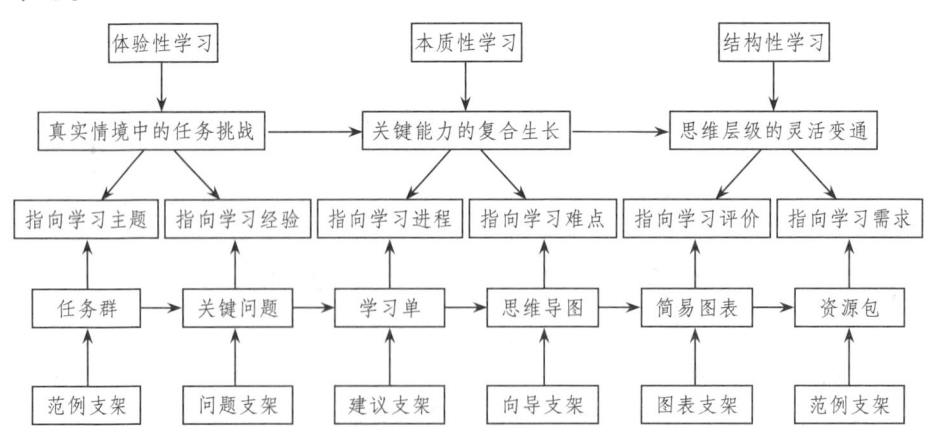

图5-1-12 深度学习下的思维进阶式学习框架

三 四要五环校本作业体系

(一)四要五环校本作业体系内容

四要五环共有五个环节,每个环节有四个要点。这五个环节还可分为两部分,其一是"四案、四精、四合",针对一线教师校本作业的开发与应用,属于学科教研组、备课组或教师个人的实践活动;其二是"四必、四查",针对学校管理与推广,包含对校本作业的开发,实施的监督、管理、提升、分享、推广等。"四案"为校本作业的内容;"四合"为校本作业编写的要求;"四精"为校本作业的开发与实施使用的要求;"四必"为学校管理层对校本作业的管理;"四查"为学校管理层对校本作业检查、管理、评估,对教师开发校本作业的评价。这些组合成四要五环校本作业体系(图5-1-13)。

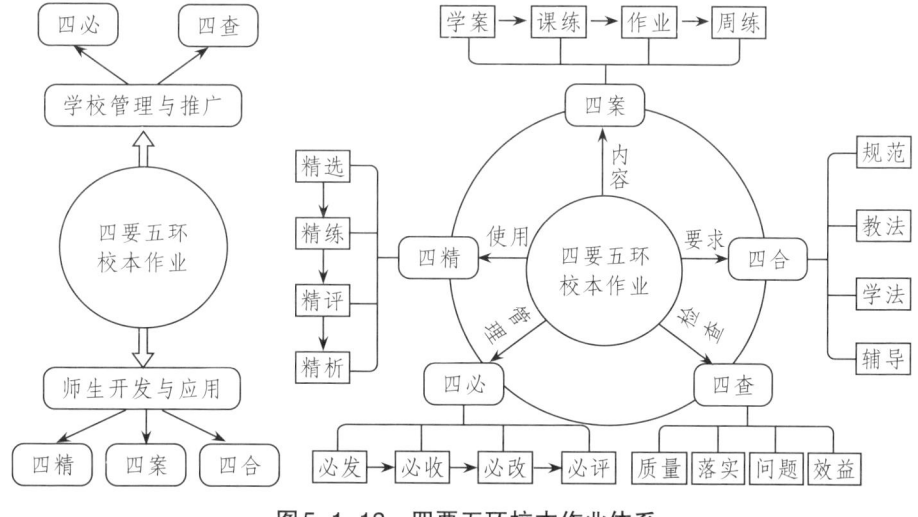

图5-1-13 四要五环校本作业体系

(二)构建基于深度学习的四要五环校本作业理论体系

1.渗透深度学习的四要五环校本作业体系

四要五环是与校本作业相关(图5-1-14)的五个方面的重要环节,包括"四案、四精、四必、四合、四查",每个环节包括四个要点内容,简称四要五环。四要五环校本作业协同深度学习教学实践,涵盖了深度学习的五个特征(联想与结构、活动与体验、本质与变式、迁移与应用和价值与评价),这五个特征贯穿了课前、课中和课后的整个学习过程,是实现减负增效和深度学习的重要途径。

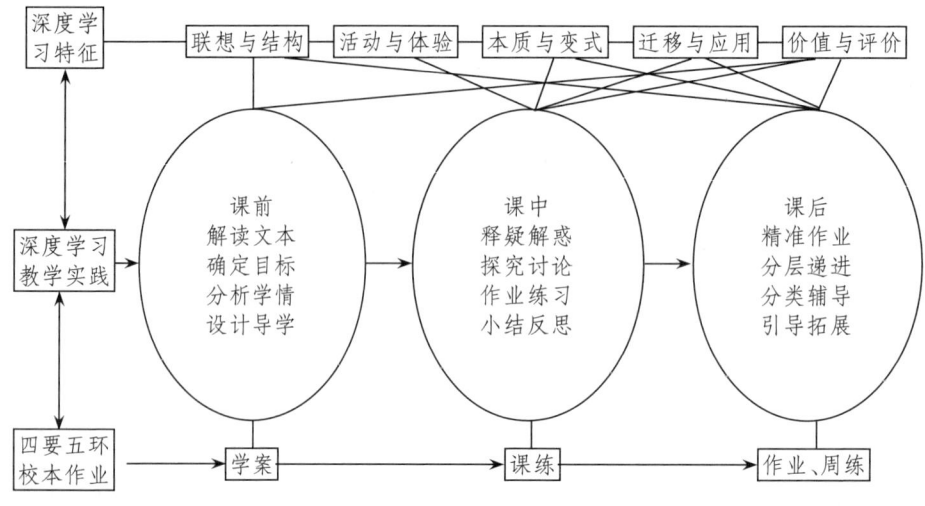

图5-1-14 渗透深度学习的四要五环校本作业

2.四要五环校本作业与深度学习契合的五个特征

①**联想与结构**:深度学习与"经验与知识的相互转化"、"学案、作业、周练"相关联。学案是指学生能自己看书与思考,并结合所学的知识和方法独立完成,同时还可以提出自己的困惑,便于教师授课时参考与解惑;作业分层次,学生通过作业,巩固知识,查漏补缺;周练为单元作业或重点热点专题,帮助学生建立知识网络体系。

②**活动与体验**:学习机制与"四案"均相关,教师精心设计"四案"作业,相关素材立足真实情境。在解答作业过程中,学生在与同学、老师的讨论中,掌握知识、提升能力,提高化学素养。

③**本质与变式**:教师对学习对象进行深度加工(课练、作业、周练)。课练是课堂限时训练,对课堂重点与难点进行限时检测,通过检测,教师发现学生的掌握情况;编写作业与周练时,先做好细目表,周练还立足于大单元教学,对实施中出现的典型错误,进行必要的变式训练,帮助学生解决难点、易错点,掌握知识与方法、策略的本质。

④**迁移与应用**:教师在教学活动(课练、作业、周练)中模拟社会实践,题目的选取立足真实情境,鼓励学生利用所学知识,解决实际问题,学以致用。

⑤**价值与评价**:学案、课练、作业和周练四种学生成长的隐形要素贯穿课前、课中、课后,是学生实现深度学习重要途径。其渗透精新教育思想,实现减负增效。

第二节 四要五环校本作业的实施与评价

本节主要内容如图5-2-1。

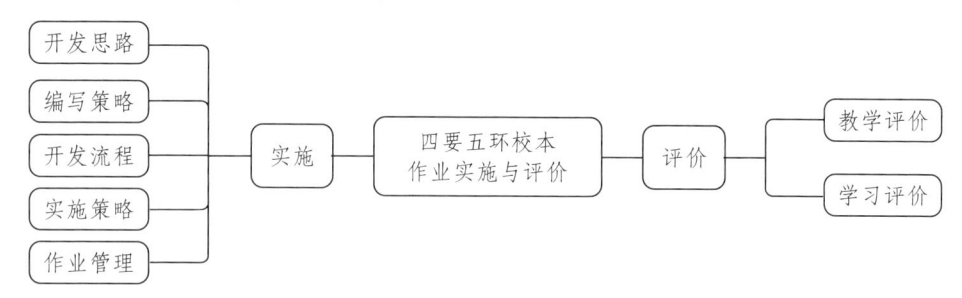

图5-2-1 四要五环校本作业实施与评价

一 校本作业开发背景

校本的概念最早始于20世纪60年代,在此后的20年里,美国、加拿大、英国、澳大利亚等许多国家逐步将课程发展权委派给学校,给予教师在课程开发上更多的自主权,并取得了很好的实施效果,这种方法被更多的国家和地区学习和借鉴,逐渐形成一种全球性的趋势,此为"校本运动"。国外对作业研究较早,涉及面也较广,主要观点:家庭作业对学习成绩有积极的影响,这种影响因学生年龄而不同。学校应有明确的家庭作业政策,对不同年级学生每周(或每天)家庭作业时间进行限制,说明布置家庭作业的目的,根据家庭作业反馈的要求,为学生提供在做家庭作业的过程中所需要的资源。学校领导、教师、学生及家长要同心协力、科学地利用家庭作业来提高教学效果。国外对作业的研究涉及面较广,但是并没有单独提出"校本作业"的概念,相关思想只是零星分散在作业教学的相关研究成果中。

2001年中国教育部在《基础教育课程改革纲要》中指出,学校在执行国家课程和地方课程的同时,应视当地社会、经济发展的具体情况,结合本校的传统和优势、学生的兴趣和需要,开发或者选用适合本校的课程。校本课程的开发成为国家基础教育课程设置实施方案中的一部分。其实更早,校本课程的开发已经在国内一些学校展开了,这种结合本地区、本校特点的课程是接地气的,深受广大教师和学生的欢迎,因此校本课程的发展非常迅速。国内校本作业概念的提出始于2005年,当时很多学校都开发了适合本校学生使用的校本作业,其开发的初衷是作业和本校学情有更高的适合度,便于学生练习使用,提高了教学质量,几十页的校本作业取代了厚厚的教辅资料,这些高度精简和优选的题目将学生从题海战术中解放出来,提高了他们的学习效率。

近年来,国内一些学校在建立"校本"思想的基础上,借鉴了"校本课程"的理论及实践经验,提出了"校本作业"概念,并对"校本作业"进行实践研究。

①校本作业开发与实践的理论研究。陆亚东论述了校本作业编写存在的问题、分析了校本作业应具有的基本特征、总结了校本作业编写策略等。翁桂萍指出教师、学校、家长和学生这四个角色的结合,优化了初中化学校本作业,提高教学效果。

②校本作业设计研究与实践。林萍将学科知识合理地融入其中,给予符合学生知识建构的问题,激发了他们的学习兴趣,促其自主学习主动探究。根据自主性、层次性、多样性、实效性四个方面的学情,阐述了开发前置作业、关注梯度分层、重视实践生活、注重纠错反思的化学校本作业的设计。林小红在设计有针对性的个性化校本化假期作业时,针对当前高中假期作业存在的问题以生活化为载体,以社会实践活动为平台,结合学情和校情自主设计了体现学科特色的作业。

③校本作业编制、实施与教学有效性研究。徐虹指出"校本作业"的编制和实施,可以提升作业教学有效性,实现"减负提质"、培养学生思维能力。许亚玉认为校本作业可从"质、本、形、趣"四个方面进行优化,从而达到为学生减负增效的目的。

④减负背景下的校本作业研究。陈德彭分析在减负增效的背景下,校本作业成为提高课堂教学实效性的有力支撑,充分发挥校本作业的作用,其设计要基于"生本"视角,要体现校本作业的针对性、灵动性、整体性和层次性。张忠余分析后发现开发校本作业,提升了作业的有效性,是一个很好的途径。开发的校本"有效作业"应具有生活化、个性化、多样化、合理化、学校特色化等特征。邵旭峰从学生分级、作业分级、教学分级、评价分级及学校的保障措施五

个方面阐述了校本作业体系的创建,有利于学生的均衡发展,提升学校整体教学质量。

⑤"以生为本"的校本作业研究。俞洁岚提出随着现代社会的进步,新的教育模式和教学方法都有了极大的改进。在高中教学课程中,教师本着"以生为本"的教育理念,不断革新校本作业;学校根据实际情况,追求教师与学生共同发展和进步;还注重学生的终身发展,让他们在掌握基本知识与技能的同时,发展自身潜能与个性,校本作业在教学中具有重要的意义。

通过以上研究可以看出,我们对校本作业的现状认识已经比较清楚,对于教学中部分的问题,开发校本作业是有效的解决途径。同时,开发校本作业既是课程改革的要求,也是学校、教师、学生自身发展的需要。

校本,一是为了学校,二是在学校中。为了学校,是指要以解决学校所面临的问题为指向;在学校中,是指要树立这样一种观念,即学校自身的问题,要由学校中的人来解决,要经过学校校长、教师的共同探讨、分析来解决,所形成的诸种解决方案要在学校中实施。校本作业就是为完成这些目标而做出的方案、采取的方法以及实施的过程等。如教师依据所在学校、班级学生的实际情况自主组编的学案、限时训练、周练、课时训练、强化训练等。校本教研,是为了改进学校的教育教学,提高学校的教育教学质量,从学校的实际出发,依托学校自身的资源优势和特色进行的教育教学研究。

本研究在国内外作业研究成果的基础上,对国内有关校本作业实践经验进行梳理,从课程系统高度对校本作业的内涵进行深入探讨,结合本校已经开展了5年的校本作业体系开发与实践,提出校本作业的开发和实施的策略,并进行相关研究和案例研究,丰富教学的理论内涵。

在"精新化学"教学主张指导下,校本作业逐渐走向精品化,既减轻学生的负担,又提升学生的成绩,让教学从关注课堂延伸到关注课外,让教师从系统高度全面认识课程实施,提升了课程达成的质量,增强了教学的有效性,较好地解决当前教学中"减负提质"的问题。

四要五环的校本作业实践,是在前人研究基础上的细化。学案是教师在授新课前发给学生的,学生自主阅读课本并完成学案,达到预习新知的目的;作业与学案相配套,让学生课后对所学知识进行巩固练习;课练是在课堂内限时完成的,教师进行批改打分,是对学生本周内所掌握知识情况的评价;周练是滚动练习,是汇总学生在本周内的易错题后改编而成的周末作业,让学生强化易错点、薄弱点,为构建牢固的知识网络做好铺垫。因此,通过"四案"校本作业的开发与实践研究,真正起到"减负增效"的作用。

二 四要五环校本作业开发

(一)四要五环校本作业的开发目的

为全面贯彻落实党和国家的教育方针,遵循学生成长规律和学科教学规律,实施素质教育,切实减轻学生过重学业负担,提升教学效能,保证学生生动活泼学习、健康快乐成长,学校开展"基于核心素养的'五个四'校本作业开发与实践"项目研究,取得了一定的成效,具体的研究成果如下。

①达成了统一的教育共识。每位教师都能深刻领会建立适合本校学生实际的校本作业体系的重要意义,即校本作业是"减负增效"的主要抓手,是课程校本化实施的必要环节。

②形成了校本作业资源库。形成了作业设计、布置、批改、评价、辅导和检查体系,建立优秀作业资源库,改变以教辅材料代替学生作业的做法,同时建立适合本校学生实际的校本作业体系,提高作业的针对性和有效性。

③达成了"减负增效"实效。确实减轻学生过重的学业负担,提高学生在学习上的主动性、自主性和积极性。

(二)四要五环校本作业开发的思路

从学校、班级的实际出发,根据学情自行设计作业,取消统一征订教辅练习册,一般而言,校本作业设计满足以下基本原则。

①课本性原则。以国家的教材为基础,对国家教材进行校本化开发。

②针对性原则。根据本校学生的实际情况设计针对性的作业。

③适度性原则。作业难度,完成作业的时间等都要考虑。

④递进性原则。按照学生的认知接受程度,设计螺旋上升式的进阶作业。

⑤趣味性原则。结合学生的年龄特点和学科特点,设计一些包含真实情境素材的作业,学生小组一个月或一个学期内完成的项目式作业或研究性学习类的作业。

⑥发展性原则。校本作业的开发与实践是学校"减负增效"的重要举措,学校教育质量的提升很大程度上取决于校本作业的"效"与"质"。

⑦层次性原则。在实际的评价中审视、反思作业目标、类型、内容等设计的合理性与科学性,实现作业设计的良性循环。(图5-2-2)

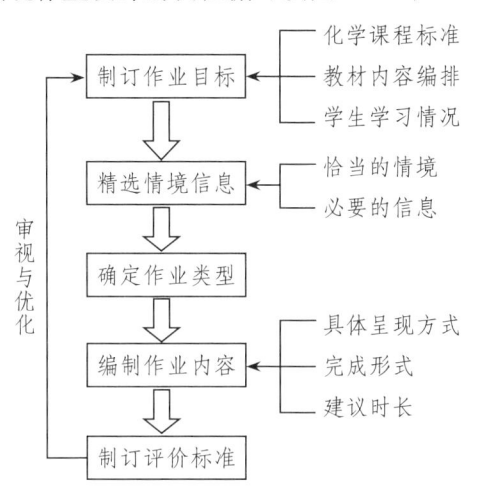

图5-2-2　化学作业分层设计的基本框架

(三)四要五环校本作业设计路径

根据课程标准、教材内容、作业功能,以单元为目标,结合教学内容、学情,教师进行课时规划、建立框架。题目分析、题目选择、题目组织,再进行分析,形成作业。学生完成作业,教师批改作业,教师对结果分析,对作业题目进行分析和选择,优化作业(图5-2-3)。

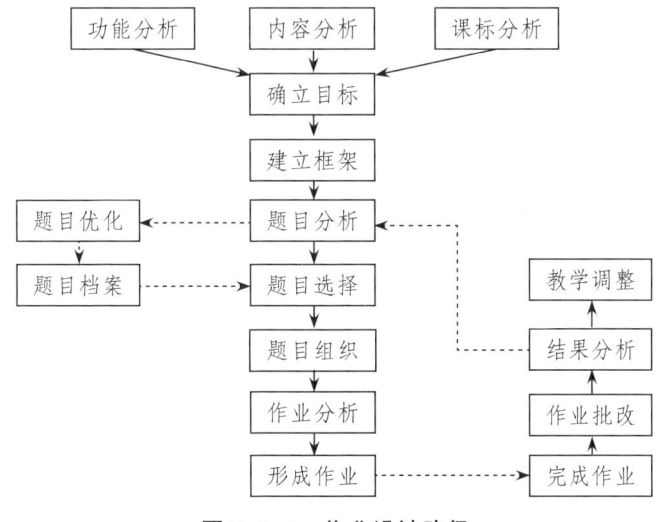

图5-2-3　作业设计路径

(四)四要五环校本作业校本开发的组织

(1)教研组长负责本学科编写工作,制订本学科校本作业设计细则,备课组长负责本年级本学科校本作业的第一次审稿和统稿工作。

(2)教研组长负责第二次审稿,严格把关质量,审查校本作业有无超纲和知识性错误等问题。并组织学科教师集体研讨,同学科组教师对校本作业进行研讨、交流,实现思想碰撞、资源共享。

(3)编写教师要明确所编写的章节或课时,由教研组长负责分派。

(4)编写小组组长和副组长负责组织和协调工作。

(五)四要五环校本作业校本开发流程

作业开发流程分为五个步骤,如图5-2-4所示。

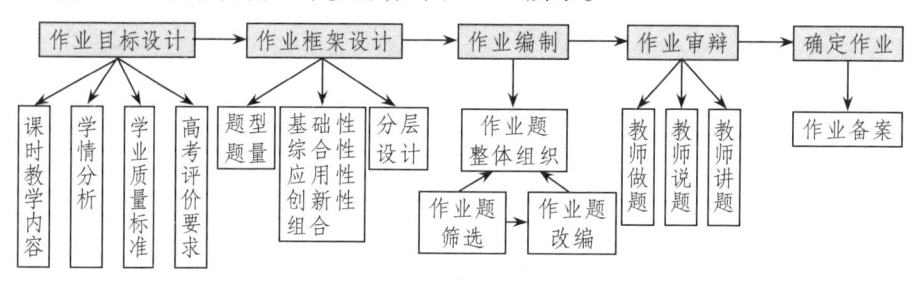

图5-2-4 作业开发流程

1.化学单元作业设计的流程

化学教学单元的常见组织形式有4种:以学习主题为单元(如物质的组成与结构)、以教材章节为单元、以大概念为单元(如化学与可持续发展)、以大项目为单元(如垃圾分类与回收利用)等。

从整体着眼,以"课程视角、学习立场"角度对作业进行整体设计。教师认真研究教材,对标新课标中的内容要求、学业要求和学业质量描述等栏目内容,结合教材与学情,组织单元内容,对单元作业进行整体规划和设计。化学单元作业设计流程如图5-2-5所示。

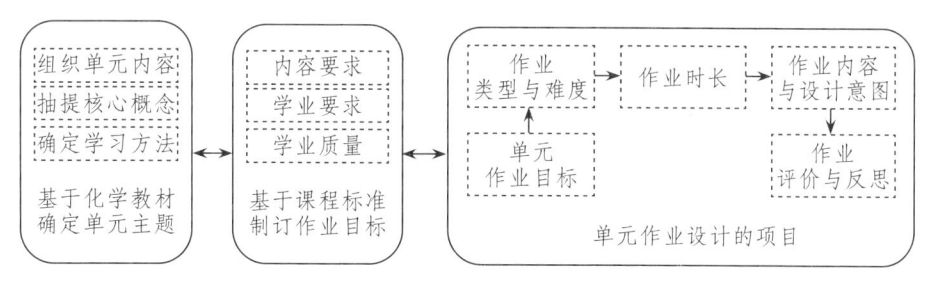

图 5-2-5　化学单元作业设计的流程

2.化学单元作业设计的建议

(1)科学规划单元体系内容,促进"课标、教材"知识融通。单元一般是指同一主题下自成体系的学习内容,这个主题可以是一个概念、一个专题、一个关键能力、一个真实问题、一个综合性的项目任务等。

(2)定标"课程视角、学习立场",促进作业素养目标达成。

(3)整合教材改编习题内容,设计促进高阶思维的作业。

(4)依托数据平台判断学情,靶向指导学业效能最优。

(六)四要五环校本作业实施

单元作业设计与流程实施如图5-2-6所示,确定单元作业目标后,规划课时与目标、设计题目、调整题目,在实践应用中对结果分析,再优化作业。

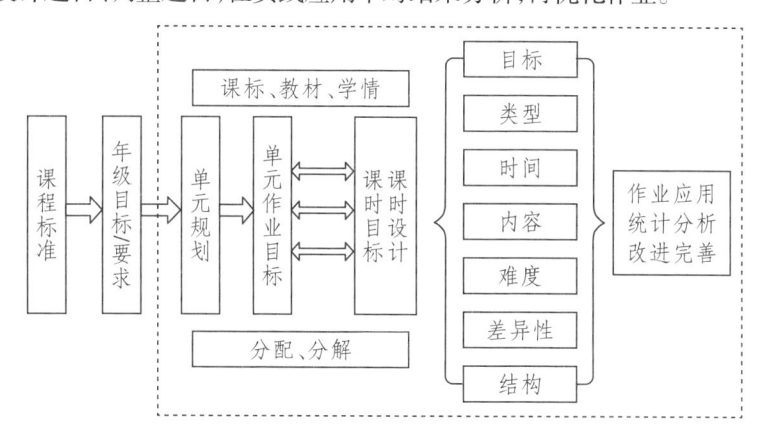

图 5-2-6　单元作业设计与流程实施

三、单元作业设计策略的可视化

(一)可视化内涵

1.作业设计策略的可视化特征

作业设计策略可视化特征共有六点,如图5-2-7所示。

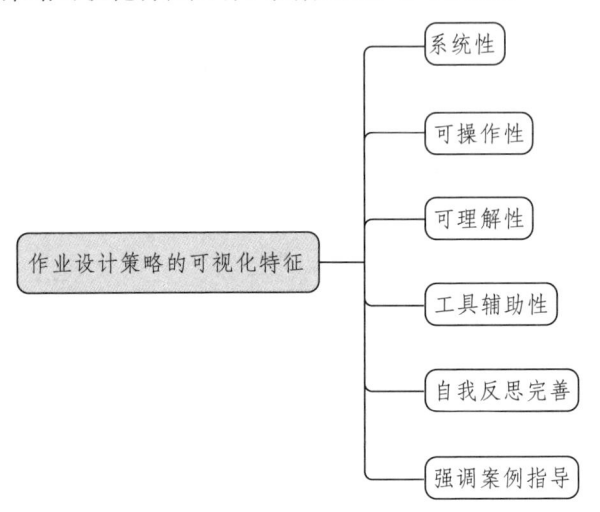

图5-2-7　作业设计策略可视化特征

2.作业设计策略可视化层次

作业设计策略可视化包括三个层次:宏观、中观、微观。宏观层面的可视化侧重于价值观、原则等,中观层面的可视化侧重于作业的设计流程、方法、工具等;微观层面的可视化侧重于对学科、学段特点、作业问题的细化(如目标、课时、难度、时间等),具体如图5-2-8。

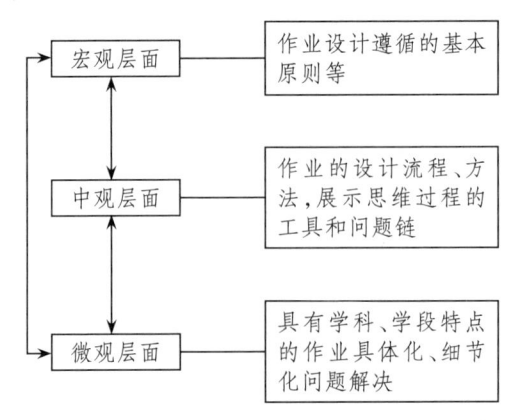

图5-2-8　作业设计策略可视化整体结构示意图

（二）作业设计策略可视化的研制模式

作业设计策略的可视化研制主要有两种模式：经验总结型（教师经验—专家提炼—实践检验—完善形成）、理论演绎（理论建构—理论演绎—实践检验—完善形成），如图5-2-9。

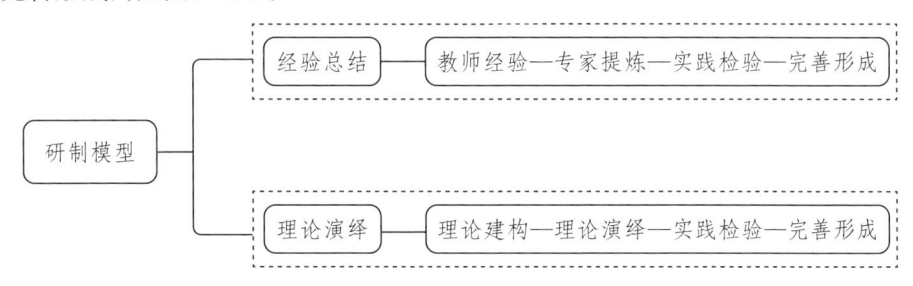

图5-2-9　作业设计策略的可视化研制模式

（三）作业设计策略可视化工具

作业设计策略可视化采取图表等工具实施，如作业设计前的设计流程图、作业设计中的属性分析表、作业设计后的反思评价表，如图5-2-10。

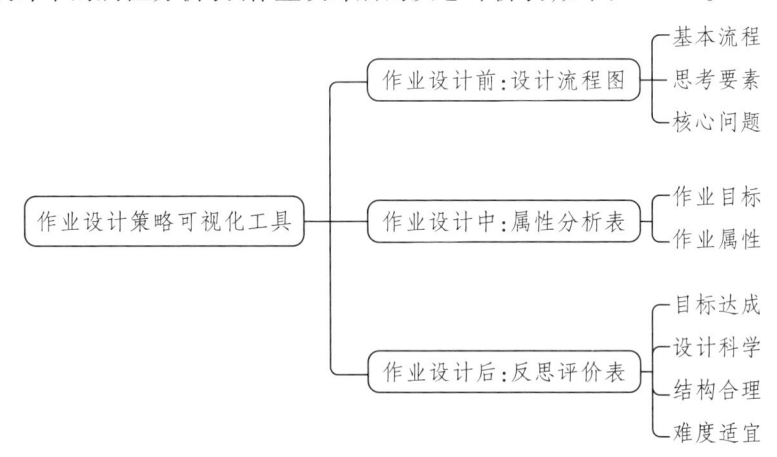

图5-2-10　作业设计策略可视化工具

1.作业设计前的设计流程图

为了增强作业设计的目标性、系统性、科学性，规范作业设计，构建如图5-2-11所示的设计流程图。基本流程包括：确定单元作业目标、作业设计、总体反思改进、作业实施与效果。

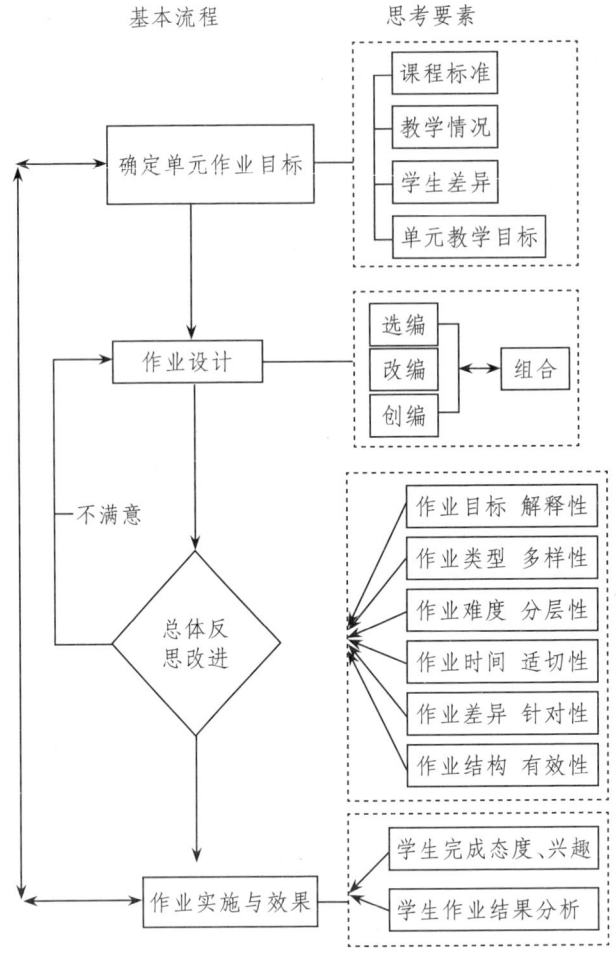

图 5-2-11　单元作业设计流程图

2.作业设计中的属性分析表

作业设计的属性分析表(表5-2-1)可以提升校本作业命制的针对性,提升作业命制质量的同时,关注作业设计中的关键因素,做到减负提质。

表5-2-1　作业设计中的属性分析表

作业序号	目标编码	作业内容	作业难度	作业差异	作业水平	作业类型	作业时间	预估时间	作业来源	科学性	情境性	...
1												
2												
3												
...												

3.作业设计后的反思评价表

为了检测作业设计的质量与效果,设计反思评价表,其标准(图5-2-12)分为8个方面:育人为本、目标一致、设计科学、类型多样、难度适宜、时间合理、体现差异、结构合理等,该表评分及内容见表5-2-2。

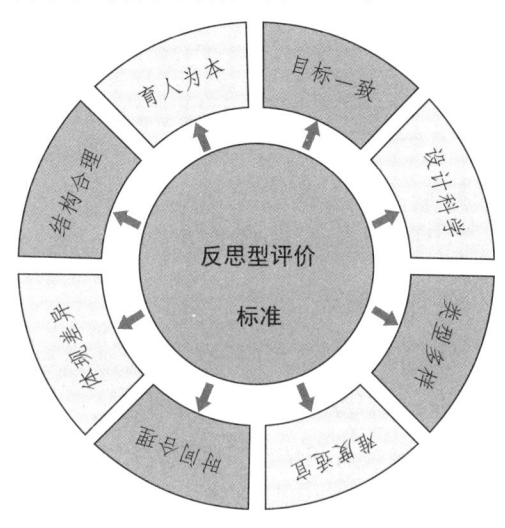

图5-2-12 作业反思评价标准

表5-2-2 作业设计后的反思评价表

整体分析判断内容		评分(1~10分)
育人为本	作业目标是否综合考虑了课程标准、学生情况?	
	作业目标与教学目标是否协同?	
	作业目标是否反映了学生质量标准?	
	作业选材、情境创设是否体现了思想性、政治性、区域性?	
目标一致	作业内容是否与作业目标一致?	
	不同单元作业目标是否都有一定数量的作业来落实?	
设计科学	作业的表述、答案是否准确、清晰、无错误?	
时间合理	完成作业的时间是否合适?	
类型多样	是否有合适比例的跨学科作业,实践类、合作类作业,开放性作业?	
	各种类型的作业量是否控制在相对合理的范围内?	
体现差异	作业内容、难度、类型等是否能满足不同学生的需求?	
	是否允许学生选择作业内容、作业完成方式?	
	是否针对性讲评辅导?是否差异性设计后续作业?	

续表

整体分析判断内容		评分（1~10分）
结构合理	作业的内向结构整体如何？	
	作业是否体现了纵向结构？	
	作业是否考虑了横向结构？	

四 四要五环校本作业编写与实施策略

（一）四要五环校本作业编写

1. 四案内容

四案包括学案、作业（课后练）、课练（限时训练）、周练，各教研组自行组织教师学习、讨论，根据各学科特点和学校实际设计出四案的模板，力争做到简单易操作有实效。四案编写与实施策略（图5-2-13）具有操作性强、可借鉴、可复制，易推广应用。

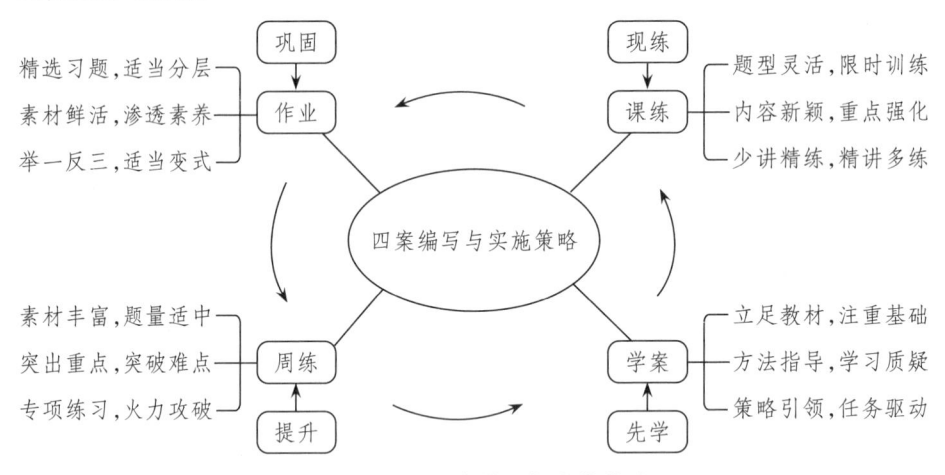

图5-2-13 四案编写与实施策略

2. 四案编写策略

作业来源：①从各种优秀的题库中进行选择；②把已有题目修改为适合自己班级学生的作业；③创造出有趣、学生喜欢并且真正能巩固提高综合能力的作业。

（1）学案编写策略。

学案是课前预习时的自学训练，其内容应精心设计、立足教材、注重基础，还力求简便易操作实效。教师选题重基础,让学生通过自学即可完成,学案提前1~2天发给学生,批改后授新课。学案的核心部分为导学过程,教师应精心设计、大胆创新,但尽量立足教材、注重基础。在注重知识与技能的基础上,学案还应为学生提供适当的学习方法和学习策略的指导,渗透学习能力的培养,核心素养的发展。学案应有能检测学习效果的适当题目,问题的设计应具体化、层次化、目标化。学习目标是什么,就检测什么。题量适中,不加重自学负担,引导学生质疑问难,由学生自学后填写。教师要收看学生的学案,发现学生的疑难,肯定学生质疑问难的思维品质,从而提高教学的针对性,并以问题为案例,从个别问题上升到一般规律,使学生触类旁通。学案是预习性的作业,主要是填空题、简答题,让学生能通过自己看书进行解答。学案根据学科特点,串联学生掌握的已有知识设计真实情境问题,让学生在思考时迁移到新课。

（2）作业编写策略。

作业是课后的作业,教师选取典型题目,做到让学生一课一练。其内容按课时编制,题量适中,面向全体学生低中档题,完成时间20~45分钟,及时讲评。选编题目尽量立足真实情境,让学生学以致用解决真问题。如化学学科以日常生活、工农业生产的正面案例为命题背景,提升学生学以致用的能力。化学情境化作业设计原则有主题化、结构化、项目化和层次化。注重渗透与落实学科的内在逻辑和核心素养,培养学生迁移能力。教师编写作业时,可以通过创设实验探究情境、工业生产情境、跨学科情境等,弘扬科学精神,培养学生的创新精神和实践能力,情境层面分布图如图5-2-14。

图5-2-14 情境层面分布图

(3)课练编写策略。

课练是限时训练或小测、合作探究活动等,课堂内限时完成。考查主干知识、重难点、典型方法等,题型以选择题、填空题、解答题为主,根据学科课时与学科特点进行安排,时间可长可短,可以出等价的A、B卷,当堂收缴,及时批改打分,及时讲评。学生通过课练,突破学科的重难点、建构解题思维模型,再上新平台。策略分为以下4步。

①主干知识,选题时,发挥备课组集体智慧,精选试题,针对的是学科的主干知识、重点、难点、热点、学科通用思维模型、解题方法模型等;②题型丰富,题量适中,可以有选择、填空、计算、简答、操作等题型,题量适当;③限时训练,完成时间一般为10～15分钟精选题目;④课练要赋分值,及时批改、讲评,不要学生自改或互改,教师要自己批改,及时登记分数、及时点评。

(4)周练编写策略。

周练是周末作业,用于检查学生是否掌握本周所学的知识,周练内容为单元综合或专题,可课堂限时完成,也可用自习课或晚自习测试时间,教师及时收缴、批改打分、及时讲评。编写周练时,知识覆盖面要全面、命题角度需要针对性强,选取一些综合性强的试题,控制题量、难度分层。适当设计一些实践类项目式学习的长作业。如调查测试并解决新建房中的甲醛污染问题,如何制作各种风味的皮蛋、自制酒精测试仪,测试日常奶粉中的蛋白质含量等。对重点和难点知识进行适当拓展变式训练,帮助学生建立解题思维模型,提升素养。例如,酸碱中和滴定图像是高中化学教学的难点与重点,设计台阶式的系列变式练习,建构解决这类题的思维模型,提升学生分析、解决问题的能力。从强碱NaOH溶液滴定强酸盐酸溶液题型中,初步认识酸碱滴定图像模型;再拓展到强碱NaOH溶液滴定一元弱酸醋酸,进一步理解酸碱滴定图像模型;以及强碱滴定二元弱酸草酸,建构酸碱滴定图像模型;拓展到强碱滴定混合酸,运用酸碱滴定图像模型解决问题;由pH-V图拓展到分布系数图像、综合图像等。周练编写策略分为以下三步。

①题型丰富,题量适中。建议以选择题、解决问题类题目为主,辅以少量填空题、计算题、操作题等。选取真实情境的素材,渗透学科史、学科方法。题量要适中,以学生能在30～40分钟内完成最佳。②突出重点,突破难点。对重点、难点、易错点等进行重点强化,教师可收集一周以来本班学生的易错题,设计易错题的变式练习题,通过变式题让学生理解知识的本质。鼓励出"一题多

解,一题多变"的题。③结合学科特点,专项练习。教师按主干知识、典型方法、典型思路等进行专项整理,帮助学生建模解决问题。把难点有意地进行分解,实施专项练习,使知识形成链条。

(二)四要五环校本作业实施策略

1.校本作业将三维五步教学设计有效融合

在集体备课和个人教学设计中充分考虑学案的"预习思考""基础知识梳理""合作探究""反思归纳""学法指导"等内容,结合课文中的思考题和活动题,合理安排教学环节,以提高课堂教学效率。

严格按照三维五步教学要求布置作业,课前给学生分发学案;教学过程中根据教学设计让学生完成课练或合作探究问题。课后布置校本作业或周练,学生完成并巩固新知。

即课堂教学要通过学案引导学生先学先做,在学生先学的基础上教师精讲,重点围绕有思维深度、有探究性价值的问题开展课堂教学活动,或对学生普遍还存在疑问的内容,结合学案中"反思归纳"进行释疑。

2.精心设计"四案"校本作业

"四案"校本作业包含:学案、作业、课练、周练。在学案设计上,根据教学需要合理设置"预习思考、基础疏理、合作探究、反思归纳、学法指导"等栏目,1课时的编写量尽量控制在2页A4纸;学案重视基础知识的巩固,强化学科思维表达,提炼单元重要的基础知识,加强对难点问题的释疑。

在课练设计上,1份课练作业编写量控制在1页A4纸,一般3～5个选择题或1个综合题;1份课时作业编写量控制在1张A4纸,一般8～10个选择题,1～2个综合题;

在周练设计上,1份周练的编写量控制在1张A3纸,一般15～20个选择题,3～4个综合题。周练要重视对问题信息的提炼,重视问题的讨论,强化逻辑思维与语言表达;加强学科思维的培养,突出认知、综合思维、实践力的训练,学科素养的培养。

学案、作业、课练、周练,根据各学科特点和学校实际设计。学案重视基础知识的巩固,强化学科思维的表达,提炼单元重要的基础知识,加强对难点问题的释疑;作业与课练体现分层,练习难度适中,难度兼顾不同层次的学生及考试的需求,立足于大多数学生的总体学习水平。周练重视学科思维的培养,重视实践力的培养,重视对问题信息的提炼,重视问题的讨论,强化学科逻辑思维与语言表达。

从数量、难度、类型等多维度对作业分层。数量上,作业设置"必做、鼓励做、选做"等栏目;难度,在题目后面标注难度值难度"容易、中等、较难",供学生自主选择;作业类型,设计短作业、长作业(调查、实验、项目、小制作、小发明、小论文、小课题等探究性学习等)。

设计"四案"校本作业时,教师应思考以下问题:①题量还能再少些吗?题量的选择要精,符合拾级而上的设计模式。②能否让学生成为一个问题发现和解决者。③编排顺序合理吗?梯度设置科学吗?由浅入深、由易到难、循序渐进,有梯度。④应当知道什么?记住什么?想到什么?题目设计多源于教材吗?能突出一个主题核心吗?解决一类问题吗?题目能凸显问题的本质吗?题中渗透什么学科思想吗?从特例出发,发现规律,让学生在训练中自悟问题的本质。⑤如何改造一个好题?⑥作业中要设计一两个好问题。⑦作业设计要敢于"舍",才更能有"得"。⑧能否引导学生遇题多联想,解题常反思?题目能让学生"读出"老师的设计意图,在做题过程中悟到一些思想方法,学生能否有"问题"。

3.有效落实作业批改

精选出的例题、习题要控制题量,让学生跳出题海要先做一遍,达到精练的目的。教师通过学案引导学生先学先做,然后再精讲。课后练也是在学生先做的基础上再精讲,只讲学生做错比较多的题。

教师在批改作业时,归纳学生的普遍性问题,从学科知识、思维能力、问题审题、知识内容表达、易错内容、学习方法进行综合性归类。可以分为思维类、表达类、审题类、基础类、习惯类等,结合不同类型做好课堂教学策略。作业修改完成后,教师应要求学生及时订正,并定期对作业进行二次批改,扎实落实学生对所学知识的巩固和掌握。定期检查学生的笔记整理与梳理情况,以了解学生是否完善知识内容,是否对问题有深度思考,是否构建了解决问题(答题)的思维路径。

4.精讲选评校本作业

选择性评讲练习和试题,只讲学生错得比较多的题。通过归纳学生作业问题,教师有目地引导教学;通过分析学生典型错误,找出问题所在,在试题讲解中,做好"思维可视化"的构建过程,将分析问题的思路建构罗列清楚,或安排学生上台作答。

在分析学生的问题时,除了教会学生分析题型的方法、了解知识点的来源、调用知识的内容等这些基本方法。教师还需要通过实际的案例,向学生展示思维的基本过程建构。如解题时,先了解关键的图文信息所表达的内容,以基础知识为根基,以题中信息为建构逐步分析提问,教会学生在知识学习中建立较为缜密的逻辑思路。把学科知识应用到生活中,我们会发现许多内容虽然都是自己较为陌生的,但是又与生活存在关联的。教学时,教师不能局限于课本知识,要不断拓展知识的内容体系,对教学内容进行一个主题化的整体评价。内容的主题化:将复杂的问题进行分解,把陌生的问题进行转化。复杂问题的分解就是了解事物的发展原理,即事物的基本特征,将抽象的问题具体化,讲解研究事物的基本步骤。陌生问题的转化,就是寻找相近的定理定义,了解基本构成因素,并结合实际问题,剖析基本结构,将知识体系内容转移。学生通过练习及拓展,完善知识结构。

五 四要五环校本作业实践

(一)解决的主要问题

当前中小学生学业存在作业量过大、作业形式单一性、作业实施随意性,作业被"教辅"替代,作业存在机械重复、效果低等弊端,这些导致作业的教学质量低效,引发了学生过重的学业负担问题,使得教学效果差。

(二)"五个四"校本作业的开发经验

校本作业的开发注重四个结合的基本要求:一是与作业的7个要求(统一布置、分层要求、先做后发、全批全改、个别辅导、点评到位、人人过关)相结合;二是与五步学习法相结合;三是与考点教学法相结合;四是与家教式辅导相结合。

校本作业施行初期,不妨"拿来"与"创作"并用,坚持教辅材料少而精的原则,批判地继承、有选择地利用。真正有水平的教师很少让学生做现成的练习册,都是根据学生的实际情况和教材的特点自己给学生编题,也只有这样的练习题才能让学生举一反三。

校本作业开发包含三个环节。

一是预习作业设计环节。教师只要有针对性提出一至两个能提纲挈领的问题让学生思考,为上课做铺垫就行了。这一两个题应该是教师提前备好的、与学生思考获得重要信息有关的,与落实该课教学目标密不可分的,教师应努力做到有的放矢,避免做无用功。

二是课堂作业设计环节。一方面,学生做完题目后的交流讨论(再生成过程),是让学生再上新台阶的重要环节,不可草率化和简单化,教师应继续挖掘,强化深入互动学习,以落实"思想情感与价值观"目标。这个后续的过程相当于讲评试卷的反馈环节。为达到提升效果,教师在教学中要精选、精练、精讲、校本作业。另外一方面,学生也需要加强对校本作业的整理,尤其是课后的作业整理。

三是教师课堂精讲。通过学案引导学生先学先做,课后练也是在学生先做的基础上再精评讲。归纳学生作业问题,教师应强调审题过程,通过时间、空间、主语、限制条件、问题指向措施向学生示范如何审题。通过分析典型错误,解释试题的知识目标、能力目标,达成相关的教学目标,做好可视化的思考过程。试题分析不是单独的问题分析,从问题的引申到知识的综合性建构,补充完善平时教学过程中漏讲的知识内容。

(三)"五个四"校本作业使用效果及提升

【案例】校本作业实施方案

一、指导思想

全面贯彻落实党和国家的教育方针,遵循学生成长规律,遵循学科教学规律,深化教育教学改革,实施素质教育,切实减轻学生过重学业负担,提升教学效能,保证学生健康快乐成长。

二、工作目标

(1)让每位教师都能深刻领会建立适合本校学生实际的校本作业体系的重要意义,即校本作业是"减负增效"的主要抓手,是课程校本化实施的必要环节。

(2)逐步形成作业设计、布置、批改、评价、辅导和检查体系,建立优秀作业资源库,改变以教辅材料代替学生作业的做法,同时建立适合本校学生实际的校本作业体系,提高作业的针对性和有效性。

(3)切实减轻学生的学业负担,提高学生在学习上主动性、自主性和积极性。

三、工作对象

语文、数学、英语、历史、地理、生物、物理、化学、政治共九个学科。

四、组织保障

1.成立校本作业领导小组。

组长:校长,

成员:副校长。

2.成立校本作业编写工作小组。

组长:分管副校长,

副组长:教务科长。

成员:教务科、教研室、各学科教研组长,

3.人员分工。

(1)教研组长具体负责本学科编写工作,制订本学科校本作业设计细则,备课组长负责本年级本学科校本作业的第一次审稿和统稿工作。

(2)教研组长负责第二次审稿,严把质量关,审查校本作业有无超纲和知识性错误等问题;并组织学科教师集体研讨,同学科组教师,对各自设计的校本作业进行研讨、交流、沟通,实现思想碰撞、资源共享。

(3)编写教师要明确所编写的章节或课时,由教研组长负责分派。

(4)编写小组组长和副组长负责组织和协调工作。

五、开发与实施

(1)四案:学案、作业(课后练)、课练(限时训练)、周练。四案的编写模板,由教研组组织教师在学习研究充分讨论的基础上根据各学科特点和学校实际情况设计并实施,争做到四案的模板简单易操作、有实效。

(2)四精:精选、精练、精讲、精评。要先做一遍精选出的例题、习题,控制题量,让学生跳出题海。通过学案引导学生先学先做,课后练也让学生先做,教师只讲学生错得比较多的题。

(3)四必：必发、发收、必改、必评。对四案中的校本作业，教师统一发到学生手中，学生完成后教师必须全收，且认真、及时全批改，及时讲评。限时训练、作业要当天批改，当天发还学生，让学生订正，第二天讲评。学案要提前1~2天发给学生，让学生先学先做，教师改后再讲课。周练也学生先做教师收改后讲评。学案与课后练穿插进行。实行小单元教学法，若内容较简单且教材只安排1个课时的，则只编写1个学案且不再编课后练；若教材安排2课时，则编1个学案和1个课后练；若教材安排3课时，则编1个导学案和2个课后练。

(4)四合：一是与作业的7个要求（统一布置、分层要求、先做后发、全批全改、个别辅导、点评到位、人人过关）相结合；二是与五步学习法相结合；三是与考点教学法相结合；四是与家教式辅导相结合。

(5)四查：一查四案质量；二查校本作业落实情况；三查存在问题；四查效益。学校教研室负责人每学期进行专项检查或不定期进行抽查，对执行落实到位且效果显著的教师，学校在评先评优方面给予倾斜，并给予适当的物质奖励。

第三节　四要五环校本作业的典型案例

本节主要内容如图5-3-1。

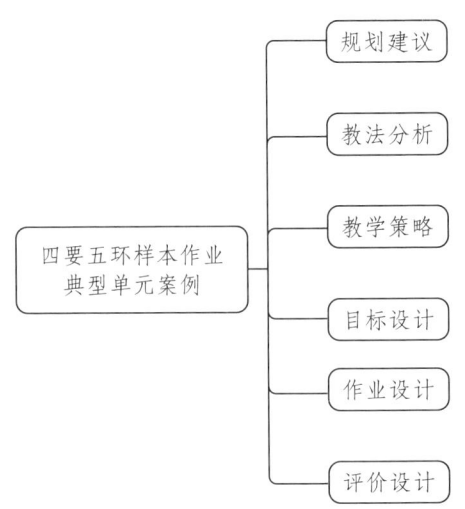

四要五环样本作业典型单元案例
- 规划建议
- 教法分析
- 教学策略
- 目标设计
- 作业设计
- 评价设计

图5-3-1　四要五环校本作业典型案例

一　单元规划建议

化学作为一门具有强大生命力的学科,为人类社会的发展壮大和世界文明的不断前进作出了巨大贡献。化学学科核心素养的培养是当前广大化学教育工作者们必须承担的重任和不可忽视的问题,目前基于"深度教学"的教学实践是实现学科核心素养培养的重要手段。因此在高中化学教学活动的开展过程中,教师可以让深度教学和学科核心素养进行有机结合,借助多样化的手段调动学生学习化学的积极性,以达到深度学习的目的。学生通过活动不仅习得化学知识,还掌握学习方法。

化学中至关重要的一个分支——有机化学,其在材料、能源、医疗、国防等领域的地位无可替代。有机化学基础知识是高中化学的重要组成部分,在有机化学中如何基于化学学科核心素养进行深度教学是大多数化学教师的共同疑惑。

《普通高中化学课程标准》指出"结构决定性质,性质反映结构",这是化学学科的统摄性观念,也是"宏观辨识与微观探析"等化学学科核心素养的具体体现。选择性必修课程"有机化学基础"模块的学习要求为学生能根据有机化合物官能团的结构特点解释和预测有机化合物的性质。

"醛和酮 糖类和核酸"作为中学阶段有机化学知识的重要组成部分,是搭建高中化学知识体系的关键内容,也是发展学生化学学科核心素养的重要载体。醛、酮、糖类等属于典型的含羰基有机物,通过学习这些物质的性质,学生能认识官能团与有机化合物特征性质的关系,从官能团的视角认识有机化合物的分类,建立"结构决定性质,性质反映结构"的基本观念,形成基于官能团、化学键与反应类型认识有机化合物的一般思路,发展化学学科核心素养。鲁科版和人教版高中化学选择性必修三对"醛和酮 糖类和核酸"的编排对比如表5-3-1所示。

表5-3-1　两个版本教材对《醛和酮 糖类和核酸》内容的编排

课程标准相关要求	鲁科版	人教版
主题1:有机化合物的组成与结构 (1)有机化合物中的官能团:认识官能团的种类,从官能团的视角认识有机化合物的分类,知道简单有机化合物的命名。认识官能团与有机化合物特征性质的关系,认识同一分子中官能团之间会相互影响,认识在一定条件下官能团可以相互转化。知道常见官能团的鉴别方法。 (2)有机化合物中的化学键:认识有机化合物分子中共价键的类型、极性及其与有机化合物反应的关系,知道有机化合物分子中基团之间的相互影响会导致键的极性发生改变,从化学键角度认识官能团与有机化合物之间是如何相互转化的	化学选择性必修三 第二章 官能团与有机化学反应 烃的衍生物 第3节 醛和酮 糖类和核酸 第1课时 醛和酮	化学选择性必修三 第三章 烃的衍生物 第四章 生物大分子

续表

课程标准相关要求	鲁科版	人教版
主题2:烃及其衍生物的性质与应用 (1)烃及其衍生物的性质与应用:认识醛、酮的组成和结构特点、性质、转化关系及其在生产、生活中的重要应用。 (2)有机化合物的安全使用:结合生产、生活实际了解某些烃的衍生物对环境和健康可能产生的影响,体会"绿色化学"思想在有机合成中的重要意义,关注有机化合物的安全使用。 主题3:生物大分子及合成高分子 生物大分子:认识糖类的组成和性质特点。了解淀粉和纤维素及其与葡萄糖的关系,了解葡萄糖的结构特点、主要性质与应用。知道糖类在食品加工和生物质能源开发上的应用。了解脱氧核糖核酸、核糖核酸的结构特点和生物功能。认识人工合成核酸的意义,体会化学科学在生命科学发展中所起的重要作用	第2课时 糖类 第3课时 五碳醛糖与核酸	第1节 糖类 第3节 核酸

  两个版本的教材在对"醛和酮 糖类和核酸"处理上,均以常见的醛、酮、糖类、核酸等典型的含羰基有机物为载体展开介绍。引导学生在本单元学习、讨论有机化合物的组成与结构、有机反应类型,烃、醇和酚性质的基础上,通过类比迁移学习含羰基一类有机物的性质,从化学键的角度认识官能团与有机化合物之间是如何相互转化的。学生学习预测某物质可能断键的位置和存在的反应类型,并通过实验验证预测,认识醛、酮、糖类、核酸的组成和结构特点、性质、转化关系及其在生产、生活中的重要应用。整个单元都是密切围绕"醛和酮 糖类和核酸"进行讨论,对了解含羰基的典型物质的性质以及这些物质之间的转化关系起到至关重要作用。

二 单元教法分析

1.内容分析

  本单元的核心内容——"醛和酮 糖类和核酸",是继烃、卤代烃和醇之后的另一类重要的有机化合物。醛和酮是含有羰基的两类重要化合物,在官能团的转化和有机合成中占有核心地位。同时,醛和酮在人类生产和生活中的应用也非常广泛,自然界中也存在大量的醛和酮,如从结构上看各种各样的糖类物质就是多羟基醛、多羟基酮。掌握醛、酮的结构和性质是系统学习有机化合物知识的关键,是对前期所学知识的巩固与升华,也是后续学习酸、酯等有机物及有机合成的基础。学生在已有知识的基础上对有机物的种类有了更全面的认识,能自主建立起有机物之间相互转化关系图。通过本单元的学习,建构"结构决定性质,性质反映结构"这一核心观念。教学实现"宏观辨识与微观探析""证据推理与模型认知""科学探究与创新意识""科学态度与社会责任"等化学学科核心素养的培养。

本单元的体系结构如图5-3-2所示。

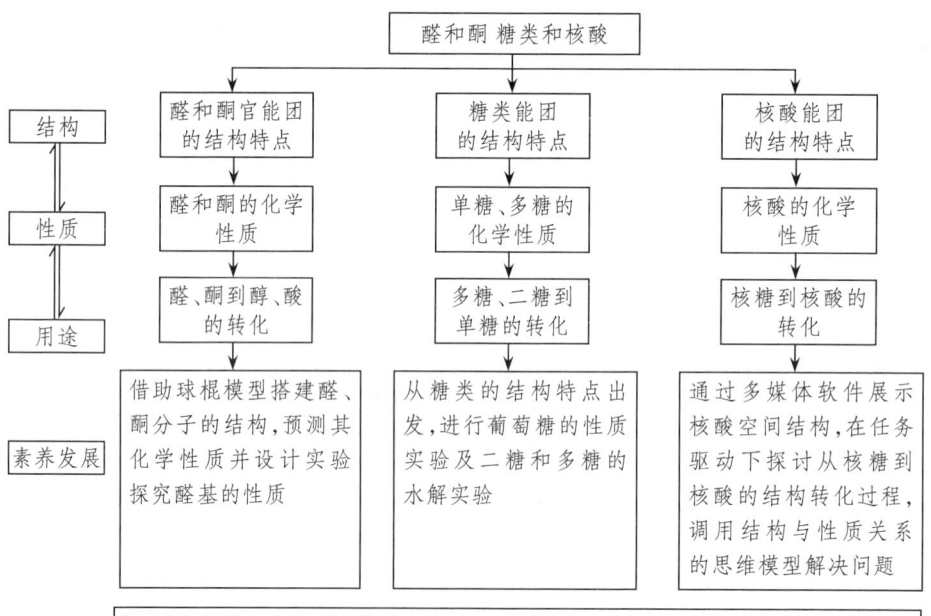

图5-3-2 本单元体系结构

"醛和酮 糖类和核酸"这一单元,在鲁科版和人教版高中化学这两版教材中都是以含羰基有机物为基础,在内容组织上,二者有一定差别。

人教版教材按常规设计,从乙醛出发,探究乙醛的性质,接着介绍醛的结构与常见的醛、酮的结构与性质,层层递进;然后,将糖类和核酸归于"生物大分子"中,按照糖类、单糖、二糖、多糖的顺序逐一介绍;最后介绍核酸的有关知识。

鲁科版教材是以利用官能团研究有机物的性质这一思路为主线,先介绍常见的醛和酮,紧接着让学生学习醛和酮的结构和性质,建立起"结构决定性质"的基本观念,进一步通过醛糖、酮糖及核酸的学习,强化这一观念,为后续学习其他烃的衍生物及有机合成奠定良好的基础。

2.教学起点分析

本单元的学习着重以下两个方面:①官能团的角度。从官能团的视角认识各类有机化合物,认识官能团与有机化合物特征性质的关系,认识同一分子中官能团之间相互影响,认识在一定条件下官能团可以相互转化。②化学键的角度。认识有机化合物分子中共价键的类型、极性及其与有机反应的关系,知道有机化合物分子中基团之间的相互影响会导致键的极性发生改变,从化学键角度认识官能团与有机化合物之间是如何相互转化的。对本单元的教学起点分析如表5-3-2。

表5-3-2 《醛和酮 糖类和核酸》教学起点分析

教学起点	相应的利用策略
已有相关知识经验: ①知识基础:已经学习了烃、卤代烃和醇的有关知识,初步形成以官能团为线索的有机化合物知识框架。 ②能力基础:能够从有机物的结构——化学键的角度对有机化合物的性质进行简单的分析和预测。 ③情感基础:有机化学是一门生机勃勃、充满活力的学科,在学习有机化学的过程中,学生有着浓厚的兴趣与探究欲望	创设真实的问题情境,以苹果中的异戊酸异戊酯的合成、糖类物质及转基因苹果的原理为教学设计主线,设计3个课时的教学,引导学生学会应用所学知识解决实际问题,培养实验操作能力和分析归纳的能力
前概念: 初步掌握了从结构的角度入手研究有机物性质的知识,但仅限于对典型代表物的认知	已有的关于"结构决定性质"的核心观念可作为学生进一步认识陌生有机物基础,通过学习醛和酮化学性质,加深对相关概念的认识
可能的学习困难: 学生已有的知识结构散乱无序,在有机化合物相互转化时对断键的位置以及复杂多变的反应类型仍然存在很大困惑,从官能团的视角解释和预测有机物性质的意识较为薄弱	1.借助球棍模型,突破认识羰基化合物结构的障碍点,学会预测醛和酮的化学性质。 2.借助实验探究验证预测,通过分析相关现象,体会"性质反映结构"的观念

三 单元教学策略

(1)培养学生的化学核心素养进行深度教学是新课程改革的必然要求。所谓深度教学是指教师借助一定的活动情境带领学生进行超越表层的知识学习,通过知识内在的逻辑形式,挖掘知识内涵的丰富价值,完整地实现知识教学发展价值。深度教学以探究活动为突破口,引导学生经历体验和探究的过程,以问题解决为核心策略,提升学生的科学探究能力与素养。深度教学要突出以学习为中心,主要围绕3个层面:①激发学习动机,让学生想学;②强化学法指导,让学生会学;③创设教学情境,让学生乐学。零散的知识不利于核心素养的培养,故学科核心素养导向下的单元整体教学是高中化学深度教学的有效实施策略之一。

(2)构建有机物结构与性质关系的思维模型(如图5-3-3所示)。通过构建和使用有机物结构与性质的思维模型,学生看到有机物的结构时,能够通过分析有机物官能团的饱和性、极性以及基团间的相互影响解释或预测有机物可能发生的反应类型,寻找合适的化学试剂和反应条件,从而确定有机物的化学性质。

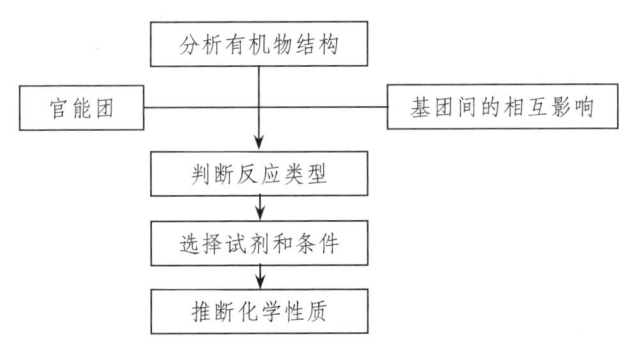

图5-3-3 有机物结构与性质关系的思维模型

(3)《普通高中化学课程标准》提出开展"素养为本"的教学,倡导创设真实问题情境,开展以化学实验为主的多种探究活动,重视教学内容的结构化设计,激发学生学习化学的兴趣,促进学生学习方式的转变,培养他们的创新精神和实践能力。本单元的整体教学设计遵循上述理念,并参考课程标准中对本部分相关要求与建议(图5-3-4),以水果排行榜上名列前茅的苹果为线索,从苹果中的异戊酸异戊酯、苹果常用作减肥餐、转基因苹果3个情境出发,将教学内容划分为3课时,先后围绕醛、酮和糖类的化学性质及核酸的构成等核心知识设计教学。结合学生已有的经验,在"结构决定性质,性质反映结构"的认知模型的指导下,通过创设情境,设置了一系列探究活动,提升学生的探究能力和创新意识,落实新课程理念。

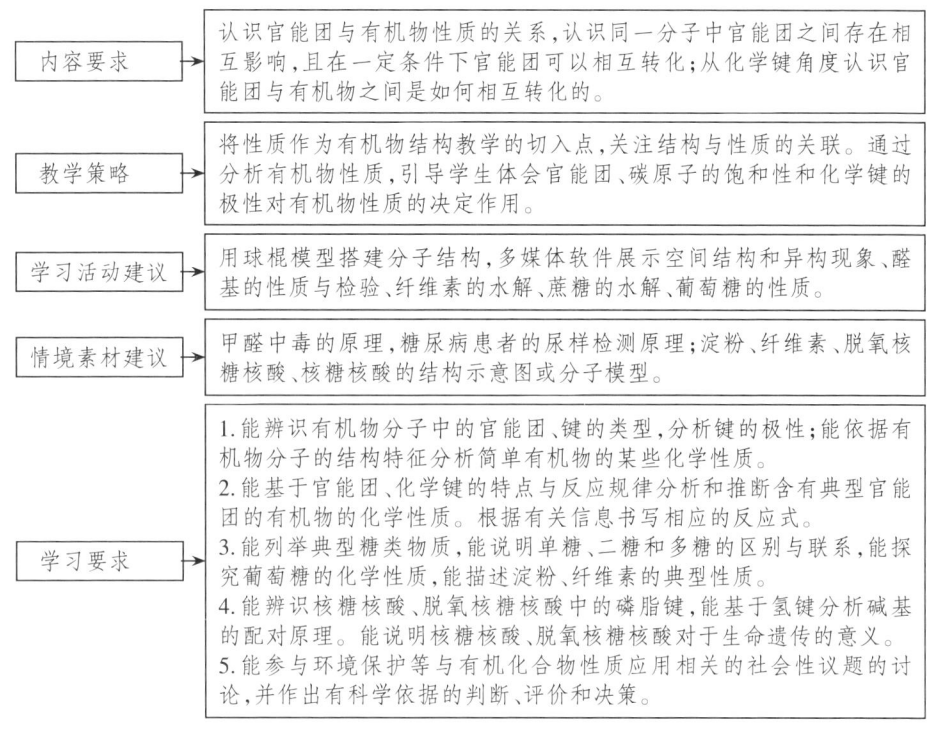

内容要求	认识官能团与有机物性质的关系,认识同一分子中官能团之间存在相互影响,且在一定条件下官能团可以相互转化;从化学键角度认识官能团与有机物之间是如何相互转化的。
教学策略	将性质作为有机物结构教学的切入点,关注结构与性质的关联。通过分析有机物性质,引导学生体会官能团、碳原子的饱和性和化学键的极性对有机物性质的决定作用。
学习活动建议	用球棍模型搭建分子结构,多媒体软件展示空间结构和异构现象、醛基的性质与检验、纤维素的水解、蔗糖的水解、葡萄糖的性质。
情境素材建议	甲醛中毒的原理,糖尿病患者的尿样检测原理;淀粉、纤维素、脱氧核糖核酸、核糖核酸的结构示意图或分子模型。
学习要求	1. 能辨识有机物分子中的官能团、键的类型,分析键的极性;能依据有机物分子的结构特征分析简单有机物的某些化学性质。 2. 能基于官能团、化学键的特点与反应规律分析和推断含有典型官能团的有机物的化学性质。根据有关信息书写相应的反应式。 3. 能列举典型糖类物质,能说明单糖、二糖和多糖的区别与联系,能探究葡萄糖的化学性质,能描述淀粉、纤维素的典型性质。 4. 能辨识核糖核酸、脱氧核糖核酸中的磷脂键,能基于氢键分析碱基的配对原理。能说明核糖核酸、脱氧核糖核酸对于生命遗传的意义。 5. 能参与环境保护等与有机化合物性质应用相关的社会性议题的讨论,并作出有科学依据的判断、评价和决策。

图 5-3-4　课程标准中对"醛和酮 糖类和核酸"的相关要求与建议

基于上述考虑,进行单元整体教学设计如图 5-3-5 所示。

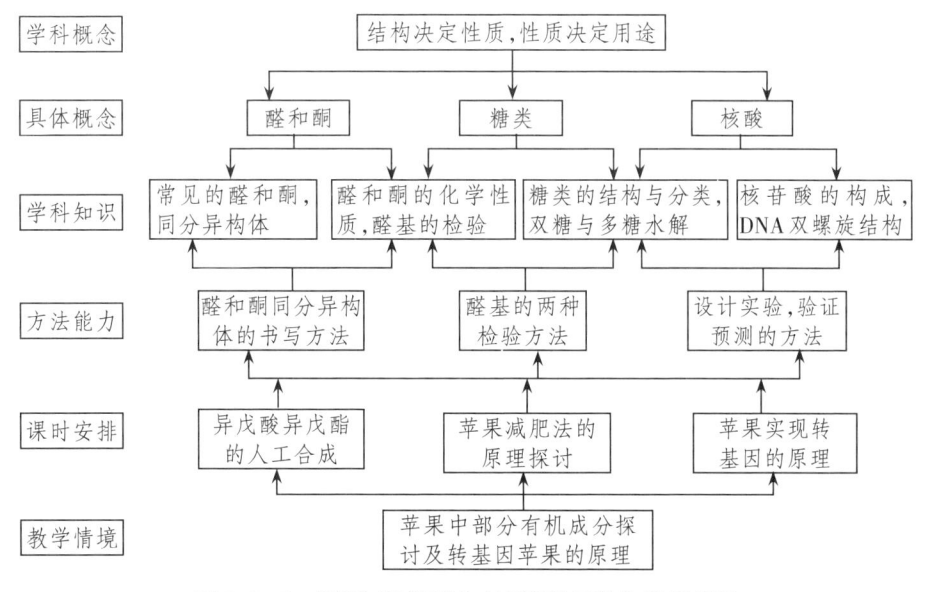

学科概念	结构决定性质,性质决定用途
具体概念	醛和酮　　糖类　　核酸
学科知识	常见的醛和酮,同分异构体 / 醛和酮的化学性质,醛基的检验 / 糖类的结构与分类,双糖与多糖水解 / 核苷酸的构成,DNA双螺旋结构
方法能力	醛和酮同分异构体的书写方法 / 醛基的两种检验方法 / 设计实验,验证预测的方法
课时安排	异戊酸异戊酯的人工合成 / 苹果减肥法的原理探讨 / 苹果实现转基因的原理
教学情境	苹果中部分有机成分探讨及转基因苹果的原理

图 5-3-5　"醛和酮 糖类和核酸"单元整体教学设计

四 单元目标设计

课标中提到要科学制订化学教学目标,而学生化学学科核心素养的发展是一个持续进步的过程。因此,教师应依据化学学科核心素养的内涵及其发展水平、高中化学课程目标、高中化学课程内容及学业质量要求(包括学业要求和学业质量水平),结合学生的已有经验,对学段、模块或主题、单元和课时教学目标进行整体规划和设计。

1.教学目标

(1)通过若干实验探究活动,让学生感受有机化合物化学反应的意义,初步形成科学探究精神,增强社会责任感。

(2)利用有机化合物的微观结构,让学生认识其组成、结构和性质的联系,形成"结构决定性质"的观念。

(3)通过对有机反应本质的认识,让学生能根据有机化合物官能团的结构特点解释和预测有机物的性质。

2.评价目标

(1)通过对羰基化合物的探究实验方案的交流和点评,诊断并提高学生的实验探究水平。

(2)通过对"结构决定性质,性质反映结构"基本观念的建构,诊断并提高学生对有机化合物认识思路的结构化水平。

(3)通过对有机反应类型进行判断和分析,诊断并提升学生对有机反应本质的认识进阶。

本单元的教学包含学习典型的含羰基物质的性质,构建含羰基物质之间的转化关系,发展学生对有机化合物的认识,发展学生的物质观和转化观等内容。目标为促进学生"宏观辨识与微观探析""证据推理与模型认知""科学探究与创新意识""科学态度和社会责任"化学学科核心素养的发展。

根据课程标准和材料内容分析,考虑学生已有的认知结构、心理特征及生活经验,确定本单元教学目标确和课时目标,如表5-3-3所示。

表 5-3-3 《醛和酮 糖类和核酸单元教学设计》单元目标和课时目标

单元目标	课时	课时教学目标
1.宏观辨识与微观探析：学生能从宏观层面认识有机物的多样性，并对有机物进行分类；能从有机物的微观层面理解其组成、结构和性质的联系，形成"结构决定性质"的观念；能根据物质的微观结构预测物质在特定条件下可能具有的性质和发生的变化，并能解释其原因。 2.变化观念与平衡思想：学生会利用反应类型的规律判断、说明和预测有机化合物的性质及可能发生的有机反应。 3.证据推理与模型认知：学生会借助有机物结构与性质的思维模型分析有机物分子中的官能团和化学键，预测可能的断键部位与相应的反应；能识别常见有机化合物的模型。 4.科学探究与创新意识：学生能借助实验探究有机化合物分子中的基团与化学性质的关系，以及基团之间存在的相互影响。 5.科学态度和社会责任：学生具有"绿色化学"观念，能参与环境保护等与有机化合物性质应用相关的社会性议题的讨论，并作出有科学依据的判断、评价和决策	1	1.1 通过醛基、酮基的官能团比较，知道醛和酮在结构和性质上的差异，能基于结构分析预测可能发生的化学反应。 1.2 理解醛、酮的主要化学性质，并能从反应条件、生成物种类等角度对比醛、酮性质的差异，能利用醛、酮的主要反应实现醛、酮到羧酸、醇等烃的衍生物之间的转化。 1.3 了解醛、酮在实际生产和生活中的应用，了解它们对环境和健康可能产生的影响，增强环保意识及可持续发展的意识，关注有机化合物安全使用的问题
	2	2.1 从糖类的官能团微观探析糖类的结构特点，了解糖类与醛、酮在结构上的联系。了解糖类的分类，能列举典型糖类物质，能说明单糖、二糖和多糖的区别与联系。 2.2 能探究葡萄糖的化学性质，掌握发现问题、提出假设、设计实验、验证实验、得出结论的科学方法，培养严谨求实的科学精神。 2.3 能描述淀粉、纤维素的典型性质，了解糖类在人体供能、储能等方面的作用，了解糖类的摄入、代谢与人体健康之间的关系，科学合理地搭配饮食
	3	3.1 能认识核糖核酸、脱氧核糖核酸中的磷脂键，能基于氢键分析碱基配对原理。能说明核糖核酸、脱氧核糖核酸对于生命遗传的意义。 3.2 了解脱氧核糖核酸、核糖核酸的结构特点和生物功能。认识核酸的意义，体会化学在生命科学发展中所起的重要作用

五 单元作业设计

本单元作业设计围绕《醛和酮 糖类和核酸》这一教学主题进行设计。知识点涵盖醛和酮的化学性质、糖类和核酸的有关知识等。

整份单元作业由3份课时作业和1份单元作业组成。课时作业围绕生活中各种常见的醛、酮,糖类以及核酸有关的知识进行设计,让学生进一步巩固对羰基化合物相关概念的认识,掌握醛、酮和糖类的化学性质,葡萄糖醛基的检验以及核酸的结构特点和生物功能等。单元作业则以设计羰基化合物的合成路线为载体,让学生进一步形成"结构决定性质,性质反映结构"的思路和方法。通过作业梳理,知识更加结构化、系统化,学生在真实的问题情境中感受有机化学的魅力所在。基于以上几点,本单元的作业目标设计和复习作业双向细目表如下。

1.单元作业目标

单元作业目标属性表如表5-3-4。

表5-3-4 单元作业目标属性表

类型	作业目标描述	学习水平	核心素养
课题1	认识醛基和羰基两种官能团	A	宏观辨识与微观探析
	知道醛和酮结构和性质的差异	A	微观探析
	理解醛、酮的化学性质	A	科学探究
	学会醛基的检验方法	A	科学探究
	了解甲醛对环境和健康的影响,关注有机物安全使用的问题	B	科学态度与社会责任
课题2	认识糖类的结构特点,了解糖类的分类	A	证据推理与模型认知
	理解糖类的化学性质,加深学生对"结构决定性质,性质反映结构"基本观念的认识	A	科学探究与科学态度
	了解糖类在人体供能、储能等方面的作用,了解糖类的摄入和代谢与人体健康间的关系	B	科学态度与社会责任
	通过探究葡萄糖的银镜反应,掌握发现问题、提出假设、设计实验、验证实验、得出结论的科学方法,培养严谨求实的科学精神	A	科学探究与模型认知

续表

类型	作业目标描述	学习水平	核心素养
课题3	分析、认识核糖核酸、脱氧核糖核酸中的磷脂键	A	宏观辨识与微观探析
	能基于氢键分析碱基的配对原理	A	微观探析与模型认知
	了解脱氧核糖核酸、核糖核酸的结构特点和生物功能,能说明核糖核酸、脱氧核糖核酸对于生命遗传的意义	B	科学态度与社会责任
单元复习	能从有机物的微观层面理解其组成、结构和性质的联系,形成"结构决定性质"的观念	A	宏观辨识与微观探析
	能根据物质的微观结构预测物质在特定条件下可能具有的性质和发生的变化,并能解释其原因。	A	证据推理与微观探析
	借助有机物结构与性质的思维模型分析有机物分子中的官能团和化学键、预测可能的断键部位与相应的反应	A	证据推理与模型认知
	能借助实验探究有机化合物分子中的基团与化学性质的关系,以及基团之间存在相互影响	A	微观探析与模型认知
	具有"绿色化学"观念,能参与环境保护等与有机化合物性质应用相关的社会性议题的讨论,并作出有科学依据的判断、评价	B	科学态度与社会责任

2.单元复习作业双向细目表

单元复习作业双向细目表如表5-3-5。

表5-3-5 单元复习作业双向细目表

题号与题型	学习内容	学习水平 A	B	C	D	分值	预估难度
1.选择题	化学史	√				4	0.90
2.选择题	醛、酮	√				4	0.90
3.选择题	核酸	√				4	0.90
4.选择题	醛、酮	√				4	0.90
5.选择题	葡萄糖	√				4	0.90

续表

题号与题型	学习内容	学习水平 A	学习水平 B	学习水平 C	学习水平 D	分值	预估难度
6.选择题	天然高分子	√				4	0.90
7.选择题	醛	√				4	0.85
8.选择题	单糖	√				4	0.85
9.选择题	麦芽糖	√				4	0.85
10.选择题	醛		√			4	0.80
11.选择题	蔗糖		√			4	0.80
12.选择题	官能团			√		4	0.65
13.选择题	官能团			√		4	0.60
14.填空题	多糖水解		√			18	0.80
15.填空题	醛、酮		√			16	0.80
16.填空题	醛			√		14	0.60
合计:16题						120	

3."四案"作业设计

作业设计分别展示了学案、课练、作业、周练,具体内容如下。

学案1 醛和酮

1.分子式为 $C_5H_{10}O$ 的醛酮的同分异构体有多种,按要求解答下列问题:

(1)写出属于醛的同分异构体的结构简式,并用系统命名:

_____

(2)写出酮的同分异构体的结构简式,并用系统命名:

_____

【设计意图】本题以书写 $C_5H_{10}O$ 的同分异构体为背景,考查学生对醛酮官能团的认识与系统命名能力,并练习同分异构体的书写。

2.柠檬醛是一种具有柠檬香味的有机化合物,广泛用于香精油,是食品工业重要的调味品,且能合成维生素A。已知柠檬醛的结构简式为:

$$CH_3-\underset{\underset{CH_3}{|}}{C}=CHCH_2CH_2\underset{\underset{CH_3}{|}}{C}=CH-\overset{\overset{O}{\|}}{C}-CH_3$$

(1)试推测柠檬醛可能发生的反应有_____(填序号)。

①能使溴的四氯化碳溶液褪色

②能与乙醇发生酯化反应

③能发生银镜反应

④能与新制的$Cu(OH)_2$悬浊液反应

⑤能使酸性$KMnO_4$溶液褪色

⑥它与H_2完全加成后产物的分子式为$C_{10}H_{20}O$

(2)检验柠檬醛分子中含有醛基的方法是_____，发生反应的化学方程式是_____。

(3)检验柠檬醛分子中含有碳碳双键的方法是_____。

(4)实验操作中,应先检验哪一种官能团?_____。

【设计意图】温习旧知、感知新知,让学生对醛和酮的结构与性质有初步的了解。本题以柠檬醛的结构简式为素材,考查醛基、碳碳双键的化学性质与检验方法,并让学生能够熟练运用已有知识检验多官能团有机化合物中的特定官能团。

课练1 醛和酮

1.判断题。

(1)甲醛是甲基跟醛基相连而构成的醛(　　)

(2)福尔马林是35%～40%的甲醛的水溶液,可用于浸制生物标本(　　)

(3)甲醛和乙醛都是有刺激性气味的无色液体(　　)

(4)丙酮难溶于水,但丙酮是常用的有机溶剂(　　)

(5)饱和一元脂肪醛的分子组成符合$C_nH_{2n}O$通式(　　)

【命题意图】本题以判断题的形式与生活常识为背景,引导学生了解甲醛对环境和健康的影响,关注有机化合物安全使用的问题。

2.下列物质不属于醛类的是(　　)

A. ⟨benzene⟩—CHO

B. $CH_3-O-\underset{\underset{O}{\|}}{C}-H$

C. $CH_2=CH-CHO$

D. CH_3-CH_2-CHO

【设计意图】本题以四种有机物的结构简式为背景,考查官能团的辨别,引导学生对有机物进行分类。

3.香草醛又名香兰素,是食品和药品的重要原料,其结构简式如下所示:

HO—C₆H₃(OCH₃)(CH₃)— (香草醛结构，含CH₃O、HO、CH₃及醛基)

下列有关香草醛的说法不正确的是(　　)

A.香草醛可以发生银镜反应

B.在一定条件下 1 mol 香草醛可以与 4 mol H_2 反应

C.香草醛遇 $FeCl_3$ 溶液可能变紫色

D.香草醛可与 NaOH 溶液反应,也可与 $NaHCO_3$ 溶液反应

【设计意图】本题以香草醛为背景设置四个选项,考查醛的性质、醛基的检验方法,以及化学反应的定量问题。

作业 1　醛和酮

1.(改造)醛和酮在生产生活中有重要的应用,下列各组物质中既不是同系物也不是同分异构体的是(　　)

A.甲醛、丁醛　　　　　　　　B.丙酮、丙醛

C.乙醛、丙酮　　　　　　　　D.苯甲醛、邻甲基苯甲醛

题	化学问题	核心素养	素养水平预估	学习水平
1	醛、酮的结构特点	宏观辨识微观探析	会判断醛、酮的同分异构体	A

【设计意图】考查的必备知识是醛、酮的醛的组成和结构特点,同系物和同分异构体的概念,关键能力侧重于理解与辨析同系物和同分异构体。

2.(改造)工业上可以采用水解反应生产醇和酚,下列物质中能发生水解反应的是(　　)

A. C₆H₅—CHO

B. $CH_3—O—\underset{\underset{O}{\|}}{C}—H$

C. $CH_2=CH—CHO$

D. $CH_3—\underset{\underset{O}{\|}}{C}—CH_3$

218

题	化学问题	核心素养	素养水平预估	学习水平
2	官能团辨析	宏观辨识 微观探析	知道醛、酮结构和性质的差异,能辨析不同的官能团	A

【设计意图】本题以四种有机物为例,考查官能团的辨析,各类有机物的化学性质,醛和酮的结构特点与性质。

3.(改造) O⌒⌒⌒ 常用作香料的原料,现已知丁基共有4种同分异构体,则 O⌒⌒⌒ 的同分异构体应有(　　)

A.3种　　　　B.4种　　　　C.5种　　　　D.6种

题	化学问题	核心素养	素养水平预估	学习水平
3	醛的结构特点	宏观辨识 微观探析	会判断醛的同分异构体	A

【设计意图】以生活中的物质戊醛为载体,铺垫了丁基的同分异构体种类,考查学生对同分异构体的认识与准确判断。

4.(改造)下列醛、酮的反应属于还原反应的是(　　)

A.乙醛在一定条件下发生银镜反应

B.除醛板材能吸收空气中的甲醛:$HCHO + O_2 \xrightarrow[\text{分解}]{\text{催化}} CO_2 + H_2O$

C.由2-丁酮制备2-丁醇

D.乙醛与新制的氢氧化铜悬浊液加热有红色物质

题	化学问题	核心素养	素养水平预估	学习水平
4	醛、酮的性质	科学探究 创新意识	理解醛、酮的化学性质	A

【设计意图】本题围绕醛酮的常见应用,引导学生认识醛酮的组成和结构特点、性质及其在生产、生活中的重要应用,体现结构决定性质,性质决定用途。

5.(原创)苹果酸是一种常见的食品添加剂,在一定条件下可以转化成草酰乙酸,如下图所示,下列说法不正确的是(　　)

A.苹果酸可以使酸性高锰酸钾溶液褪色

B.草酰乙酸可以发生银镜反应

C.苹果酸中有一个不对称碳原子

D.草酰乙酸和 $H_3C-O-CO-CO-OH$ 是同分异构体

题	化学问题	核心素养	素养水平预估	学习水平
5	官能团结构与性质	宏观辨识微观探析	认识官能团之间的转化,会判断同分异构体	A

【设计意图】在日常生活情境中,以苹果酸为载体,引导学生学习官能团之间的相互转化,判断同分异构体、不对称碳原子等,掌握利用银镜反应检验醛基的方法等知识。

6.(改造)有机物A的结构简式为 [结构式：环己烷上带CHO和异丙烯基及甲基] ,它是一种重要的化工原料,下列关于A的说法不正确的是(　　)

A.能被银氨溶液氧化,产生光亮的银镜

B.能使酸性 $KMnO_4$ 溶液褪色

C.1 mol A 只能与 1 mol H_2 发生加成反应

D.检验A中官能团的一种方法:先加入足量的新制 $Cu(OH)_2$,微热,酸化后再加溴水

题	化学问题	核心素养	素养水平预估	学习水平
6	醛的化学性质	科学探究创新意识	理解醛的化学性质,能根据官能团判断陌生有机物可能发生的反应	A

【设计意图】以重要的化工原料为背景,围绕其结构,分析醛基与碳碳双键的还原性、与氢气的加成反应的定量判断等,引导学生掌握利用银镜反应和新制氢氧化铜悬浊液检验醛基的方法。

7.(改造)人们能够在昏暗的光线下看见物体,是因为视网膜中的"视黄醛"吸收光线后,其分子结构由顺式转变为反式,并从所在蛋白质上脱离,这个过程产生的信号传递给大脑。下列有关"视黄醛"的说法正确的是(　　)

A."视黄醛"中含有碳碳双键,故属于烯烃

B."视黄醛"的分子式为 $C_{20}H_{15}O$

C."视黄醛"不能与银氨溶液发生银镜反应

D.1 mol"视黄醛"最多能与 6 mol H_2 发生加成反应

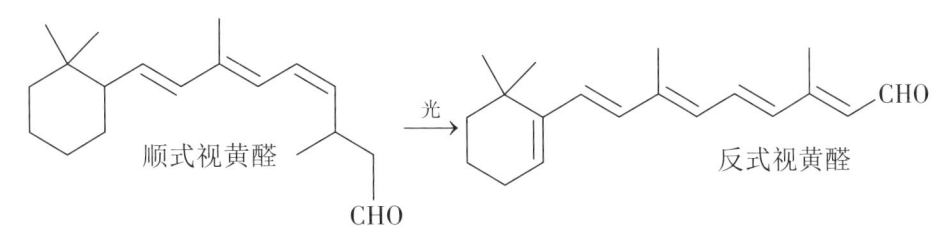

题	化学问题	核心素养	素养水平预估	学习水平
7	醛的化学性质	科学探究创新意识	理解醛的化学性质,能根据官能团判断陌生有机物可能发生的反应	B

【设计意图】本题围绕顺式视黄醛与反式视黄醛的相互转化,考查官能团结构的辨析、分子数的判断、检验醛基的方法等知识,体现化学与生活息息相关。

8.(改造)已知两分子醛在 NaOH 溶液作用下可以发生加成反应,生成羟基醛:

$$R'-CH_2-\overset{O}{\overset{\|}{C}}-H + R-\overset{H}{\overset{|}{C}H}-CHO \xrightarrow{\text{NaOH溶液}} R'-CH_2-\overset{OH}{\overset{|}{C}H}-\overset{}{\underset{R}{\overset{|}{C}H}}-CHO$$

该反应可以在分子中形成新的碳碳键,并增长碳链。如果甲醛、乙醛、丙醛在 NaOH 溶液中均发生反应,最多可以形成羟基醛的种类是(　　)

A.3 种　　　　B.4 种　　　　C.5 种　　　　D.6 种

题	化学问题	核心素养	素养水平预估	学习水平
8	醛的化学性质	科学探究创新意识	理解醛的化学性质,能根据所给信息反应推断反应产物	B

【设计意图】本题以羟醛缩合为背景信息,考查学生对醛的组成和结构特点、性质及转化关系的认识,侧重于能根据所给信息反应推断反应产物的关键能力。

9.(改造)已知醛或酮可与一种有机金属化合物——格氏试剂(R'MgX)发生

加成反应,所得产物经水解可得醇。若要用该法制取HOC(CH₃)₂CH₂CH₃,可选用的醛或酮与格氏试剂是(　　)

$$R-\underset{H(R'')}{\overset{C=O}{|}} + R'MgX \longrightarrow R-\underset{H(R'')}{\overset{R'}{\underset{|}{C}}}-OMgX \xrightarrow{水解} R-\underset{H(R'')}{\overset{R'}{\underset{|}{C}}}-OH$$

A. $H-\overset{O}{\overset{\|}{C}}-H$ 与 $CH_3CH_2\overset{CH_3}{\overset{|}{C}H}MgX$

B. CH_3CH_2CHO 与 CH_3CH_2MgX

C. CH_3CHO 与 $CH_3\overset{CH_3}{\overset{|}{C}H}MgX$

D. $CH_3-\overset{O}{\overset{\|}{C}}-CH_3$ 与 CH_3CH_2MgX

题	化学问题	核心素养	素养水平预估	学习水平
9	醛、酮的性质	科学探究 创新意识	理解醛、酮的化学性质,能根据所给信息判断可能的反应物	B

【设计意图】本题以格氏试剂与醛酮发生加成反应为背景信息,考查学生对醛的组成和结构特点、性质及转化关系的认识,侧重于能根据所给信息反应推断反应产物的关键能力。

10.(原创)苯乳酸(G)是一种新型的抑菌物质,可以抑制腐败菌、致病菌、真菌等。以下是苯乳酸的一条合成路线:

已知:

222

回答下列问题:

(1)E中官能团的名称为_____。

(2)由A生成B的反应类型为_____。

(3)G的结构简式为_____。

(4)E有多种同分异构体,请写出能发生银镜反应的化合物的结构简式____

_____。

(5)由E生成F的反应方程式为_____。

题	化学问题	核心素养	素养水平预估	学习水平
10(1)	醛的结构特点	宏观辨识微观探析	认识醛基的结构特点,会判断常见的醛	A
10(2)	取代反应	微观探析变化观念	会判断常见的有机反应类型	A
10(3)	水解反应	证据推理	能根据所给信息推导生成物的结构	B
10(4)	同分异构	证据推理模型认知	能根据所给信息书写苯环上邻位、间位和对位的三种同分异构体	B
10(5)	加成反应	微观探析变化观念	能用已有知识书写陌生有机物的加成反应方程式	B

【设计意图】在日常生活情境中,以某种新型抑菌物质合成的微观过程为载体,考查醛基的结构特点、含苯环的同分异构体种类判断,以及陌生有机化合物反应的化学方程式等,题目设问比较简单,学生从题目中获得有用信息并加以整合,即可解决相关问题。

周练1 醛和酮 糖类和核酸单元作业

1.(改造)下列科研成果不是由我国发明或创造的是(　　)

A.结晶牛胰岛素　　　　　　B.造纸术

C.元素周期律　　　　　　　D.首次人工合成酵母丙氨酸转移核糖核酸

题	化学问题	核心素养	素养水平预估	学习水平
1	化学史	科学态度社会责任	了解有机化学史上的重大事件	A

【设计意图】本题以世界上重要的科研成果为载体,考查学生对有机化学史上重大事件的了解情况,感受化学的影响力。

2.(改造)下列常见的醛、酮的性质及用途叙述正确的是(　　)

A.甲醛、乙醛和丙酮在通常情况下都是气体

B.乙醛是酚醛树脂的原料

C.自然界中没有醛、酮,人们使用的醛、酮都是人工合成的

D.苯甲醛是具有苦杏仁气味的无色物质

题	化学问题	核心素养	素养水平预估	学习水平
2	常见的醛和酮	科学态度社会责任	了解甲醛对环境和健康的影响,关注有机物安全使用的问题	A

【设计意图】本题列举了常见的醛、酮,引导学生关注甲醛对环境和健康的影响,了解简单醛、酮的物理性质及其在生产生活中的应用,关注有机物安全使用的问题。

3.(改造)下列有关核酸的说法,不正确的是(　　)

A.核酸属于一类含磷的生物高分子化合物

B.RNA中的五碳糖是脱氧核糖

C.核酸分为脱氧核糖核酸和核糖核酸两种

D.1981年,我国科学工作者用人工方法合成了酵母丙氨酸转移核糖核酸

题	化学问题	核心素养	素养水平预估	学习水平
3	RNA与DNA的区别	科学探究模型认知	能辨识核糖核酸和脱氧核糖核酸组成与结构的差异性	A

【设计意图】本题以核酸为背景,考查学生对脱氧核糖核酸、核糖核酸的结构特点和生物功能等的了解情况,体现核糖核酸和脱氧核糖核酸对于生命遗传的意义。

4.(改造)丙醛可用于制合成树脂、润滑剂等,而丙酮是常见的溶剂,有关丙醛和丙酮的下列说法中,正确的是(　　)

A.丙醛和丙酮都能与氢气、氢氰酸等发生加成反应

B.丙醛和丙酮都能与银氨溶液发生银镜反应

C.二者互为同分异构体

D.不能用新制的$Cu(OH)_2$来区分丙醛和丙酮

题	化学问题	核心素养	素养水平预估	学习水平
4	醛、酮的结构特点与性质	宏观辨识微观探析	认识醛基和酮羰基两种官能团,会区分二者结构与性质上的差异	A

【设计意图】本题以丙醛和丙酮为例,考查酮的结构特点及其应用,引导学生掌握利用银镜反应和新制氢氧化铜悬浊液检验醛基的方法。

5.(改造)某运动饮料成分表如右图所示,其中的碳水化合物主要为葡萄糖,下列说法不正确的是( )

　　A.葡萄糖不可能由纤维素制取

　　B.葡萄糖在酒化酶作用下转化为乙醇和二氧化碳

　　C.葡萄糖是人体所需能量的重要来源

　　D.葡萄糖能与银氨溶液发生反应

成分亮点概览	
项目	每份(500mL)
能量	646千焦
蛋白质	0克
脂肪	0克
碳水化合物	38.0克
钠	0毫克
维生素B6	0.53毫克
维生素B12	0.90毫克

题	化学问题	核心素养	素养水平预估	学习水平
5	葡萄糖的化学性质	科学探究 科学态度	认识葡萄糖的性质及其转化,知道葡萄糖中醛基的检验	A

【设计意图】本题以生活中运动饮料成分表为素材,考查葡萄糖的性质及其转化,引导学生了解葡萄糖的结构特点、主要性质与应用。

6.(改造)人们在远古时期,就已经开始利用天然高分子为生活资料和生产工具,下列物质中不属于天然高分子化合物的是( )

　　A.蛋白质　　　　B.核酸　　　　C.淀粉　　　　D.硬脂酸甘油酯

题	化学问题	核心素养	素养水平预估	学习水平
6	常见高分子化合物	科学探究 科学态度	认识常见的高分子化合物,并能做简单判断	A

【设计意图】本题基于物质分类考查常见天然高分子化合物,并列举常见的高分子化合物,引导学生结合油脂结构分析其为小分子物质。

7.用 2 mL 1 mol·L^{-1} CuSO$_4$ 溶液与 3 mL 0.5 mol·L^{-1} NaOH 溶液混合后,加入 40% 的甲醛溶液 0.5 mL,加热至沸腾,无砖红色沉淀生成,实验失败的主要原因是( )

　　A.甲醛的量太少　　　　　　　　B.CuSO$_4$的量太少

　　C.NaOH的量太少　　　　　　　D.加热的时间太短

题	化学问题	核心素养	素养水平预估	学习水平
7	醛基的检验	科学探究 创新意识	知道醛基的检验方法,并能判断该实验注意要点	A

【设计意图】本题围绕甲醛中醛基的检验这一实验,从定性和定量两个角度探讨实验失败的原因,考查醛基检验中的操作要点,引导学生掌握利用新制氢氧化铜悬浊液检验醛基的方法。

8.(改造)大多数水果中均含有葡萄糖和果糖,有关葡萄糖与果糖的下列说法中,不正确的是( )

①二者互为同分异构体 ②二者都易溶于水 ③二者都能发生银镜反应,都能与新制的$Cu(OH)_2$反应生成砖红色沉淀 ④葡萄糖能发生酯化反应,而果糖不能 ⑤都能与H_2发生加成反应生成六元醇 ⑥果糖是最甜的糖,而葡萄糖并不甜

A.①②③　　　　B.④⑤　　　　C.④⑥　　　　D.⑥

题	化学问题	核心素养	素养水平预估	学习水平
8	单糖的结构与化学性质	科学探究 科学态度	会判断葡萄糖和果糖在结构和性质上的差异	A

【设计意图】本题通过对比葡萄糖和果糖的结构、溶解性以及化学性质,考查对二者结构与性质差异的辨识能力,设问简单,学生结合已有的化学知识即能解决问题。

9.(改造)麦芽糖浆是以优质淀粉为原料,经过液化、糖化、脱色过滤、精制浓缩而成的,以麦芽糖为主要成分产品。有关麦芽糖的下列叙述中,错误的是( )

A.麦芽糖易溶于水,有甜味

B.麦芽糖能发生银镜反应,是一种还原性糖

C.1 mol麦芽糖水解得到1 mol葡萄糖和1 mol果糖

D.麦芽糖和蔗糖互为同分异构体

题	化学问题	核心素养	素养水平预估	学习水平
9	麦芽糖的化学性质	科学探究 科学态度	理解麦芽糖的化学性质,加深学生对"结构决定性质,性质反映结构"基本观念的认识	A

【设计意图】本题围绕麦芽糖,分析麦芽糖的物理性质与典型化学性质(即水解成两分子葡萄糖),说明麦芽糖和蔗糖的区别,加深学生对"结构决定性质,性质反映结构"基本观念的认识。

10.1 mol 有机物 HCH₂CCH═CHCH (含两个C=O) 与足量的氢气、新制备的氢氧化铜反应,消耗的氢气与氢氧化铜的物质的量分别是(　　)

A.1 mol　2 mol　　　　　B.3 mol　4 mol

C.3 mol　2 mol　　　　　D.1 mol　4 mol

题	化学问题	核心素养	素养水平预估	学习水平
10	醛的化学性质	证据推理 变化观念	理解醛的化学性质,会判断醛的还原反应和氧化反应中的定量关系	B

【设计意图】本题侧重于定量考查,引导学生通过分析有机物的结构,判断含碳碳双键的醛的还原反应和氧化反应中的定量关系,发展学生"证据推理""变化观念"等化学学科核心素养。

11.下列关于蔗糖属于非还原性糖,而其水解产物具有还原性的实验方案的说法中正确的是(　　)

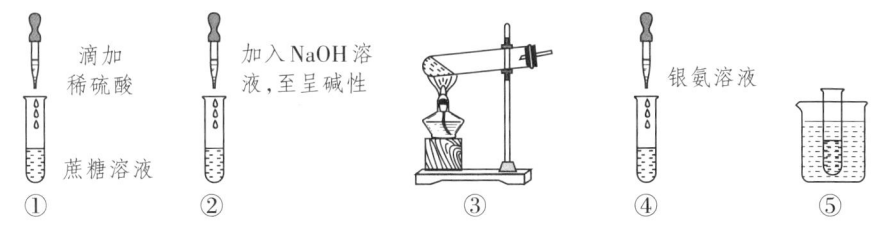

① 滴加稀硫酸 蔗糖溶液
② 加入NaOH溶液,至呈碱性
③
④ 银氨溶液
⑤

A.验证蔗糖属于非还原性糖的操作顺序:④③

B.验证蔗糖属于非还原性糖的操作顺序:④②⑤

C.验证蔗糖水解产物具有还原性的操作顺序:①④⑤

D.验证蔗糖水解产物具有还原性的操作顺序:①②④⑤

题	化学问题	核心素养	素养水平预估	学习水平
11	蔗糖的水解实验	科学探究 变化观念	理解蔗糖的化学性质,能用实验判断蔗糖的水解产物	B

【设计意图】本题围绕蔗糖水解产物的检验,考查蔗糖的典型性质与其水解产物葡萄糖中醛基的检验,侧重于引导学生分析实验的操作顺序,发展学生"科学探究""变化观念"等化学学科核心素养。

12.维生素k4是核酸的组成成分,在体内参与RNA和DNA合成。可用来治疗肿瘤病人因化疗或放疗等引起的白细胞减少的问题。下列有关维生素k4说法正确的是(　　)

①维生素k4的分子式为$C_{14}H_{14}O_4$

②维生素k4分子中含有2种官能团

③在酸性条件下水解,有机产物有2种

④分子中一定共平面的碳原子数为11

⑤1 mol 维生素k4可与7 mol 氢气加成

⑥1 mol 维生素k4与氢氧化钠溶液反应,消耗NaOH的物质的量为4 mol

A.①②③　　　　B.③④⑥　　　　C.②⑤⑥　　　　D.④⑤⑥

题	化学问题	核心素养	素养水平预估	学习水平
12	有机物结构与性质	宏观辨识微观探析	能用所学知识判断复杂有机物的组成与结构,并推断可能发生的化学反应	C

【设计意图】本题以核酸的组成成分维生素k4为载体,考查官能团的辨析,分子式的判断,酯的性质以及与氢氧化钠反应的定量分析。加深学生对有机化学反应及结构决定性质规律的理解,提升学生对题目信息的提取和整合能力,发展学生"宏观辨识与微观探析""变化观念"等化学学科核心素养。

13.(改造)阿魏酸哌嗪片是常用的抗凝血药,用于各类肾小球疾病,如肾炎、慢性肾炎的辅助治疗。其主要成分阿魏酸的一种合成路线反应可表示为:

下列说法正确的是(　　)

A.可用酸性$KMnO_4$溶液检测上述反应是否有阿魏酸生成

B.香兰素、阿魏酸均可与Na_2CO_3、NaOH溶液反应

C.通常条件下,香兰素、阿魏酸都能发生取代、加成、消去反应

D.与香兰素互为同分异构体,分子中有5种不同化学环境的氢原子,且能发生银镜反应的酚类化合物共有4种

题	化学问题	核心素养	素养水平预估	学习水平
13	有机物结构与性质	宏观辨识微观探析	能用所学知识判断复杂有机物的组成与结构,并推断可能发生的化学反应	C

【设计意图】本题以常用抗凝血药的主要成分阿魏酸的一种合成路线为情境,通过分析其转化过程,考查常见官能团的性质与醛基的检验,能基于结构分析该有机物的化学性质。本题提升学生对题目信息的提取和整合能力,发展学生"宏观辨识与微观探析""证据推理与模型认知""变化观念"等化学学科核心素养。

14.(改造)淀粉是一种重要的多糖,一定条件下可以发生水解。某同学称取9.00 g淀粉溶于水,测定淀粉的水解百分率。其操作步骤如下:

淀粉溶液 $\xrightarrow[\text{稀A溶液}]{\text{加入}}$ 混合物 —加碘水→ 蓝色混合物
　　　　　　　　　　　　　　　先加B溶液
　　　　　　　　　　　　　　　———————→ 砖红色沉淀
　　　　　　　　　　　　　　　先加C溶液

试回答下列问题:

(1)各步加入的试剂依次为:A_____,B_____,C_____。

(2)加入A溶液而不加入B溶液是否可以?_____,其理由是_____。

(3)写出淀粉水解的方程式:_____。

(4)当析出1.44 g砖红色沉淀时,淀粉水解率为_____。[已知葡萄糖与$Cu(OH)_2$反应的化学方程式为$CH_2OH(CHOH)_4CHO+2Cu(OH)_2+NaOH \longrightarrow CH_2OH(CHOH)_4COONa+Cu_2O\downarrow +3H_2O$]。

题	化学问题	核心素养	素养水平预估	学习水平
14(1)	淀粉水解	科学探究 科学态度	能设计实验方案验证淀粉是否完全水解	A
14(2)	葡萄糖检验	科学探究 创新意识	知道葡萄糖醛基的检验,与氢氧化铜反应必须在碱性条件下	B

续表

题	化学问题	核心素养	素养水平预估	学习水平
14(3)	淀粉水解	科学探究 科学态度	会书写淀粉水解的方程式	B
14(4)	淀粉水解	科学探究 科学态度	关于淀粉的水解率,能定量计算	B

【设计意图】本题围绕淀粉水解的实验,考查淀粉的典型性质,定性分析包含淀粉水解程度的检验、水解产物葡萄糖的检验,定量计算水解率。通过本题提升学生对题目信息的提取和整合能力,发展学生"证据推理与模型认知""科学探究与创新意识""变化观念"等化学学科核心素养。

15.(改造)甲醛是室内装修污染的最大元凶,当甲醛在室内达到一定浓度时,人就会出现不适感。结合相关知识回答下列问题:

(1)下列说法不正确的是_____(填字母)。

A.选购家具时,用鼻子嗅一嗅家具抽屉等部位可初步判断家具是否含有较多甲醛

B.甲醛就是福尔马林,可用于浸制动物标本

C.甲醛可使酸性$KMnO_4$溶液褪色

(2)在日常生活中甲醛让人困扰,但是在工业领域,甲醛却功不可没。以HCHO和C_2H_2为有机原料,经过下列反应可得化合物C($C_4H_6O_4$):

$$\begin{matrix} HCHO \\ HC\equiv CH \end{matrix} \xrightarrow[I]{催化剂} HOCH_2C\equiv CCH_2OH \xrightarrow[II]{2H_2 / Ni} \boxed{A\ (C_4H_{10}O_2)} \xrightarrow[III]{O_2/催化氧化,\triangle} \boxed{B} \xrightarrow[IV]{O_2/催化氧化,\triangle} \boxed{C}$$

①反应Ⅰ的反应类型为_____。

②$HOCH_2C\equiv CCH_2OH$分子中,在同一平面上的原子最多有_____个。

③写出反应Ⅳ的化学方程式:_____。

④写出B与新制的$Cu(OH)_2$反应的化学方程式:_____。

题	化学问题	核心素养	素养水平预估	学习水平
15(1)	常见的醛和酮	科学态度 社会责任	了解甲醛对环境和健康的影响,关注有机物安全使用的问题	A
15(2)	醛的性质	科学探究 创新意识	理解醛的化学性质,并能正确书写化学方程式	B

【设计意图】本题围绕甲醛,考查了醛的化学性质、有机反应类型的判断、共面问题及有机反应方程的书写;在情境中分析甲醛的利弊,有助于发展学生的批判性思维,发展学生"科学探究与创新意识""变化观念""科学态度与社会责任"等化学学科核心素养。

16.(改造)兔耳草醛是重要的合成香料,散发出类似兔耳草和百合花的香气。由枯茗醛(结构简式)合成兔耳草醛的路线如下:

$$枯茗醛 \xrightarrow[一定条件]{丙醛} A \xrightarrow{\triangle} B \xrightarrow[Ni\triangle]{H_2} C \xrightarrow[Cu\triangle]{O_2} 兔耳草醛(C_{13}H_{18}O)$$

已知:$RCH_2CHO + RCH_2CHO \xrightarrow{一定条件}$

$$RCH_2\underset{OH}{CH}-\underset{R}{CH}CHO \xrightarrow{\triangle} RCH_2CH=\underset{R}{C}-CHO$$

(1)A→B的反应类型是_____。

(2)B中含有的官能团结构式是_____;检验B中含氧官能团的实验试剂是_____。

(3)写出C→兔耳草醛的化学方程式:_____。

(4)枯茗醛发生银镜反应的化学方程式:_____。

题	化学问题	核心素养	素养水平预估	学习水平
16(1)	消去反应	微观探析 变化观念	能依据所给信息判断有机反应类型	B
16(2)	官能团结构式	微观探析 变化观念	会书写常见官能团的结构式,知道醛基的检验方法	A
16(3)	醇的氧化反应	微观探析 证据推理	能根据已有知识书写陌生的醇氧化成醛的化学方程式	C
16(4)	银镜反应	微观探析 变化观念	能根据已有知识书写陌生的醛和银氨溶液反应的化学方程式	C

【设计意图】本题以香料兔耳草醛的合成路线为载体,结合羟醛缩合的已知信息,基于结构推断与分析,考查了有机反应类型的判断、官能团结构式。醛基的检验方法以及有机反应方程的书写;有助于加深学生对有机化学反应类型及

结构决定性质规律的理解,提升学生对题目信息的提取和整合能力,发展学生"宏观辨识与微观探析""变化观念"等化学学科核心素养。

六 单元评价设计

单元评价设计可总结为一个表,详见表5-3-6。

表5-3-6 单元评价设计表

课时	评价内容
课时1	根据"结构决定性质",分析推测醛和酮可能存在的化学性质;利用模型拼插,正确书写同分异构体;从实验入手,具体研究醛基官能团的性质,迁移到醛、酮类有机物,落实"性质反映结构"
课时2	学生通过实验探究和交流研讨,准确描述实验现象,掌握葡萄糖醛基的检验方法,认识双糖和多糖的水解并能设计实验探究淀粉的水解程度。通过小组合作探究,交流
课时3	学生能利用已有的分子间作用力的有关知识分析DNA双螺旋结构的形成过程,了解DNA对于生命遗传的重要意义。通过文献阅读,了解基因工程技术

七 单元资源设计

单元资源设计以单元资源规划表(表5-3-7)为基础,资源示例如表5-3-8所示。

表5-3-7 单元资源规划表

单元资源目标	利用有机化合物的微观结构模型,认识其组成、结构和性质的联系,建构"结构决定性质,性质反映结构"的基本观念,发展学生对有机化合物认识思路的结构化水平; 利用羰基化合物的探究实验,诊断并发展学生的实验探究水平,感受有机反应的意义,初步形成科学探究精神,增强社会责任感;通过对有机反应本质的认识,学生能根据有机化合物官能团的结构特点解释和预测有机化合物的性质,实现对有机反应本质的认识进阶

续表

	资源	资源目标	资源切入点	资源类型
单元资源设计	1.醛和酮	通过醛基、酮羰基的官能团比较,让学生知道醛和酮结构和性质的差异,理解醛、酮的性质,渗透"结构决定性质"的观念;学会醛基的检验方法	以异戊醛为例,初步认识羰基化合物,由醛基进一步延伸到结构相似的酮羰基	课件,素材(关于异戊酸异戊酯合成的文献资料);教材内容;球棍模型;苹果实物;实验活动;场馆(实验室)
	2.糖类	从糖类的官能团微观探析糖类的结构特点,了解糖类的分类,理解糖类的化学性质,加深学生对"结构决定性质,性质反映结构"基本观念的认识	结合经验分析苹果中含有糖类物质。从糖类的官能团微观探析糖类的结构特点,了解糖类的分类	课件,素材(关于苹果减肥法的文献资料,糖类相关的视频);实验资源;苹果的资料卡片
	3.五碳醛糖与核酸	能辨识核糖核酸、脱氧核糖核酸中的磷脂键,能基于氢键分析碱基的配对原理。能说明核糖核酸、脱氧核糖核酸对于生命遗传的意义	结合所学知识,分析基因是具有遗传效应的DNA片段;认识核糖和脱氧核糖的组成与结构	课件,素材(文献资料;DNA形成的视频);DNA双螺旋结构模型

表5-3-8 【资源1】

资源主题	醛和酮		
资源设计途径	☑分类加工资源　□开发创造资源　□其他		
资源设计类型	☑素材资源	☑文本	☑教材内容 ☑学生作业评价 ☑实验活动指南 □学生活动案例 ☑生产生活中化学学习素材 □实验、研究报告 □其他
		☑媒体	□音像教材 ☑投影资料 ☑多媒体课件 □电子百科 □网上教育信息资源
			□交互学习系统 □市区校间局域网 ☑互联网 □虚拟教育系统 □学校慕课平台 □教师教学公众号

续表

资源主题	醛和酮		
资源设计类型	☑实验资源	☑常规实验	☑药品 ☑设备 ☑模型 ☑实物 □其他
		□数字化实验	□专用数据处理软件 □高精度滴定计 □图形采集器 □各类传感器 □其他
	☑场馆资源	☑学校场馆	☑中小学实验室 □高校实验室 □特色实验室 □多媒体教室 □网络教室 □电子阅览室 □电子化图书馆
		□社会场馆	□科技馆 □工厂 □对中学生开放的平台 □其他场馆
资源设计功能	☑阐述概念原理 ☑建立微观模型 ☑凸显感知重点 ☑解释规律方法 ☑促进理解思维 ☑提供事实材料 □指导技能训练 □支持探究活动 □提供活动场所		
资源设计内容	以异戊醛为例,初步认识羰基化合物,以醛基延伸到结构相似的酮羰基,知道常见的醛(如:甲醛、乙醛和苯甲醛)和酮(如丙酮),了解其相关应用。练习书写异戊醛所有的同分异构体,归纳总结出同分异构体的三种类型及饱和一元醛(酮)的通式。根据异戊醛的结构,预测它可能存在的性质,知道醛和酮结构和性质的异同点。通过实验探究活动,学生进一步理解醛、酮的性质,理解"结构决定性质"的概念并学会醛基的检验方法。综合利用醛的化学性质,尝试应用酯化反应知识设计异戊酸异戊酯的合成方法,对比分析已知路线,学会评价合成工艺的优缺点		
资源设计评价	评价内容	目标匹配度	资源功能	资源质量
	评价等第	☑A □B □C □D	☑A □B □C □D	☑A □B □C □D
资源改进优化	可以设计成微型实验,每一位学生都能动手参与,近距离观察实验现象		
资源库	网络资源库		

第六章

精新化学实验：
四系五融实验教学体系

第一节 四系五融实验教学体系的理论基础

本节主要内容如图6-1-1。

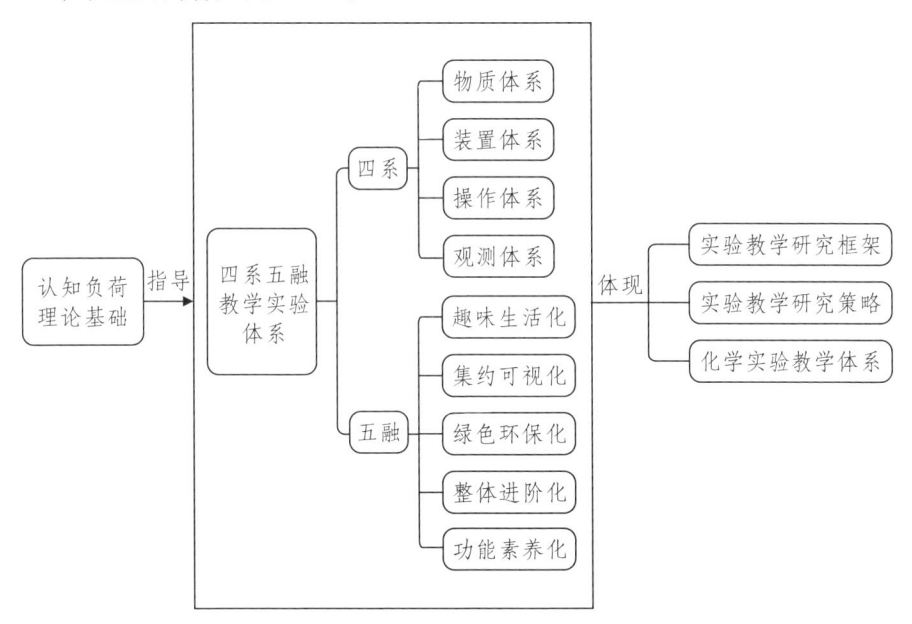

图6-1-1 四系五融实验教学体系

一 认知负荷理论

认知负荷理论的第一个理论基础是人类在认知结构中工作记忆与长时记忆的运行机制。心理学家提出一种人类的信息处理模型(图6-1-2)。该模型介绍了信息的三种存储方式:感官记忆、工作记忆和长时记忆。感官记忆是一种瞬时的信息存储,持续时间为0.1~0.5 s。其接收的外界信息刺激若能引起学习者的注意,则会转入工作记忆。工作记忆是学习者有意识地对外界信息进行加工处理并作出反应的信息存储系统,其容量和持续时间都非常有限。通常,工作记忆一次只能储存7±2个信息元素,信息保存的时间约为20 s。学习者只有将工作记忆中处理的信息保存到长时记忆中,该学习才是有效的。长时记忆没有容量和时间限制,它永久性地存储着人类一生累积的知识。

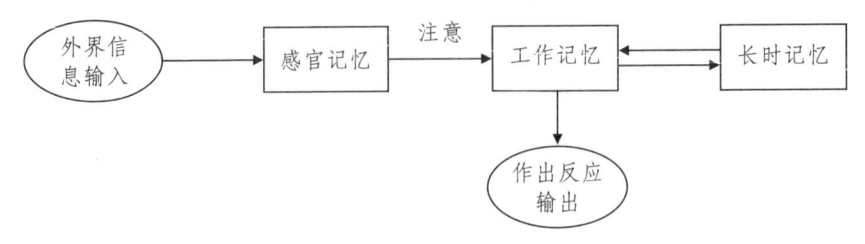

图6-1-2　信息处理模型

认知负荷理论源于学者对认知过程的研究,认知过程即记忆,记忆分为感觉记忆、短时记忆与长时记忆。工作记忆是短时记忆的一种深化和延伸,兼具信息的暂时存储和处理功能,其内核中的中央执行系统负责分配注意力,并调控情境缓冲器处理语音回路和视空间模板子系统提供的新信息,提取的旧信息进行关联,处理后的信息以图式形式贮存在长时记忆中。图式是知识结构化表征的基本单位,是一种具象化的形式,是对我们过去的经验进行概括、总结以及记忆。

工作记忆的容量是有限的,一次最多只能存储7±2信息组块,且只能同时加工2~3条信息组块。而长时记忆的容量是无限的,且存储的信息是永远不会被遗忘的。借助于图式并通过足够的练习生成知识组织与存储的机制,使认知自动化,从而弥补工作记忆容量有限的不足,降低工作记忆的负荷总量。

认知负荷包含了在存储和加工过程中人类能处理的信息总量。只有将认知负荷控制在工作记忆所能承载范围之内,有效学习才能发生,否则认知负荷将超载,学习失败。

认知负荷分为三大类,即内部认知负荷、外部认知负荷和相关认知负荷。内部认知负荷是由学习材料的难度和个体经验知识决定的,外部认知负荷是学习材料的组织和呈现方式不当而产生的额外负荷,相关认知负荷是指当把认知资源投入与内部认知负荷相关的认知活动时所产生的负荷,其有利于构建图式和认知自动化,是一种有益的认知负荷。认识过程分析如图6-1-3。

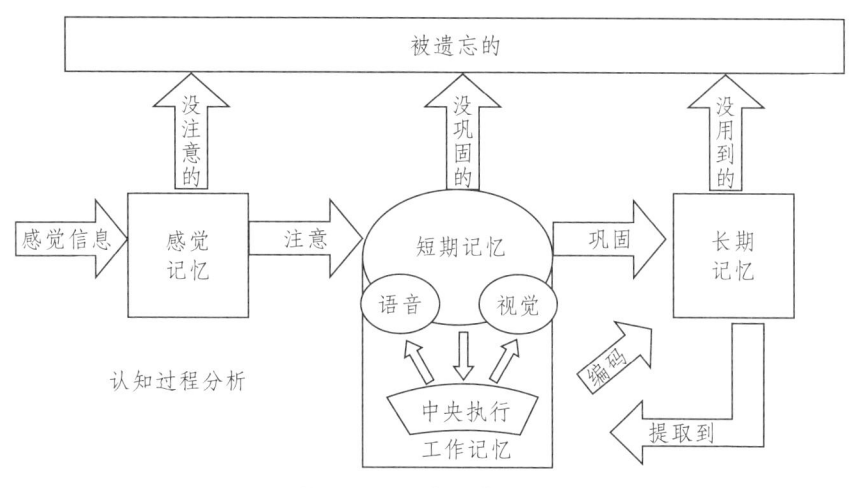

图 6-1-3　认知过程分析

二、认知负荷理论与中学化学实验教学

(一)认知理论用于四系五融化学实验教学

化学实验教学设计对教学材料进行集约可视化,能促进学生理解,有效降低外部认知负荷;而情境创设的趣味生活化,能激发学生学习动机,同时体现了"绿色环保化"这一价值,可以提高相关认知负荷;教师在教学过程中注重由知识、思维到素养"整体进阶化"的提升,有利于增加教学经验,增强学生学习能力,从而提高相关认知负荷,并降低内部认知负荷。认知负荷水平的优化,提高了课堂教学的效果,有利于素养功能目标的达成。

认知理论在四系五融化学实验教学中的应用如图6-1-4所示。

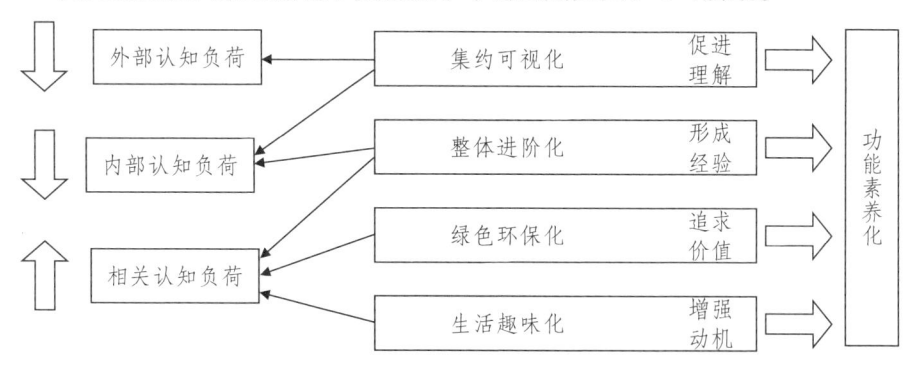

图 6-1-4　认知理论用于四系五融化学实验教学

在传统的化学实验教学中,受应试的影响,教学的重点变为对实验现象、实验操作步骤、实验结论和解释等知识的记忆。如钠与水反应的现象为"浮、熔、游、响、红"五字诀,实验室加热高锰酸钾制氧气的步骤为"查装定点收离熄(茶庄定点收利息)"七字诀。教师也认为把这些"干货"灌输给学生就行,不必费时费神地做实验,尤其是那些现象不明显的、涉及有毒物质、不易成功的实验,能不做的就不做,更缺乏动力去改进。从学生角度来看,因缺乏体验和动手实践的机会,没有足够的具象感知,不能深度理解化学概念、原理,误认为化学是理科中的文科,需要死记硬背。学生的记忆负担加重,逐渐地对老师的"干货"也失去了兴趣,认知水平和学习能力也得不到提升。

(二)认知理论用于四系五融实验教学

1.实验系统理论——"四系"

清华大学教授提出了"化学实验体系的三要素",即实验对象的物质体系(用于探究化学变化过程,也称为化学体系)、适当的仪器装置(装置体系)和必要的安全措施、合理的实验步骤和规范的操作技术(操作体系)。基于上述认识,对化学实验系统剖析如下:其中可观测的实验变量(属性)子系统在传统实验中往往归属于装置体系,而近年由于手持技术的推广,它被分离出来,为实验的可视化设计奠定了基础;装置体系的集成化设计使实验操作变得简单,微型实验从物质减量化等方面促进了化学实验绿色环保化。

在学习或研究化学时,选用什么化学体系是由学习目标决定的;选定化学体系后,使用的仪器装置也就确定了;实验步骤决定于所选定的化学体系和仪器装置,如何安全地、有序地完成实验,决定于实验者操作技术的规范程度。可见一个成功的化学实验通常有以下特征:所选的反应体系符合目标且不确定因素最少,实验装置合理、安全、环保,操作有序而规范,现象明显且结果易于观测。

化学实验系统如图6-1-5。

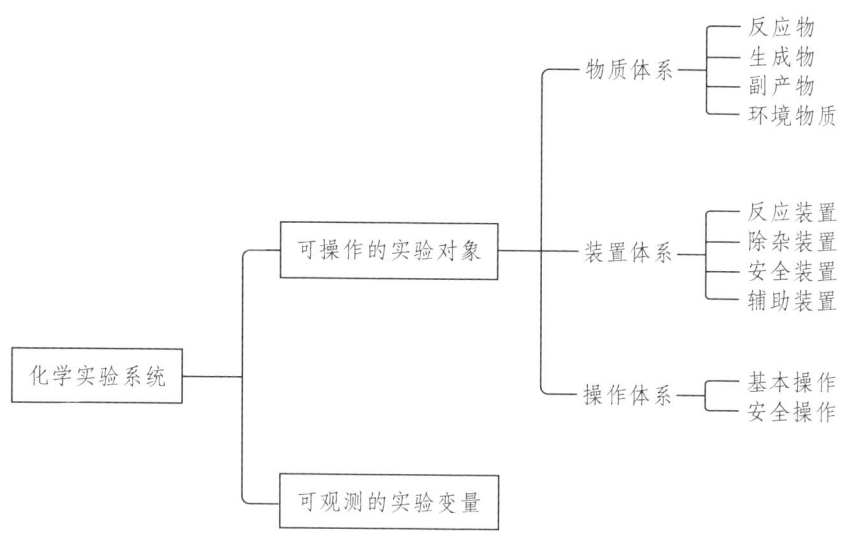

```
                                      ┌─ 反应物
                           ┌─ 物质体系 ─┤─ 生成物
                           │          ├─ 副产物
                           │          └─ 环境物质
                           │
              ┌─ 可操作的实验对象 ─┤          ┌─ 反应装置
              │            │          ├─ 除杂装置
              │            ├─ 装置体系 ─┤─ 安全装置
              │            │          └─ 辅助装置
  化学实验系统 ─┤            │
              │            └─ 操作体系 ─┬─ 基本操作
              │                       └─ 安全操作
              │
              └─ 可观测的实验变量
```

图6-1-5　化学实验系统

2.化学实验创新

基于化学实验系统的分析,不难得出化学实验创新(图6-1-6)的方向:认知性创新、技术性创新、绿色化创新。同时也可确定实验创新的基本原则:科学性、安全性、直观性、简约性、绿色化。该原则也成为提出实验五融合理论的本源。实验教学的终极目标是培养学生的核心素养,设计和实施实验应着眼于对学生的实践能力和创新思维进行培养,因而离不开对化学认知过程的分析。

因此,在化学实验体系"三要素"(物质体系、装置体系、操作体系)的基础上,增加了第四个要素——观测体系。这四个要素共同构成了化学实验系统(即"四系"),更好地为研究物质的实验服务。

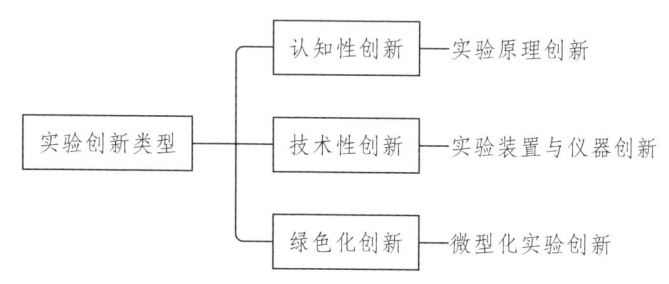

```
                  ┌─ 认知性创新 ── 实验原理创新
                  │
  实验创新类型 ────┼─ 技术性创新 ── 实验装置与仪器创新
                  │
                  └─ 绿色化创新 ── 微型化实验创新
```

图6-1-6　实验创新类型

(三)四系五融实验教学体系

"四系"是将化学实验4个体系,即物质体系、装置体系、操作体系、观测体系。"五融"是指化学实验教学中的5个主要研究方向,即趣味生活化、集约可视化、绿色环保化、整体进阶化、功能素养化。集约可视化有效降低外部认知负荷;趣味生活化和绿色环保化,激发学生学习动力,提高相关认知负荷;整体进阶化,提高相关认知负荷,降低内部认知负荷。教师教学时对各认知负荷水平进行优化,有利于完成素养功能目标,促进功能素养化。四系五融实验教学体系,如图6-1-7。

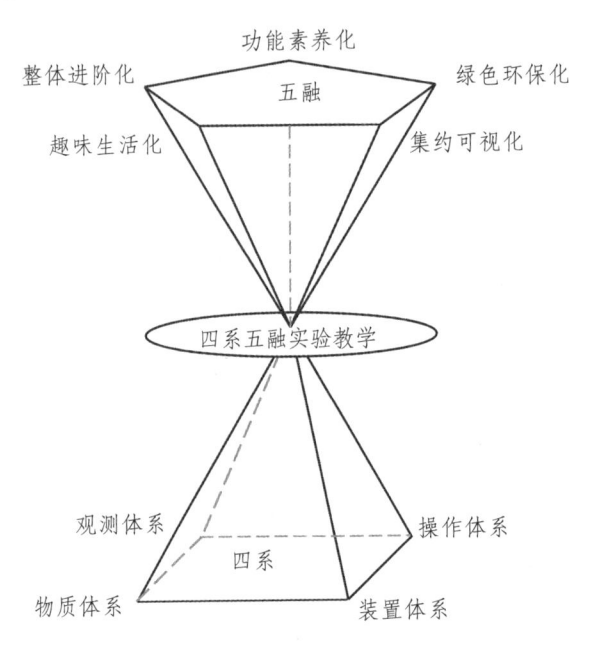

图6-1-7 四系五融实验教学体系

三 理论应用

1.中学化学四系五融实验教学体系与内容

中学化学五融实验教学体系是以实验系统理论和认知负荷理论为支撑,以功能素养化为目标统领,以趣味生活化、集约可视化、绿色环保化、整体进阶化为方法和标准,强化包括实验创新设计、资源开发、课程研发、教学设计、教学评价在内的全过程,建立实验和教学的新系统。

其中,趣味生活化是基础,功能素养化是最终目标,趣味生活化、集约可视化、绿色环保化来自实验本体。趣味生活化、整体进阶化、功能素养化来自认知过程。

结合化学实验教学特质与学生心智水平等因素,开展趣味生活化、集约可视化、绿色环保化、整体进阶化、功能素养化五融实验教学。五融充分考虑这些因素,功能素养化是我们教学要达成的最终目标,从实验本体来看,集约可视化绿色环保化是发展趋势;从认知过程看,实验的趣味生活化设计,能让学生保持对物质世界的好奇心,并激发出他们的探究欲望。(图6-1-8)

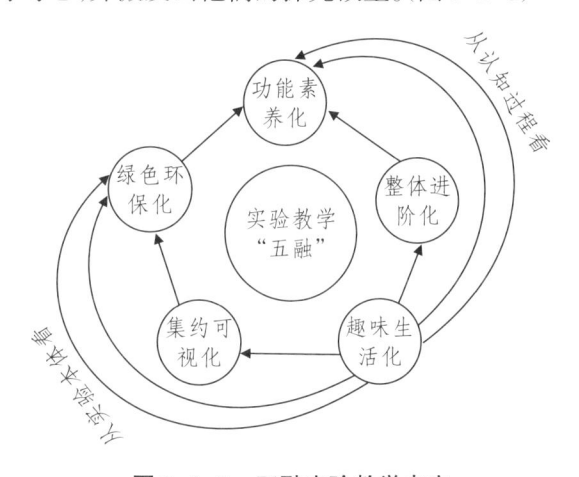

图6-1-8 五融实验教学内容

2.研究框架

实验教学提炼的理论立足于认知负荷理论,提炼出了四系五融实验教学理论,通过资源研发、实验创新设计、教材开发、实验教学设计、实验教学评价等教学实践进行落实。实验教学从实践中提炼出理论,又在理论中指导优化实践,提高教学质量,提升学生化学核心素养,进而提升学生的综合素养,为国家培养建设者和接班人,实验教学研究框架如图6-1-9。

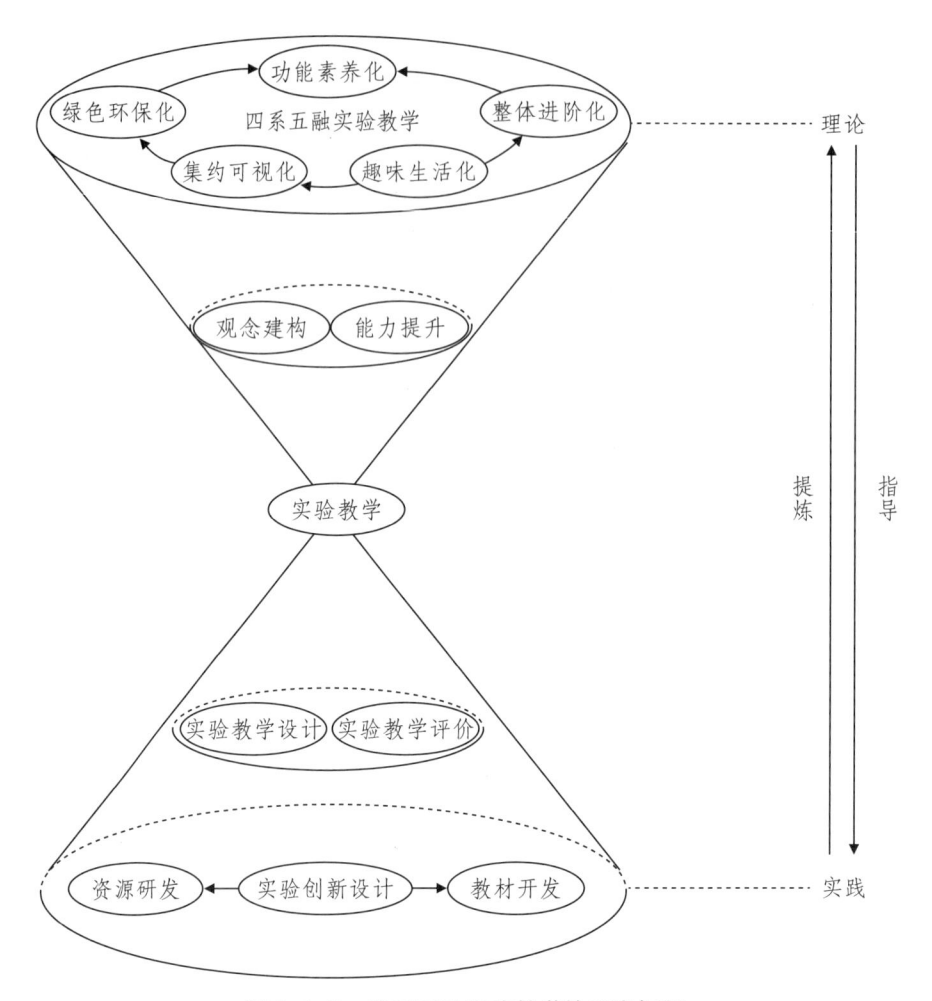

图6-1-9 四系五融实验教学的研究框架

第二节 四系五融实验教学体系实施与评价

本节主要内容如图6-2-1。

图6-2-1 四系五融实验教学体系实施与评价

一 中学化学实验教学现状分析

（1）化学教材实验设计还有改进的空间。受教材传统严肃性的影响，教材中的实验在追求逻辑科学性、大众接受性等方面做得比较好，但是在趣味生活化、地方校本化等方面还有较大改进的空间。最明显的是，目前化学实验素材分散。

（2）化学实验教学弱化。受实验评价影响，部分教师认为学生动手实验浪费时间，认为教学效率不如黑板实验、口头实验、试题实验等，在实验教学中缺少真实实验，学生缺少从真实实验中获得丰富感性素材的机会。

（3）教师未能全面挖掘实验教学功能。受较陈旧的教育教学理念影响，部分教师不能全面理解实验教育教学功能，没有深入挖掘实验教育教学功能中的学科核心素养，做实验时只简单"照方抓药"，实验教学效果不理想。

（4）学生实验参与度低，实验能力弱。受教师不重视实验的影响，学生动手实验的机会较少；学生很少能结合实验完整地进行探究活动，缺少系统研究化学实验思路与方法，实验观念尚未形成，因此他们的实验能力难以提升。

二 解决问题的研究框架

研究框架包含目标、内容、实施、效果等,涵盖教师、学生、学校,如图6-2-2所示。

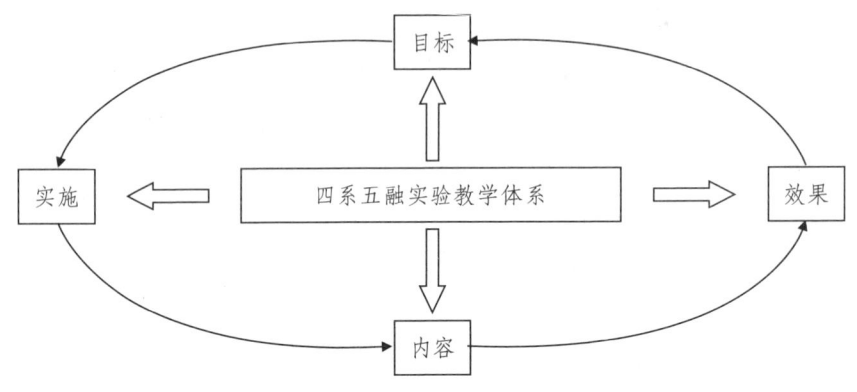

图6-2-2 四系五融实验教学体系研究框架

三 四系五融实验教学体系实施

(一)四系实验创新设计模式

四系实验创新设计模式分为实验目的、实验体系两个模块,实验体系分为装置体系、操作体系、观测体系,简称A-SIOD模式,如图6-2-3。

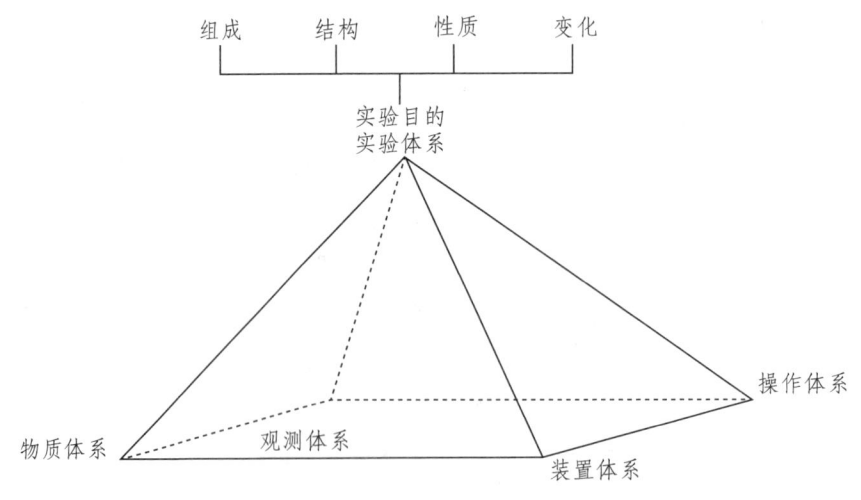

图6-2-3 基于化学实验系统的A-SIOD模式

(二)五融化学实验教学

针对中学化学实验教学存在弊端——实验教学功能挖掘不全、学生实验参与度低、师生实验能力较弱等,我们开展了"五融"化学实验教学。从教材体系、实验仪器与装置改进、教学设计、实验案例、实验试题评析与命制等方面,开展了"趣味生活化、集约可视化、绿色环保化、整体进阶化、功能素养化"等五融合的实验教学。趣味生活化作为化学实验教学的基础,分别从实验本体和认识过程发展,一是从趣味生活化→集约可视化→绿色环保化→功能素养化的发展,二是从趣味生活化→整体进阶化→功能素养化的发展。经过14年的实践与应用,最终证明该教学模式提高了中学化学实验教学效益(图6-2-4和图6-2-5)。

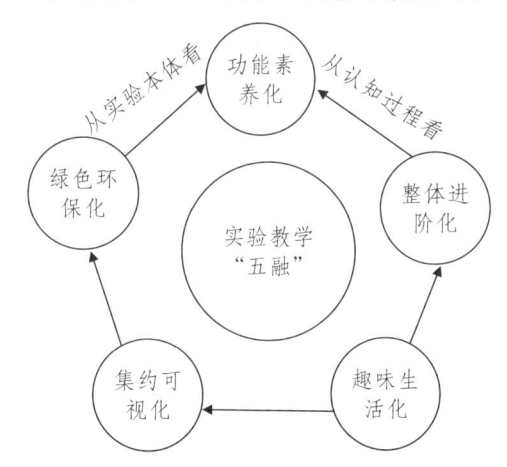

图6-2-4 化学实验"五融"

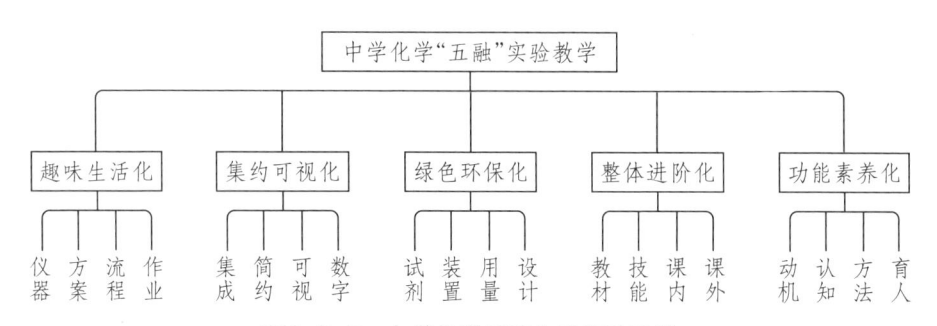

图6-2-5 中学化学五融合的实验教学

四 四系五融实验教学实施

(一)五融实验教学应用模式

五融实验教学应用模式如图6-2-6。

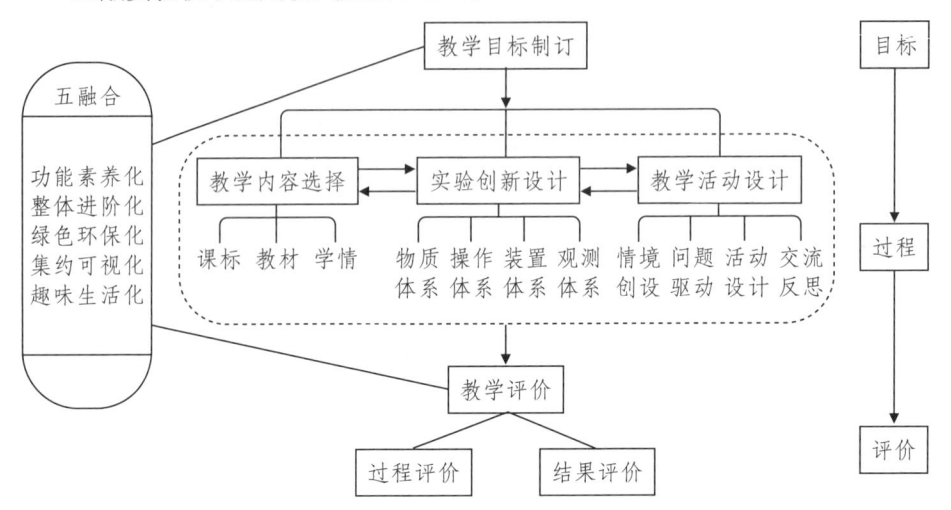

图6-2-6 五融合的实验教学应用模式

(二)实验校本课程研发

实验校本课程研发流程如图6-2-7所示。

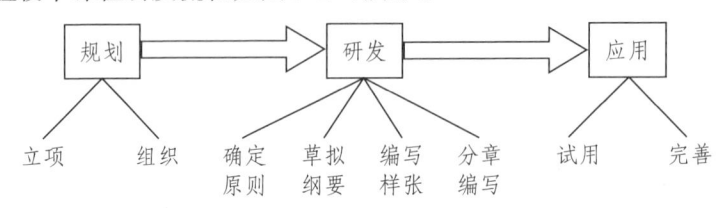

图6-2-7 实验校本课程研发流程

(三)五融实验教学实施

1.趣味生活化

"趣味生活化"是中学化学实验的基本要素之一,基于趣味生活化的化学实验可有效地激发学生的学习兴趣。化学实验是化学知识最真实的载体,而很多地区因经济条件、上课场所、化学反应难易程度等限制,教师无法开展或者不愿意开展化学实验教学。然而学生生活本身就是一个"实验室",基于趣味生活化的实验设计应尽可能简易、安全、可操作性强;学生在生活体验中所掌握的知识往往更本质、更稳固。因此实验内容设计生活化更贴近学生的认知规律,这正是趣味生活化实验的优势所在。

(1)趣味生活化的涵义。

《普通高中化学课程标准》明确提出:倡导创设真实的问题情境,开展以化学实验为重点的探究活动,激发学生的化学学习兴趣,培养学生的创新精神和解决实际问题的能力。这要求化学实验教学立足于学生的生活实际,为学生创造更多将化学实验和现实生活联系起来的机会,基于生活化的基础展现化学实验。一方面能促进学生掌握化学学科知识,另一方面还能使学生认识到化学既来源于生活又服务于生活。

趣味生活化是指对化学实验教学中内容的趣味化和生活化进行整合。趣味化是要求在内容真实、新鲜的基础上,满足学生的心理需求。生活化是通过学生熟悉的场景或器具,演示出许多意想不到的科学现象,从而引发学生对科学的思考。两者整合下的化学实验教学可以有效增进学生科学素养和人文精神的发展。

(2)趣味生活化的具体内容。

趣味生活化实验(图6-2-8),即与日常生活有关的、具有趣味性的化学实验。其涉及的实验材料、实验仪器、实验主题均与生活相关。实验材料与日常生活有关,是指可把生活中的饮料、药品、食物等作为实验试剂;实验仪器与日常生活有关,是指可把日常生活中的日常用品作为实验仪器;实验主题与日常生活有关,是指实验目的以解决生活中的化学实际问题为主。在生活化的化学实验中,实验材料、实验仪器和实验主题可以只选择其中之一,也可以选择全部。总之,只要化学实验与日常生活密切相关,并且具有丰富的趣味性,可以解决课本上或者补充知识的难点,它就可以被看作是生活化的化学实验。

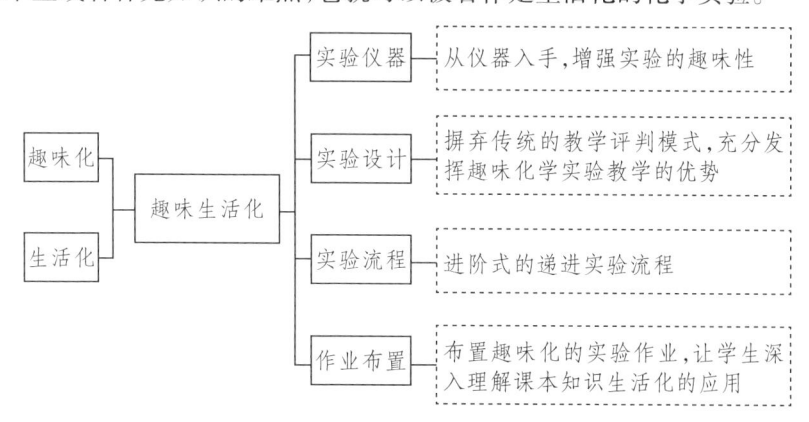

图6-2-8 趣味生活化实验内容

(3)实现策略。

①探索方法和操作规范的生活化实验;

②揭示化学概念或原理的生活化实验;

③将元素化合物知识与生活常识联系的生活化实验;

④现象新奇,能够激发学生好奇心的生活化实验;

⑤联系社会生活,有助于解决生产问题的生活化实验;

⑥实验试剂来源于生活:如醋酸、可乐、粉笔、花瓣、酒精等;

⑦实验器材或仪器来源于生活:如针管、小药瓶、可乐瓶等;

⑧实验情境或主题来源于生活,如探究自来水中有没有氯气及含氯化合物,探究粉笔和贝壳的主要成分,探究补铁剂中铁元素的价态等。趣味生活化实验的设计以学生为主,帮助学生理解知识和培养科学探究精神,不仅能应用于实验课堂上,还可用在家庭实验、课外活动中。

(4)基于趣味生活化的化学实验教学思考。

实验教学能否达到最终目的关键是教师在课堂教学中能否激发学生的参与兴趣。为了提高学生的实践能力,教师在新课程教学中要结合实际大胆进行实验创新,提高实验教学的质量。在开展生活化实验教学时,教师就要注重挖掘化学实验教学中趣味性与生活化的元素,充分利用学生熟悉的各种生活元素来进行实验演示。学生面对自己熟悉的各种生活元素,会产生强烈的动手欲望。教师在学生对实验强烈的求知欲与动手愿望中顺利展开教学,具有良好的教学效果,鼓励学生利用各种生活素材进行创造,不仅有效提升了学生的动手能力,也培养了学生的创造力和想象力。

①开发日常生活中物品的实验功能。教师可以利用生活中的物品,如吸管、医用输液管、药瓶、注射器、塑料袋等。如图6-2-9所示,药片铝箔可以作为点滴板进行微型实验;如图6-2-10所示,利用果冻的包装袋做气体实验;如图6-2-11所示,利用打气筒检测空气中的二氧化碳;如图6-2-12所示,利用气球做燃烧条件的探究。

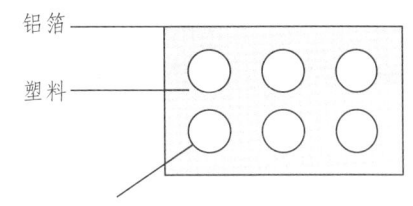

图 6-2-9　药片铝箔

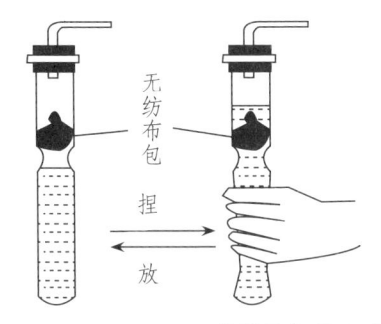

图 6-2-10　果冻包装袋做气体实验

图 6-2-11　检验空气中的二氧化碳

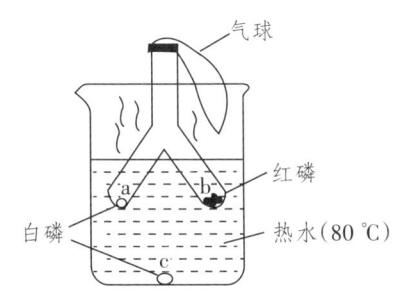

图 6-2-12　燃烧条件探究

②课本实验趣味化。如图 6-2-13 所示，二氧化碳的性质趣味实验，操作简单、现象直观，比课本实验趣味多。

如图 6-2-14 所示的分子运动实验，将导管两端分别连接好乳胶管，再用弹簧夹夹住，就组装为密闭的微型实验装置，注射器插进乳胶管可添加药品。

注射器有刻度,密闭性好,中学阶段的许多实验都可以借助注射器开展,既可以做性质实验,也可做制取实验,还可以将制取与性质实验结合起来。既可以定性,还可以定量。教师指导学生利用注射器开展实验探究,激发学生的学习兴趣,提升学生实验设计与探究能力。如图6-2-14所示,注射器同时向玻璃管中的棉花注入浓氨水和浓盐酸,可以观察到白烟。根据白烟的位置,推测NH_3分子和HCl分子运动速率的差异,实验操作简洁、环保,可以随堂实验,极大丰富化学课堂教学。

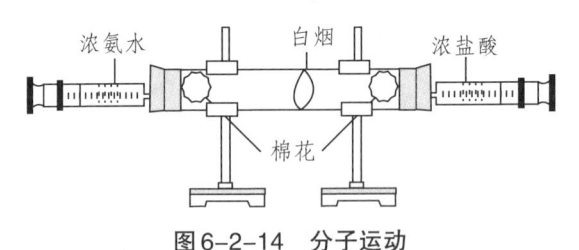

如图6-2-15所示的钢铁吸氧腐蚀实验,利用U形管和红墨水,将不易看到的实验现象可视化,增加了实验的趣味化。在U形玻璃管中装入红色墨水,红墨水的移动可让学生观察到气体不明显的变化。学生根据装置U形管中红墨水的移动,判断气体体积的变化。左侧液面升高,说明装置内部的气体减少了,空气中的氧气参与了反应。如果将食盐水改为酸性溶液其他不变,经过一段时间后,红墨水的移动方向相反,左边低右边高,说明装置内的气体体积增加了,以此探究钢铁析氢腐蚀的原理。

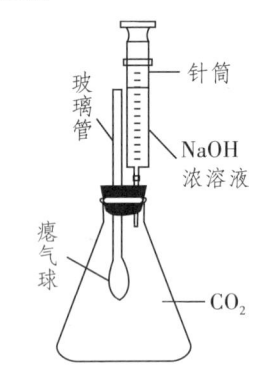

图6-2-13 CO_2的性质实验

图6-2-14 分子运动

图 6-2-15　钢铁吸氧腐蚀

③小制作。家庭日常生活的物品,如食盐、醋、酒精、铁钉、电线、消毒液等,都可以进行探究类小制作实验。如生活材料制作环保电池、神奇的盐水晶花园、几种水果和蔬菜原电池、简易灭火器的制作等。

如图 6-2-16 所示的环保型家庭消毒液。利用家庭中常见的物品,如食盐、废旧电池中的碳棒、电线、干电池、塑料瓶等,制作家用环保型消毒液发生器。废旧电池中的石墨作为电极,电解饱和食盐水。通电时,饱和氯化钠溶液反应生成 NaOH、H_2、Cl_2,下端石墨附近产生的 Cl_2 与上端石墨附近生成 NaOH 反应,生成 NaCl 和 NaClO,总反应方程式为:$NaCl+H_2O \xrightarrow{通电} NaClO+H_2\uparrow$。

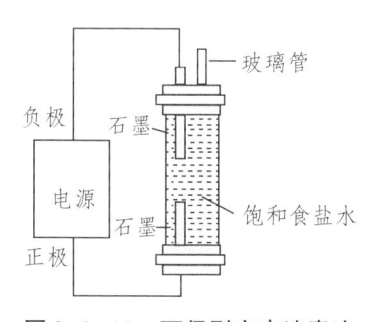

图 6-2-16　环保型家庭消毒液

④化学定性检验与定量检测。土壤 pH 的测定、暖宝宝的放热原理及放热后成分检验、豆腐的制作与性质检验、食用纯碱成分测定、菠菜中铁元素的检测、检验烟花爆竹燃放中产生的 SO_2 等。

如图 6-2-17 所示,检测指纹实验。试管里加入几粒碘,橡皮塞夹住印有指纹的滤纸,加热试管后可观察到滤纸上的指纹。如图 6-2-18 所示,空气中氧气含量的测定实验。利用玻璃管和食品脱氧剂,快速测量空气中氧气的含量。实验原理:常温下,食品脱氧剂能与 O_2 反应,消耗空气中的氧气,根据玻璃管中水滴移动的位置,判断氧气的消耗量,测量水滴移动的位置与整个玻璃管密封部分的比例,判断出反应的氧气占整个空气的体积比,计算出空气中氧气的体积分数。实验步骤：用橡皮塞将细玻璃管的一端密封，再向细玻璃管中迅速装入食品脱氧剂，转动玻璃管，让脱氧剂粉末均匀且紧密分布在玻璃管内，脱氧剂的上端标为O，然后立即向玻璃管的管口注入一滴水进行密封，水滴的下端标为A，如图6-2-18中的图甲所示；水平滚动玻璃管，使食品脱氧剂粉末平铺在玻璃管中，静置至水滴不再移动，水滴的右端标为B；计算水滴的移动位置与整个密封玻璃管的比值，得出空气中氧气的体积分数。实验评价：此实验为创新设计实验，试剂少，操作简单易行，实验效果明显，不仅能培养学生的动手实验操作技能，激发学生的创新意识，还能提升学生的化学核心素养。

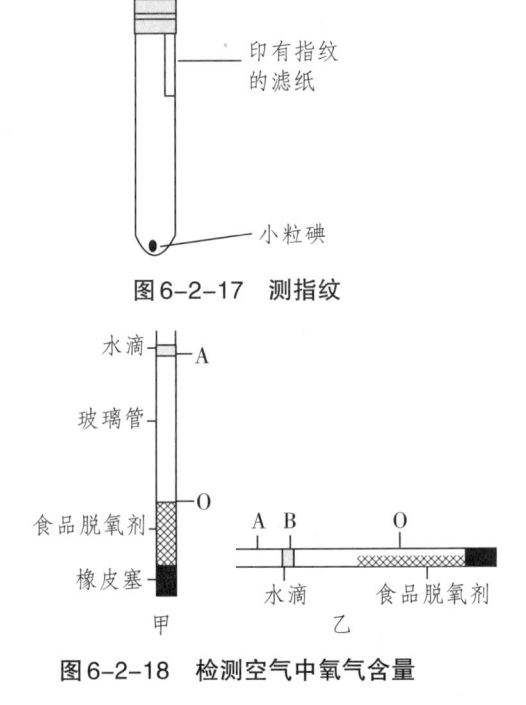

图6-2-17 测指纹

图6-2-18 检测空气中氧气含量

⑤小化工。腌制皮蛋、制作米酒、自制肥皂、自制消毒液、用阿司匹林和洗涤碱制备水杨酸(隐显墨水)、巧用淀粉制备银纳米颗粒等。

⑥自制仪器。如图6-2-19所示，利用并制作长柄V形玻璃管，探究化学实验。如图6-2-20，加热改进的碳酸氢铵实验装置，检验分解产物，浸有酚酞试液的棉球检验产物中的氨气，V形玻璃管中的澄清石灰水检验产物CO_2。除了此实验外，还可以探究气体的制取与性质实验，如Cl_2、SO_2、CO_2等，该装置使用试剂用量少，操作简单，现象明显。其不仅激发学生的创新意识，还培养学生的动手实验能力。

图 6-2-19　长柄 V 形玻璃管

图 6-2-20　加热改进的碳酸氢铵实验装置

2.集约可视化

(1)集约可视化的涵义。

化学实验教学的集约化是指教学内容的集成化与教学过程的简约化,旨在提高教学效率。

认知负荷理论表明与学习直接相关的工作记忆容量有限,其只能同时处理 7±2 个信息组块,因此教学内容的组织必须模块化,即碎片化知识须"打包"。知识间必须存在逻辑关联或构成有序结构,微课和项目式学习是很好的实验教学集约化的两种表现形式。从实验设计来看,可以是一个仪器完成某一实验,也可以是一套仪器装置完成物质的制备、性质、检验、提纯等系列实验。

(2)集约可视化的实施策略。

在长期进化过程中,人的视觉在信息处理速度、容量和记忆力等方面有了绝对优势。因而在实验教学中,首先教学内容的呈现要充分利用视觉的优势,即可视化设计;其次实验系统除了可操作的实验对象子系统外,还包括可观测的变量子系统,尤其是手持技术的应用,让实验能可视化设计。如操作简单化即用电脑软件进行仿真实验,数字化实验能数字化显示和放大化显示,还包括对现象不明显的实验和无明显现象反应的"可视化"改进(图 6-2-21)。

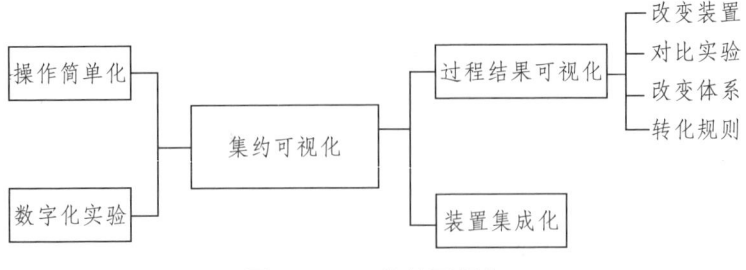

图 6-2-21　集约可视化

(3)集约可视化的案例分析。

①利用实验室常见仪器进行集成可视化组合。例如组合一套快捷连续通用的音乐喷泉实验装置,该套装置能做很多类似的实验。

如图 6-2-22 所示,将气体制取与性质检测的装置整合为喷泉实验装置。左边的烧瓶与分液漏斗组合为气体发生装置,倒置的漏斗用来吸收尾气,防止污染空气。音乐卡片引出的 2 根导线连接着插入蒸馏瓶内的 2 根大头针,用来检验喷泉实验发生后溶液的导电性,增加趣味性。蒸馏瓶用于进行喷泉实验;塑料瓶有一个小孔,与大气相通,用来挤入溶液及提供喷泉的液体;右边的烧杯和导管用来检验蒸馏瓶中是否充满气体,还可承接喷泉实验结束后的反应溶液,为下一次喷泉实验做准备。

氨气喷泉实验是学生感兴趣的实验,但传统的实验装置操作起来很不方便、耗时,气体制取与喷泉实验分开,喷泉不能连续,没有音乐比较单调。改进后的音乐喷泉实验装置,可以做到"我的喷泉,我做主""想什么时候喷就什么时候喷""想喷多久就喷多久"。

具体优点如下。简单:制取气体与喷泉实验不受时间限制。趣味:增加了音乐卡片,实验生动、直观。快捷:反应在 2 分钟内完成。高效:一次试剂可以多次重复进行实验。环保:整个装置可以在密闭体系完成,减少了对环境的污染。通用:该装置稍作改变,可以做多种气体的喷泉实验。如 HCl、Cl_2、SO_2、CO_2、NO_2 等气体的喷泉实验。喷泉实验帮助学生巩固高中阶段常见气体的制取与性质知识,使学生对气体的性质更加理解,对化学仪器有了更深入的认识。喷泉实验还开阔了学生的眼界,启迪了学生的创新思维,培养了学生发散思维能力、动手实践能力、综合实验能力。

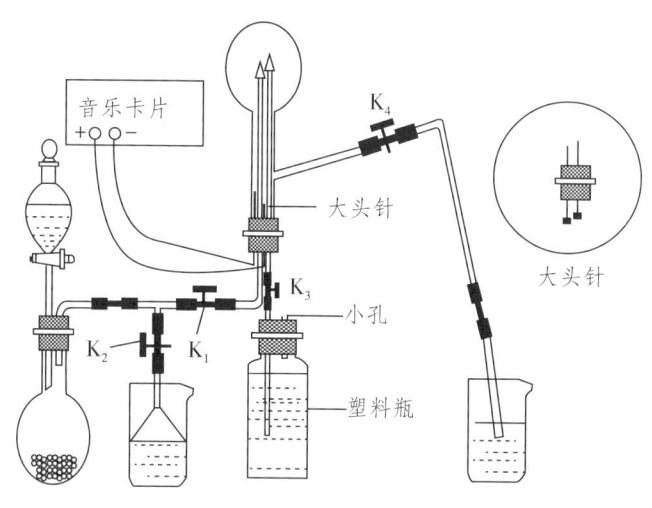

图 6-2-22 音乐喷泉实验装置

②过程显示可视化。实验现象不明显的实验,可以加一些显色剂。

③数字化实验。教师可借助传感器,开展实验探究,结合电脑显示的图像进行分析,提升学生的综合素养。

④自己设计化学实验仪器,实现集约可视化。电化学是高中化学教学的重点与难点,学校配备的电化学实验仪器功能单一,只能进行原电池、电解等常规实验。探究影响原电池反应的因素、各种燃料电池的反应现象及机理等热点性问题缺乏相应的实验支持,教师只能从理论上进行阐述,学生只能通过机械性记忆和习题加以巩固,这在一定程度上影响了电化学教学的效果,也不利于学生核心素养的养成。如图 6-2-23 所示,数显式一体化电化学综合实验装置。此装置是集指针仪表盘、数字显示器、蜂鸣器和发光二极管为一体的综合实验仪器,具有操作简便、趣味直观、现象明显、数字显现的特点。既可以让教师演示,也可以让学生实验,还可以用于课外探究实验。其能激发学生学习兴趣,让学生体验化学实验乐趣。帮助教师突破电化学的教学疑难点,帮助学生理解原理,培养化学核心素养,提升化学关键能力。本装置主要是由检测单元和反应单元两个部分组成。左侧U形管部分为反应单元,右侧装置为检测单元,检测单元包括电流表、电压表、蜂鸣器、发光二极管四部分。

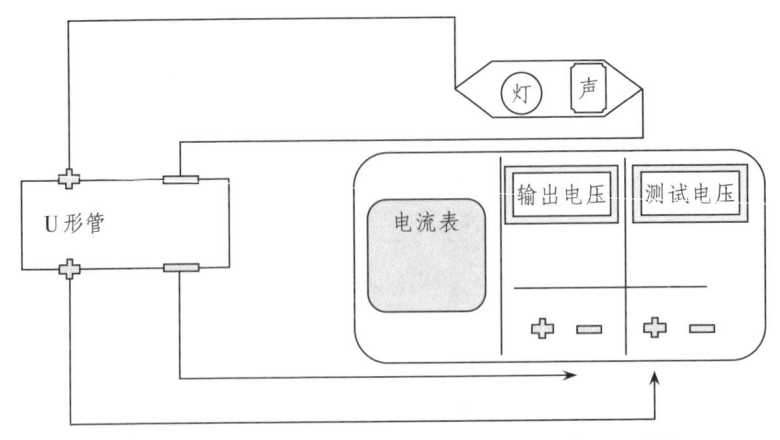

图6-2-23 数显式一体化电化学综合实验装置示意图

装置创新点:蜂鸣器和发光二极管分别显示声音与亮度,增加实验的趣味性;整个实验装置集约化为一体,操作简捷、节省时间;电流表指针显示电流、电压表数字直接显示电压数,直观明了;利用此装置可以完成课本大部分电解、原电池、电镀、水果电池、多种燃料电池(氢氧燃料电池、氢氯燃料电池、有机燃料电池、镁-双氧水燃料电池等)相关实验,还可以探究课外与电化学相关的众多实验,如反应条件等。

教师也可设计螺旋上升阶梯式的系列燃料实验,从气体物质的氢氧燃料,到液体物质甲醇或乙醇燃料,再延伸到固体物质镁-双氧水隔膜燃料,让学生对燃料电池有全面深入的了解,对电极反应有比较深入的认识,帮助学生建立燃料电池模型。学生面对燃料电池这个的难题就能迎刃而解,提升教师教学效率。

3.绿色环保化

(1)绿色环保化的涵义。

帮助学生树立保护环境、人与自然和谐共生的绿色发展观,在绿色环保化的化学实验改进中起了重要作用。结合具体中学化学实验案例,从"实验方案绿色化""物质体系环保化""装置体系环保化""操作体系绿色化"等角度对化学实验教学的"绿色环保化"改进进行梳理总结。

化学是一门创造和应用物质的学科,在促进社会可持续发展方面任重道远。只有环境保护意识是不够的,还要贯彻绿色化学思想。以实验为基础是化学学科的主要特征之一,特别是实验过程中涉及的环保、绿色化学等内容在培育学生科学态度与责任等素养中起重要作用。综合环境保护和绿色化学的核心要义,对化学实验的"绿色环保化"改进如下:在化学实验教学中,应用绿色化学预防污染和环境保护治理污染的新思想、新方法和新技术主动对化学常规实验进行改进,主动采取利用化学原理从源头上消除或减少实验产生的污染,对产生的污染进行"末端处理"等策略,以实现产生尽可能少的副产物为目标,帮助学生建立保护环境、人与自然和谐共生的绿色发展观。

(2)从实验体系三要素看绿色环保化。

一个化学实验体系离不开三要素。即实验对象的物质体系(含反应物、生成物、催化剂、溶剂及周围其他对反应有影响的物质等)、实验进行的装置体系(含仪器、装置等)、实验的操作体系(含实验步骤、操作技术等)。而实验体系取决于实验方案(含制备方案、合成路线等),实验方案又取决于实验目的。即为了达成特定的实验目的,可采取不同的实验方案。当采取不同的实验方案时,实验体系也会变化。因此,化学实验的"绿色环保化"改进可从实验方案、实验体系三要素(即物质体系、装置体系、操作体系)等方面着手。

(3)基于绿色环保化的化学实验改进实施。

①实验方案绿色化。

设计新的制备方案,减少有毒物质排放。中学化学实验中有些物质的制备有多种方案,但某些实验方案是教材的经典,承载着核心概念和知识,会排放一些有毒物质,而改进方案不能体现核心概念知识。在新课教学中采用教师演示实验和学生分组实验不同的处理方式,既发挥了经典实验方案在渗透核心概念和知识的作用,又尽可能减少有毒物质的排放。例如,关于乙烯(CH_2=CH_2)的制备实验,教材的实验方案是在170 ℃时乙醇与浓硫酸分子发生脱水反应,该实验除了制备CH_2=CH_2外,还承载着消去反应的核心概念、反应机理及条件控制等知识,但该方案存在如下问题:装置较为复杂,温度不好控制,副反应多,生成的乙烯中可能混有乙醚、CO_2、SO_2等杂质。因此在新课教学中,教师的演示实验可采用教材原有实验方案,而在学生分组实验中则改为新的制备方案,反应物改为乙烯利(40%)和 NaOH 固体,相关反应原理为 $C_2H_6ClO_3P$+4NaOH——→NaCl+CH_2=CH_2↑+Na_3PO_4+$3H_2O$。改进后的方案不仅装置简单、操作快捷,而且获得的乙烯较纯净、不含SO_2等污染性气体,符合绿色环保化理念。

设计新合成路线,提高原子的利用率。绿色化学的核心内容之一是提高原子的利用率(原子利用率=$\frac{期望产物的质量}{生成物的总质量}\times100\%$),即:最大限度利用原料和减少废物排放。例如,用乙烯($CH_2=CH_2$)制备环氧乙烷,采用氯化乙醇法(反应原理为 $CH_2=CH_2+Cl_2+Ca(OH)_2 \longrightarrow \underset{CH_2-CH_2}{\overset{O}{\triangle}}+CaCl_2+H_2O$),原子利用率=$\frac{44}{173}\times100\%\approx25.4\%$。若采用 Ag 催化下的乙烯氧化法(反应原理为 $2CH_2=CH_2+O_2\xrightarrow{Ag}2\underset{CH_2-CH_2}{\overset{O}{\triangle}}$),原子利用率为 100%,此时原子经济性最高。改进后的合成路线,最大限度利用原料分子中的每一个原子,减少了废物的排放,提高了原子的经济性。此外,还可以通过提高反应选择性来实现原子的经济性。

②物质体系环保化。

原料无害化。按照绿色环保化理念,化学实验过程中应最大限度使用对环境、人体健康无毒(或低毒)的原料。例如,苯与碘水的萃取分液实验,教师进行演示实验时应控制药品用量和保持通风,以减少有毒物质的污染。考虑到苯的毒性,学生分组实验时,可用直馏汽油替代萃取剂苯。

产品无害化。按照绿色环保化理念,若化学产物中除了期望产物外,还有其他有毒、有污染的副产物,应进行实验改进,增加除杂操作,尽可能把有毒、有污染的副产物除去。例如,乙炔(图 6-2-24 和图 6-2-25)的制备与改进实验,教材中的反应物为电石和水,采用固液不加热装置制备并用排水法收集 $CH\equiv CH$。

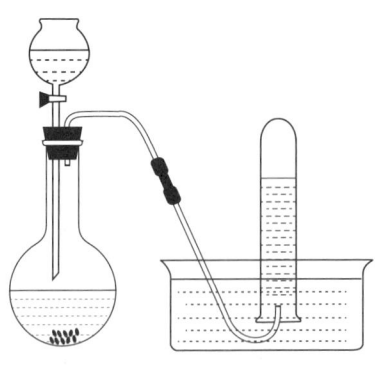

图 6-2-24 乙炔的制备教材实验

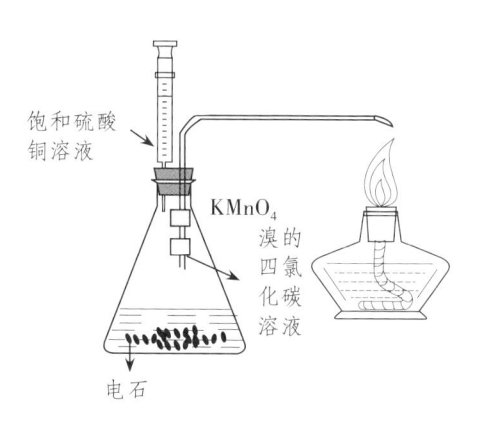

图6-2-25 乙炔的制备和性质实验改进

为得到平稳的CH≡CH气流，通常用饱和食盐水代替水，工业电石的主要成分为CaC_2，常含CaS、Ca_3P_2、Ca_3As_2等杂质，因此生成乙炔中混有H_2S、PH_3、AsH_3等还原性气体。这些副产物不仅污染了空气，还会干扰的乙炔性质检验。改进后的实验采用饱和$CuSO_4$溶液代替饱和食盐水，其能除去乙炔中混有的H_2S、PH_3、AsH_3气体，还增加2个分别滴有$KMnO_4(H^+)$溶液、Br_2/CCl_4溶液的滤纸条和酒精灯，丰富了乙炔的性质检验。这样的改进，不仅符合绿色环保化理念，而且操作步骤简单便于实验。

试剂用量减量化，降低试剂浓度。在保证实验效果明显的前提下，实验中的试剂可减量。实验可适当降低试剂的浓度或者减少试剂的用量（如采用多用滴管、滤纸实验、H形管、W形管、V形管等微型仪器等）。这样既能节约药品、保证实验效果，又能减少环境污染。在现行教材实验中，有的实验对试剂浓度有明确要求，有的则无明确要求。探索达到实验预期效果所需的试剂最小浓度，有利于减少试剂用量，体现了"减少资源利用"的绿色化学思想。例如，中学化学常用的甲基橙、石蕊、酚酞等指示剂灵敏极高。这些指示剂的浓度可从0.5%~1%减为0.10%~0.25%。检验$FeCl_3$溶液中的Fe^{3+}使用的KSCN溶液灵敏高，所使用的KSCN溶液可从0.01 $mol·L^{-1}$减为0.005 $mol·L^{-1}$，而$FeCl_3$溶液可从1 $mol·L^{-1}$减为0.02 $mol·L^{-1}$。

SO_2的制备及性质实验[如与品红/溴水/$KMnO_4$溶液/石蕊/酚酞(OH^-)等反应]的分组实验（图6-2-26），若按常规实验的常量操作，不仅操作复杂，而且会消耗较多的浓硫酸，产生较多的SO_2。进行微型化改进后，点滴板中分别滴加对应的试剂,盖上培养皿,不仅现象明显、节约药品(用量仅为常规用量的1/20),而且产生的SO_2少,符合绿色环保化理念。

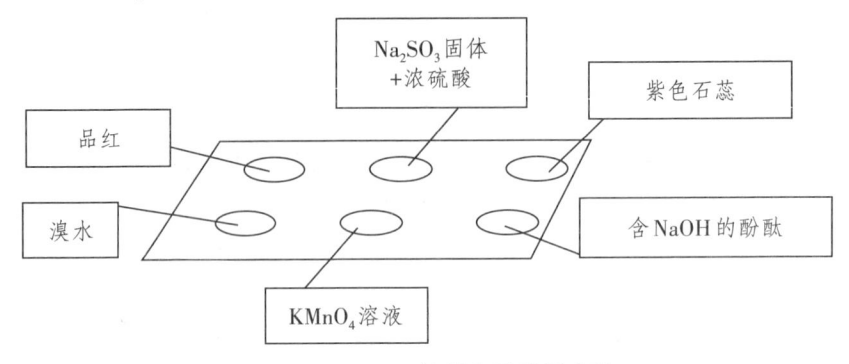

图6-2-26 SO_2的制备及性质实验

③装置体系环保化。

封闭装置成品化。用密封的成品化仪器或装置进行会产生有毒物质或污染空气的实验,可以避免有害物质对环境的污染。例如,中学物理、化学学科都会涉及的碘单质升华实验,可用密封的、成品化的两头向内凹陷且内装碘单质(I_2)的碘锤,不仅可以防止碘蒸气造成的污染,还可以循环利用。利用NO_2双聚合反应($2NO_2 \rightleftharpoons N_2O_4$)探究温度对化学平衡影响的实验,可将封闭的、成品化的二氧化氮双聚合平衡球分别放在冷水、热水中,观察其颜色变化。这样既可以防止NO_2污染空气,还可以循环利用。

多个实验"并联"化。由于部分实验会产生污染性气体,如果将这些实验"并联"在一起,不仅减少了实验步骤、节约时间,而且可以较大程度地减少实验过程中污染性气体的排放量。例如,氯气的制备及性质实验,教材的方案是采用MnO_2与浓盐酸共热制取Cl_2,再进行Cl_2的性质实验和尾气处理。改进后的实验采用$KClO_3$与浓盐酸在常温下制取Cl_2,利用H形管,以浸泡有相应实验试剂的滤纸和棉花作为载体将Cl_2的多个性质实验和尾气处理"并联",提高实验效率的同时也较大程度减少了实验过程中产生的尾气污染。

④操作体系绿色化。

为了确保操作体系的绿色化,应在实验步骤、操作技术等方面按照绿色环保化理念进行规范化操作。例如,氨氧化法制硝酸的实验,应在绿色环保化理念下对氨氧化法制硝酸(即硝酸的工业制法)中的关键实验步骤、操作技术进行梳理,总结实验注意事项。为了尽可能实现N原子的零排放(即将NH_3中的N全部转移到HNO_3中),操作时宜采用高效催化剂对NO_x进行多次的循环氧化和吸收,体现了绿色化学思想;为了防止排放出的NO_x污染空气,采用NaOH溶液吸收尾气,体现了保护环境的思想。

⑤基于绿色环保化的化学实验改进小结。

化学实验教学的绿色环保化是指在绿色化学观念的指导下,用预防化学污染的新思想、新方法和新技术,主动对化学实验教学中的常规实验进行改进,减少和消除实验室的化学污染,以实现绿色化学尽可能少的副作用为理想和目标。

化学实验教学的绿色环保化(图6-2-27)可从以下四个方面进行:

实验试剂无害化。根据绿色化学思想,化学实验过程中应尽最大限度使用和产生对人类健康和环境无毒害或很低毒性的物质。

试剂用量减量化。在保证实验效果明显的前提下,实验过程中适当降低试剂的浓度,减少试剂的用量(如采用微型实验等)。既节约又保证实验效果,还能减少环境污染。

实验装置环保化。用密封的成品化仪器或装置进行有毒实验,避免有害物质的泄漏。

实验方案绿色化。设计合成路线或改进制备方案,把某些排放有毒物质的实验转为副产物少或副产物毒性低的实验。

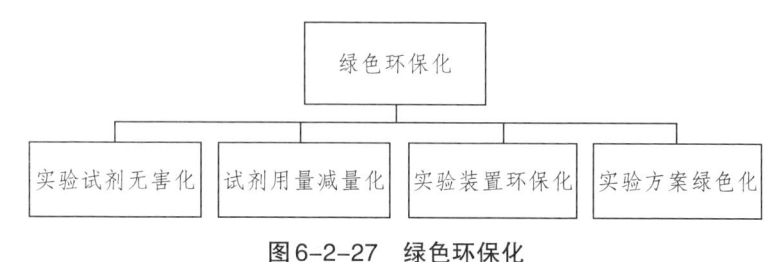

图6-2-27 绿色环保化

4.整体进阶化

(1)整体进阶化的主要内容。

化学实验教学的整体进阶化,是指教师根据学生年龄,循序渐进地由低到高、由单一到整体,进行像台阶一样步步提升的教学。其主要从以下五个方面进行(图6-2-28)整体进阶化:经典实验、实验技能、实验教学、实验研究、校本课程,研究层面(图6-2-29)分为实验感知、实验思维、实验素养。

图6-2-28 整体进阶化主要内容

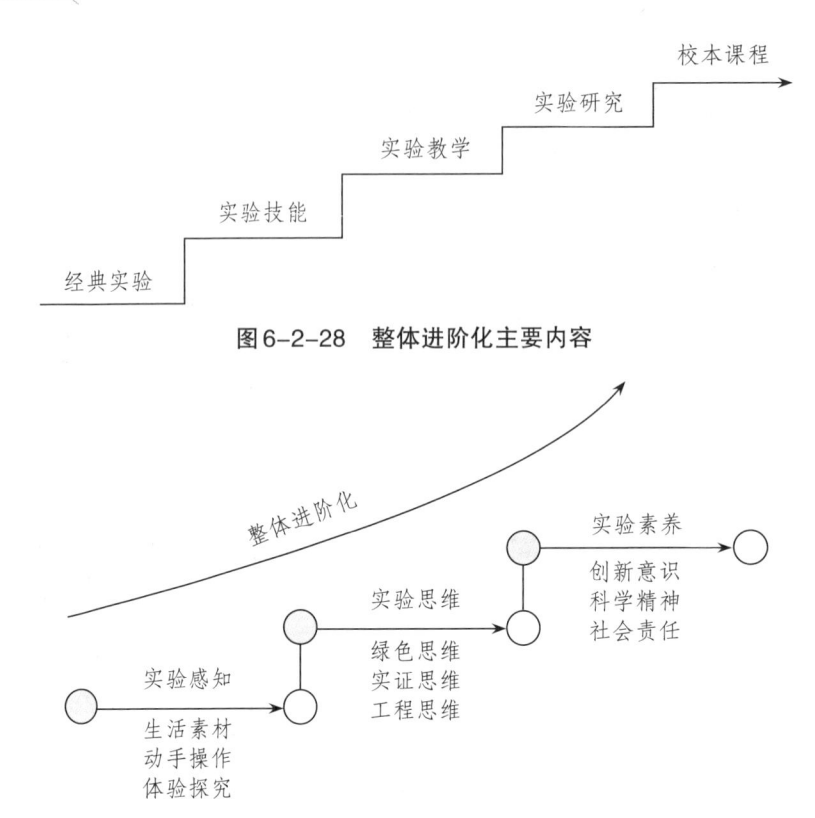

图6-2-29 整体进阶化研究层面

①经典实验整体进阶化研究。以二氧化碳实验探究为例,教师从不同研究角度进行整体进化设计、步步提高的教学。从初三到高二,依次开展二氧化碳的制取、性质、提纯、定性、定量等相关实验研究。按照基本操作→气体制备→性质实验→分离提纯→定量实验进行(图6-2-30)。

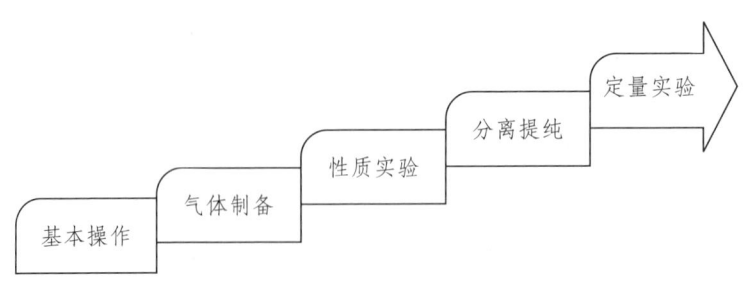

图6-2-30 经典实验整体进阶化研究

②实验技能整体进阶化培训。教师按照教学进度对学生进行基本操作→基本技能→实验设计→综合探究→项目研究等的培训,不断提升学生实验意识与能力(图6-2-31)。

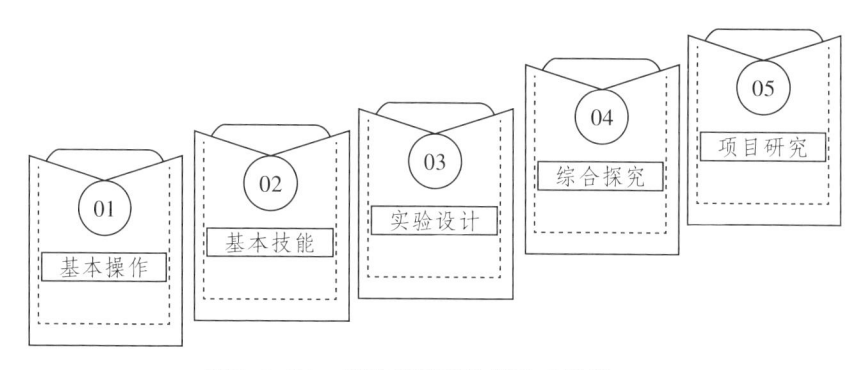

图 6-2-31　实验技能整体进阶式培训

③实验教学整体进阶化(图6-2-32)研究。初高中化学教学一体化、整体进阶化设计需要对实验方式进行整体规划,即演示实验→分组实验→随堂实验→课外实验→项目实验。

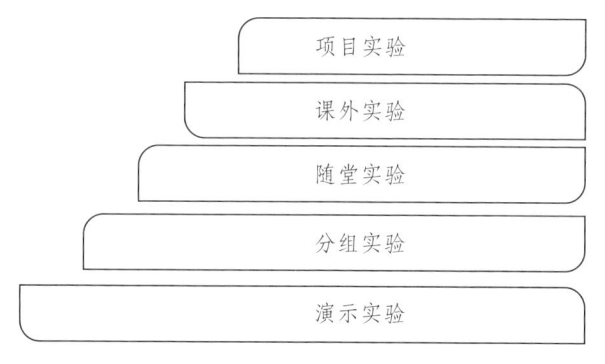

图 6-2-32　实验教学整体进阶化

④实验研究整体进阶化研究。如图6-2-33,实验的研究依据课本实验→课外实验→自主探究→拓展实验→课题研究进行。

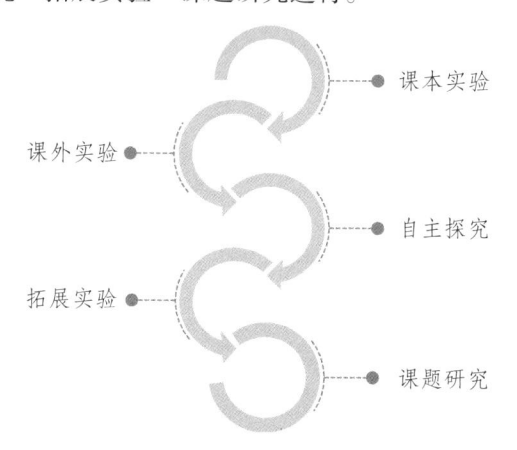

图 6-2-33　实验研究整体进阶化

⑤校本课程整体进阶化研究。如图6-2-34,开设由低到高的化学实验校本课程体系,从趣味化学→综合化学→探究化学→应用化学→自主学习课程。

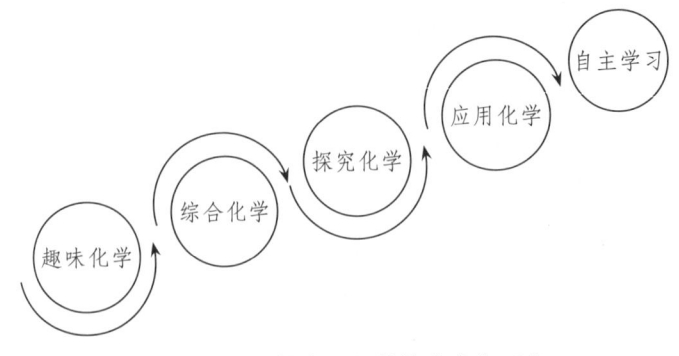

图6-2-34 校本课程整体进阶化研究

(2)整体进阶化实例分析。

整体进阶化以二氧化硫实验探究为例。二氧化硫是教学和学习中容易忽视的一种常见的化学物质,如果在化学教学过程中,教师与学生一起设计化学实验,应先从化学实验的各个知识要点对实验设计的思路进行剖析。然后教师进行整体进阶化设计实验探究,引导学生积极思考,进而提高实验能力。设计如下整体进阶化的实验研究(图6-2-35):性质探究→定性检测→定量测量→物质制备→条件探究等。

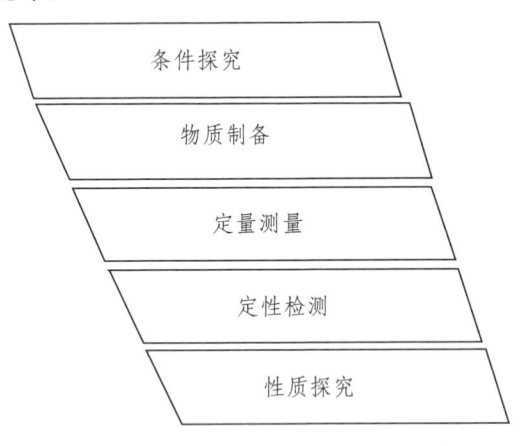

图6-2-35 整体进阶化探究二氧化硫

①SO$_2$的化学性质探究。

探究1：SO$_2$与NaOH溶液反应。图6-2-36的各装置，均可以直观地观察到明显的实验现象。

图6-2-36　SO$_2$与NaOH溶液反应

探究2：SO$_2$的漂白性。如图6-2-37，在试管中注入溶有SO$_2$的无色品红溶液，加热试管，SO$_2$气体逸出，品红溶液变为红色，冷却后，SO$_2$与品红溶液反应，溶液变成无色。封管里盛有溶有SO$_2$的品红溶液，可以多次进行加热、冷却的实验。

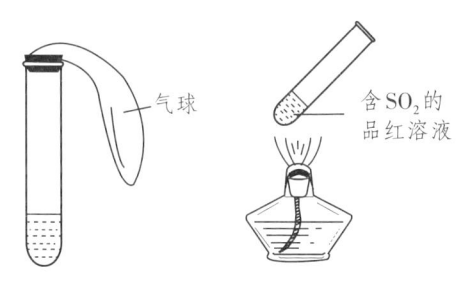

图6-2-37　二氧化硫性质实验

探究3：检验SO$_2$的还原性。如图6-2-38，设计套管实验装置制备SO$_2$，并利用实验现象来检验其还原性，制备SO$_2$时选用的试剂为Cu和浓H$_2$SO$_4$，小试管内装有酸性KMnO$_4$溶液。

图6-2-38　SO$_2$与H$_2$S形成喷泉实验

探究 SO_2 和 Na_2O_2 反应是否能体现 SO_2 还原性。如图 6-2-39 所示。

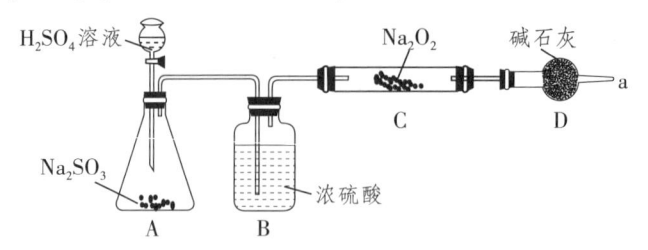

图 6-2-39　SO_2 和 Na_2O_2 反应

探究 4：探究 SO_2 的氧化性。如图 6-2-40 所示的喷泉实验，SO_2 与 H_2S 反应后装置内压强降低，形成喷泉。

利用 Y 形管进行 SO_2 与 H_2S 的制取与性质反应实验，Y 形管的一侧放入 Na_2SO_3，另一侧放入 FeS，同时滴入一些水，否则 FeS 一侧会出现大量淡黄色的固体。塞上带胶头滴管的橡皮塞，滴入几滴 70% 浓硫酸，Y 形管的交叉处会产生黄色固体，实验结束，用注射器向 Y 形管中注入 NaOH 溶液。

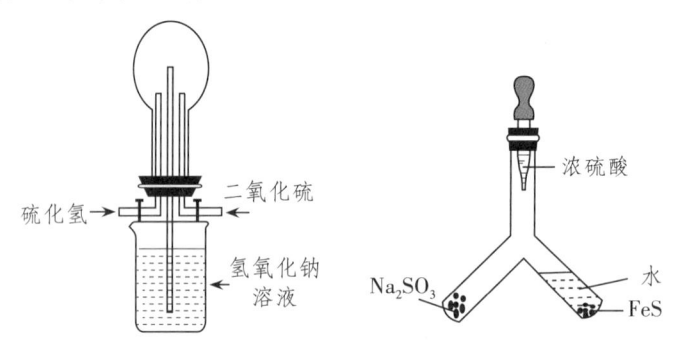

图 6-2-40　探究 SO_2 与 H_2S 反应

SO_2 和 Mg 反应装置如图 6-2-41，制取 SO_2 的试剂是 80% H_2SO_4 溶液与 Na_2SO_3 固体，此实验也可探究 SO_2 的氧化性。

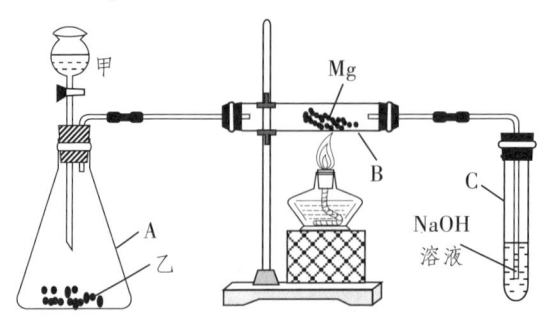

图 6-2-41　SO_2 和 Mg 反应

探究5：微型化实验，探究SO_2的制取与性质。如图6-2-42，利用Y形管做SO_2的制取与性质实验，向Y形管的一侧加入约2 mL浓硫酸，另一侧加入约2 mL品红溶液，将铜丝插入浓硫酸中。在试管口塞上一团棉花，滴上少量NaOH溶液，加热浓硫酸一侧，反应立即开始，品红溶液慢慢褪色，至品红完全褪色，将铜丝抽离液面，给褪色的品红溶液加热，品红溶液变为红色。试管口塞满滴有少量NaOH溶液的棉花，可以防止SO_2逸出，避免环境污染；药品用量少，铜丝可以反复使用。图6-2-43，利用注射器做SO_2的制取与性质实验，在注射器中加入少量Na_2SO_3晶体，还吸入了少量的硫酸。

图6-2-42　SO_2制取与性质

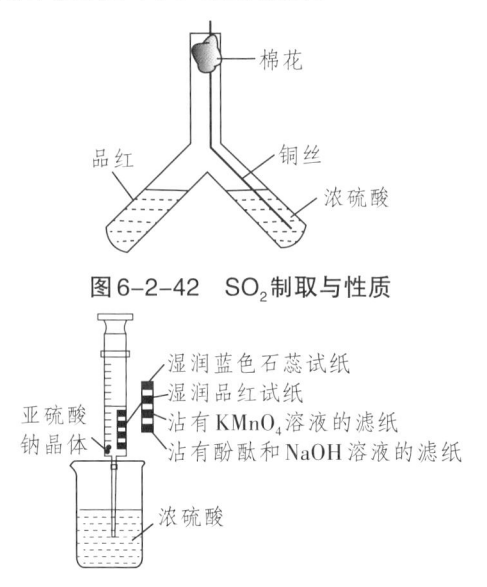

图6-2-43　SO_2性质

探究8：检验火柴头中是否含有硫。如图6-2-44，将两根火柴放在实验装置中漏斗下方并点燃，慢慢向右拉动注射器活塞抽气，让火柴燃烧产生的气体通过品红溶液，可观察到品红溶液褪色。

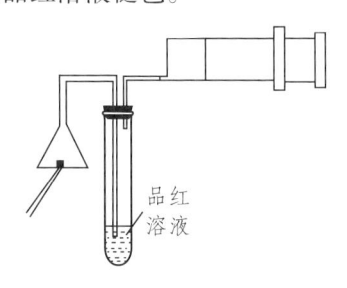

图6-2-44　火柴燃烧产物检验

探究9：探究含锌的粗铜与浓硫酸反应后生成气体的成分。如图6-2-45，测量粗铜(含锌等杂质)与98%的浓硫酸所得气体的成分，成分可能为SO_2和H_2。

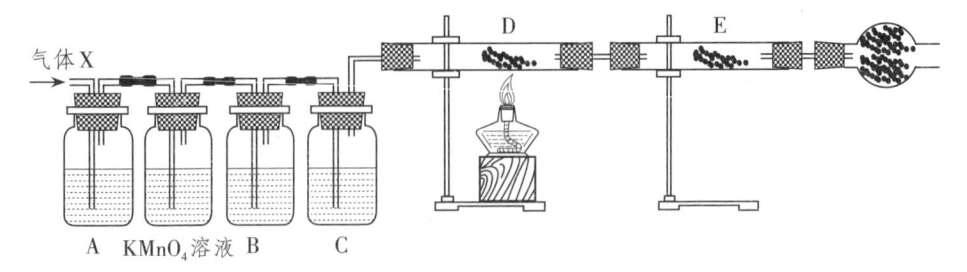

图6-2-45 检验粗铜与浓硫酸反应后生成气体的成分

探究10：检验浓硫酸与木炭粉在加热条件下反应产生的所有气体产物。如图6-2-46，气体可能有H_2O、CO_2、SO_2等成分。

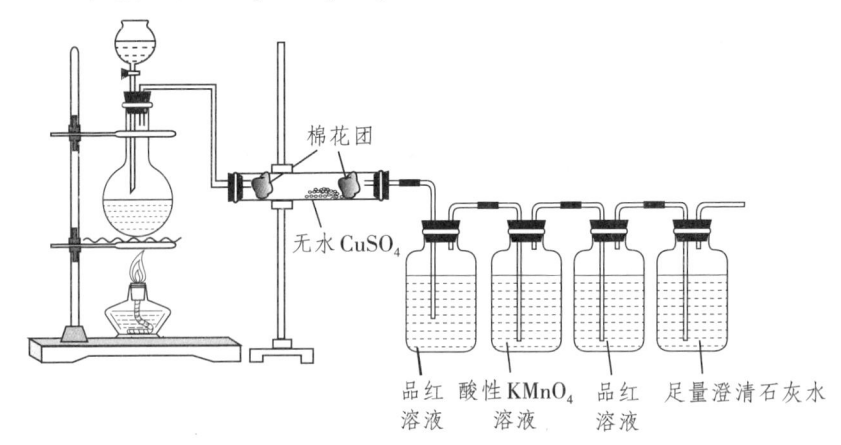

图6-2-46 检验浓硫酸与木炭粉加热后的气体产物

探究11：检验含碳铁钉与浓硫酸加热反应后生成气体的成分。如图6-2-47，气体可能含有SO_2、CO_2、H_2等成分，酸性高锰酸钾用来检验SO_2气体，品红溶液用来检验SO_2是否除净，澄清石灰水用来检验是否有CO_2。中间的U形管用来干燥气体，CuO和球形干燥管内的无水硫酸铜用来检验H_2，右边的U形管用来防止空气中的水分对检验结果的影响。

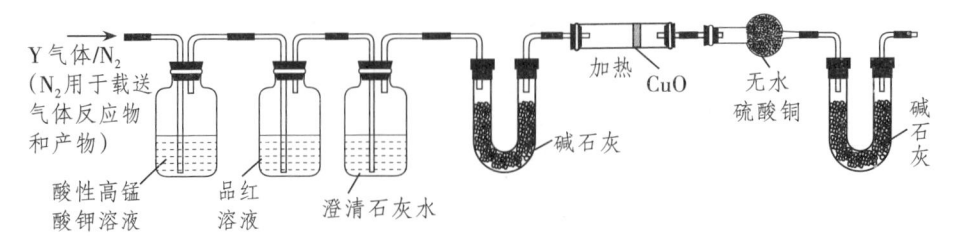

图6-2-47 检验含碳铁钉与浓硫酸加热反应后生成气体的成分

②定量检测。

探究12：如图6-2-48，测量SO_2、N_2、O_2混合气体中SO_2的含量，反应管中装有含碘的淀粉溶液。图6-2-49，测定某地方的空气中SO_2和可吸入颗粒的含量。图6-2-50，粗略地测定周围环境中SO_2的含量。图6-2-51，测定SO_2转化为SO_3的转化率，甲装置的作用是维持蒸馏瓶内压强与分液漏斗内压强相等，先称量纯Na_2SO_3粉末，然后加足量浓硫酸进行反应，当反应结束时，继续通入O_2一段时间，最后称得(Ⅲ)装置增重，计算出SO_2的转化率。

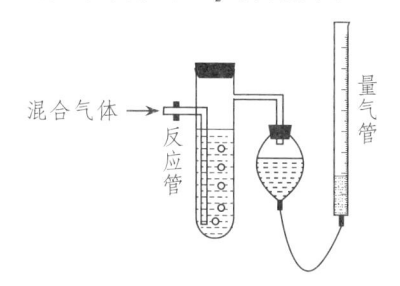

图6-2-48　测混合气体中SO_2的含量

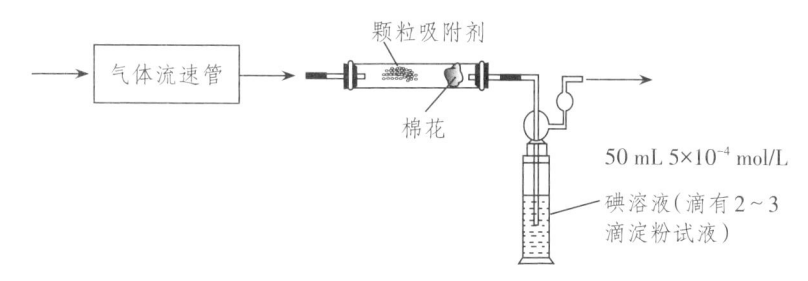

图6-2-49　空气中SO_2和可吸入颗粒的含量

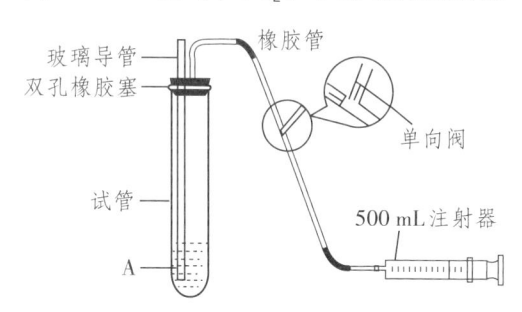

图6-2-50　测定周围环境中SO_2的含量

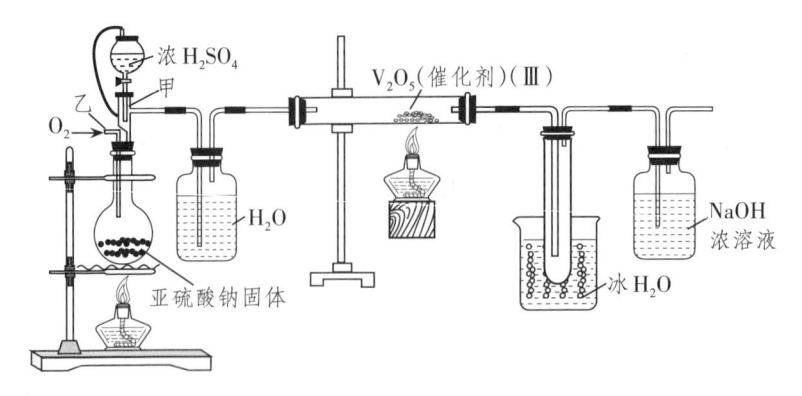

图 6-2-51　测定 SO_2 转化为 SO_3 的转化率

③利用 SO_2 制备新物质的探究。

探究 13：模拟工业制硫酸。如图 6-2-52 所示，用改进的 V 形管做模拟工业制硫酸的实验。

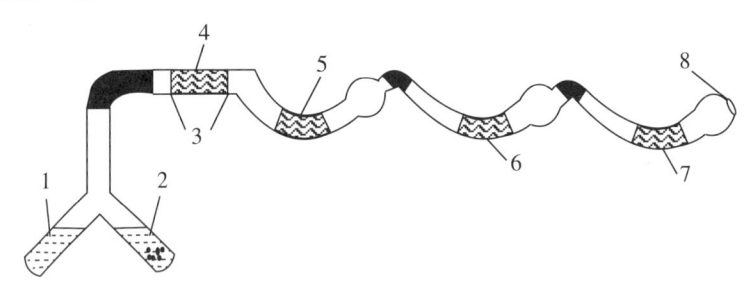

1.亚硫酸钠和浓硫酸；2.氯酸钾和二氧化锰；3.玻璃毛；4.三氧化二铬；5.水；6.浓硫酸；7.6 mol·L^{-1} 氢氧化钠；8.棉花。

图 6-2-52　模拟工业制硫酸

④探究 SO_2 的反应条件。

探究 14：探究 SO_2 与 $BaCl_2$ 反应产生沉淀的条件。如图 6-2-53，先将二氧化硫通入氯化钡溶液，发现并不产生沉淀，再将右边的 Y 形管产生的气体通入，则可以产生沉淀。其试剂为：浓氨水和碱石灰（或固体 NaOH），产生沉淀（$CaSO_3$）；铜与浓（或稀）硝酸，产生沉淀（$BaSO_4$）；浓盐酸与酸性 $KMnO_4$ 固体（或 $KClO_3$ 固体），产生沉淀（$BaSO_4$）。

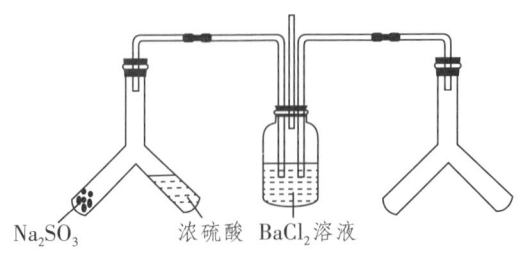

图 6-2-53　探究 SO_2 的反应条件

通过上述探究实验,我们对SO_2进行了较全面的探究,学习了SO_2的化学性质、定性检测、定量实验、物质制备等多方面的知识点。学生建立了立体的网络知识体系,形成明确的解题思路,综合素质提高。

5.功能素养化

(1)功能素养化主要内容。

功能素养化以核心素养统领化学实验功能,化学实验功能包括原生功能和教学功能。原生功能是实验作为客观事实为学生提供信息的功能,它是实验的自然属性;教学功能是实验作为教学材料为学生提供信息的功能,它是被选入特定的教科书后才具有的功能。实验的教学功能包含原生功能,为教学目标起到特殊的支撑作用。实验教学通常有动机功能、认知功能、方法功能和育人功能等教学功能(图6-2-54),每一个实验都是这些功能的综合体。

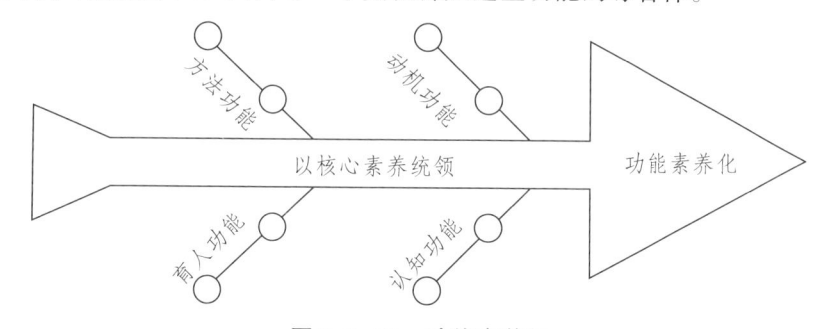

图6-2-54 功能素养化

①动机功能。化学实验中丰富的物质及变化现象,可以让教师创设生动活泼的教学情境,能够激发起学生的好奇心和求知欲,调动其学习的积极性,起到激发并维持学生学习化学动力的作用。

②认知功能。化学实验可以为学生提供物质的性质、制法、用途及应用等方面的知识,为学生认识元素化合物、学习化学概念和理论提供事实依据,让学生获得基本的实验操作技能。

③方法功能。化学实验包含了很多方法和过程,需要学生进行探究学习,而探究学习是学生学习化学的一种重要方式,是培养学生探究意识和提高探究能力的重要途径。学生经历对化学物质及其变化进行探究的过程,可以进一步理解科学探究的意义,提高科学探究能力。

④育人功能。化学实验也能渗透态度、价值、情感、责任等人文内涵,体现了科学教育与人文教育的融合,引导学生树立正确的世界观,养成务实求真、勇于创新、积极实践的科学态度。

(2)功能素养化主要内容案例分析。

化学学科的核心素养包括"宏观辨识与微观探析""变化观念与平衡思想""证据推理与模型认知""科学探究与创新意识""科学态度与社会责任"5个维度。化学实验是化学学习的核心与根本,化学实验离不开实验仪器与装置,在中学化学的学习中,化学实验仪器的组装、改进是学生学习化学的重要内容,以下内容以化学实验仪器与装置为切入点,举例说明对如何培养学生化学核心素养进行探究。

①设计趣味化学实验,感知化学核心素养。教师设计出趣味化学实验,让学生在神奇的化学变化中感知化学核心素养。例如,二氧化碳与氢氧化钠溶液反应的实验现象不明显,改进实验装置让二氧化碳与氢氧化钠溶液反应实验现象形象化、直观化,学生通过观察宏观变化现象,理解CO_2与NaOH溶液反应本质,体验"宏观辨识与微观探析"核心素养;学生通过实验现象推理反应本质,图6-2-55中各实验装置的实验原理类似,都是放大体积变化的趣味实验,培养了"证据推理与模型认知"核心素养;教师利用各种各样的实验设计装置,都能达到同样的实验目的,让学生感知探究与创新的乐趣,培养他们的"科学探究与创新意识"核心素养。

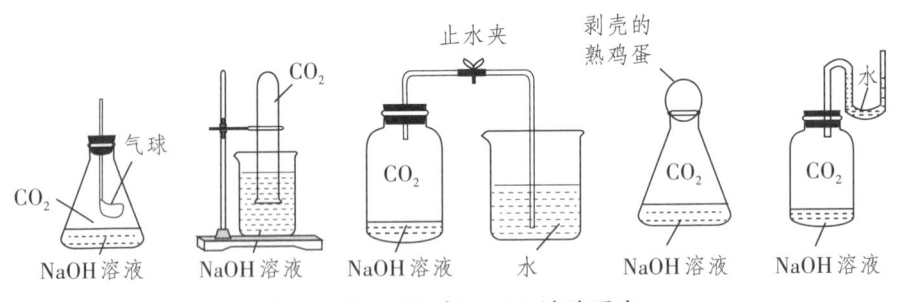

图6-2-55　CO_2与NaOH溶液反应

②巧用"多材一用",播种化学核心素养。"多材一用"属于聚合思维,是一种创新思维,是让学生在解决问题过程中利用已有的经验与知识,将多种信息、线索,沿着问题的一个方向综合并寻找最优的方法。教师在平时的教学过程中,通过展示结果、微视频、课外化学实验兴趣活动等多种形式展示实验,激发学生的创新意识。气体的制取与性质教学,可从相关的各个方面知识点入手,如制

取、冷凝、干燥、防倒吸、量气、尾气处理等,引导学生开发"多材一用",引导学生发散思维,培养学生"科学探究与创新意识"核心素养。

如图6-2-56制取气体装置。对不需要加热的固体与液体反应,根据其实验原理设计多种变式实验装置。它们都能快速地制取气体,从而培养学生"科学探究与创新意识"核心素养。

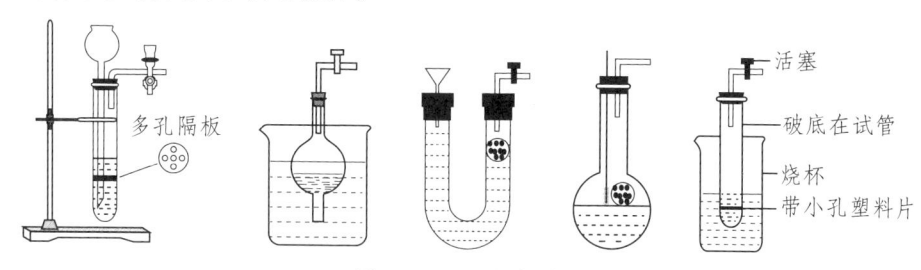

图6-2-56 制气装置

③课本实验再改进,渗透化学核心素养。教师在教学中对课本实验进行改进再设计,引领学生多角度思考。在改进的实验探究中,教师引导学生如何从化学实验中反推反应原理,建立认知模型,培养学生"证据推理与模型认知""科学探究与创新意识"等核心素养。

如图6-2-57、图6-2-58、图6-2-59和图6-2-60所示,改进二氧化硫制取与性质实验。改进1:利用套管。改进2:利用注射器。改进3:利用培养皿。改进4:利用Y形管实验。

图6-2-57 套管(改进1)

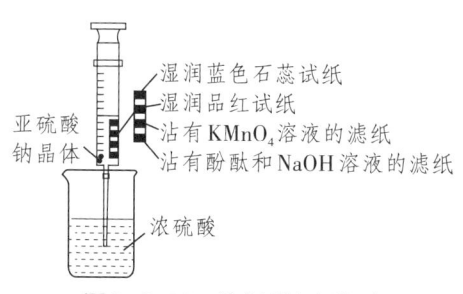

图6-2-58 注射器(改进2)

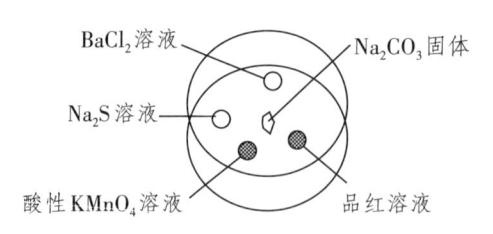

图 6-2-59　培养皿(改进3)

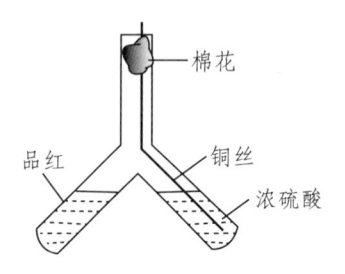

图 6-2-60　Y形管(改进4)

改进后实验的操作简单、快捷,实验现象明显,实验过程中渗透了"证据推理与模型认知""宏观辨识与微观探析"核心素养;学生设计的实验装置有新意,套管、注射器、培养皿、Y形管等仪器,不是中学实验室常见的化学实验仪器,开发了非常规仪器的实验功能,体现了"科学探究与创新意识"核心素养;这些改进的实验装置,简单、操作方便、试剂用量少,节约试剂,套管与注射器是密封的,绿色环保,体现了学生的环保意识与"科学态度与社会责任"核心素养。

④组装实验装置,体验化学核心素养。教师将中学化学常见的实验仪器组合为实验装置,激发学生探究兴趣,培养学生的创新意识。例如,将氨气、氯气等气体制取与性质组装为综合的实验,其仪器组装为一体化装置,快捷、高效,体现了"科学探究与创新意识"核心素养;组装的整套装置是一个密封的整体,使用药品比常规方法节省,体现了"科学态度与社会责任"核心素养。

以二氧化碳制取与性质实验为例(图 6-2-61)。将多个演示实验整合为在一根玻璃管中完成的探究实验。教师在课堂上进行不同的实验探究时,只需增加一个能够控制反应发生和停止的气体制取装置。传统的制取方法虽然简单,但却无法做到随开随用,随关随停。利用启普发生器的原理,借助玻璃管与旋转活塞,将气体的制备和性质实验进行串联,从而达到组装简便、控制简单的实验操作效果,利用该装置在课堂中开展气体性质的探究,还可以检验其他与空气密度差异较大的气体的性质。探究实验的魅力与强烈的参与感,大大地激发了学生进行化学实验的兴趣。

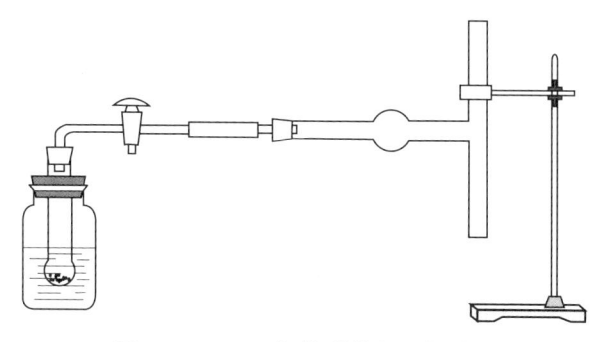

图6-2-61 二氧化碳的制取与性质

⑤自制实验装置,提升化学核心素养。经过趣味化学实验、组合实验装置、课本实验再改进等活动,学生对化学实验装置有了比较深入的认识。在此基础上,教师或教师与学生一起自制实验装置,再开展实验探究活动,在实验探究活动中提升化学核心素养。

以自制的综合电化学实验装置为例(图6-2-62)。此实验装置由反应单元和检测单元两部分组成,反应单元是电解槽、电镀槽、原电池,检测单元将电压表、电流表、小灯泡、音乐盒等整合在一起。此装置既显示具体的电流、电压数值,又有灯泡、音乐,操作简单、实验时间短、吸引力强,可以提升学生的"宏观辨识与微观探析"核心素养。此装置结合了原电池与电解池的实验装置,既可以做原电池实验,又可以做电解池或电镀实验,可以提升学生的"科学探究与创新意识"核心素养。其还可以进行趣味实验,如水果电池、氢氧燃料电池,方便学生探究原电池、电解池的各种影响因素(酸碱度、电极材料、电极间距、是否使用盐桥等),帮助学生建立燃料电池、电解池、普通原电池、电镀等模型,可以提升学生的"证据推理与模型认知"核心素养;此装置进行的实验与生活紧密联系(如自制消毒水、树叶书签等),还可模拟工业生产(如氯碱工业、燃料电池、电镀等),提升学生的"科学态度与社会责任"核心素养。

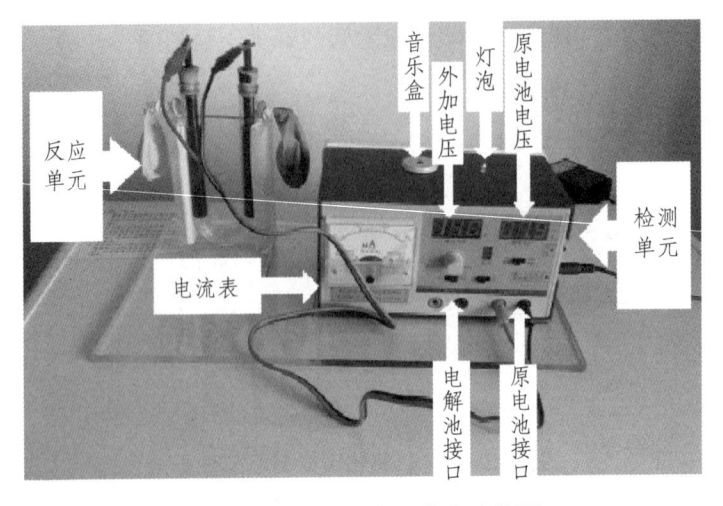

图6-2-62 综合电化学实验装置

化学仪器与实验装置贯穿在实验教学的各个环节,化学教师在教学中,以化学实验装置为切入点,由易到难,由简单到复杂,设计趣味化学实验、实验装置改进、自制实验装置、组装实验仪器等,结合具体的化学实验探究活动,让学生在潜移默化中提升"宏观辨识与微观探析""证据推理与模型认知""科学探究与创新意识""科学态度与社会责任"等核心素养。

第三节 四系五融实验教学体系的典型案例

本节主要内容包含两个案例,案例一展示的是必修内容,案例二展示的是项目式内容,如图6-3-1。

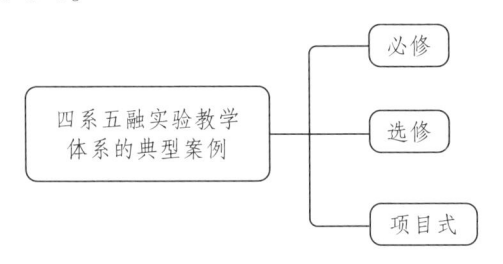

图6-3-1 四系五融实验教学体系典型案例

案例一:化学定量实验复习——以气体体积测量为例,具体内容如表6-3-1。

表6-3-1 案例一

一、基本信息	
课题名称	指向深度学习的化学定量实验复习——以气体体积测量为例
授课版本	鲁科版　　授课年级　　高三
二、教学分析	
教材分析	气体体积测量的探究是中考化学实验探究类型之一,是"气体制备与收集"和"空气中氧气含量测定"这两个实验的拓展与延伸。气体体积测量也是高考化学考查的定量实验之一,但鲁科版高中化学教材只在必修一中提及了气体体积影响因素以及气体体积、气体摩尔体积、气体的物质的量三者间的换算
学情分析	教材中出现气体体积测量装置和实验方案,化学教师一般不做实验只讲授实验步骤、实验现象、实验结论、误差分析等内容,以此应对考试。这种教学方法让学生缺乏感悟与探究,难以形成气体体积测量的有效思维模型和定量实验观

279

续表

三、教学目标	
教学目标	(1)通过类比空气中氧气含量的测定,归纳液体法测量气体体积的原理;通过改进气体收集装置,设计气体体积测量装置。 (2)通过实验探究如何提高气体体积测量的准确性,建构气体体积测量的思维模型,增强创新意识,提升探究能力,发展"科学探究与创新意识"的核心素养。 (3)通过运用模型测量气体体积,提升对模型的整体认知,提高学生分析和评价的能力
教学重点	气体体积的测量
教学难点	定量实验思维模型以及提高准确性,定量观念的形成
四、教学策略	
设计思路	以"气体体积测量"为主题,将该主题的复习课设计成深度学习的实验探究课。主要教学内容设计为: (1)液体法测气体体积的原理和装置; (2)基于提高测量准确性的液体法测气体体积的操作; (3)液体法测气体体积思维模型的建构与应用
教学流程	任务线 / 知识线 / 活动线 / 评价目标 气体体积测量的探究 提炼原理 → 测量原理:观察空气中氧气含量的测定装置,思考如何具体测量集气瓶内空气和氧气的体积,提炼测量原理 —— 诊断学生实验认知能力 设计装置 → 测量装置:观察常见收集装置,根据测量原理改进测量装置 —— 诊断学生实验设计能力 实验探究 → 测量操作:师生合作制取并测量氧气的体积,探究如何操作以提高准确性;思考、回答为什么要检查装置气密性,怎么检查;思考、分析什么时候开始收集;思考、分析什么时候开始读数;思考怎么调节气体压强等于大气压;分组实验探究;思考怎么正确读数;分组实验探究;思考得的数值是否就是氧气体积;观察、分析什么样的反应装置可以消除外加物质体积影响;思考、回答还有什么方法,可以提高定量实验的准确性 —— 诊断学生实验探究能力 模型建构 → 思维模型:整理归纳液体法测量气体体积的思维模型,展示、分享 —— 诊断学生结构化能力 自主量气 → 应用模型:分组实验,打气、量气、汇报、交流操作过程与测量结果 —— 诊断学生解决问题能力
板书设计	气体体积测量 → 原理:等体积代换,气体体积=液体体积 → 操作:检查装置气密性 / 温度调至室温 / 压强调为1个标准大气压 / 读数:平视 → 平行实验 → 装置:尽量消除除待测气体外其他物质的影响

续表

五、教学过程
第一步 提炼原理
【教师】请同学们看看周围的空气,摸摸周围的空气?什么感受?
【学生】看不见,摸不着。
【教师】那怎么测量气体体积呢?怎样提高测量的准确性呢?这是我们今天要一起探究的问题。根据教材中空气中氧气含量的测量装置,计算该装置中集气瓶里空气的体积,你打算怎么测量并计算呢?
【学生】打开集气瓶,加满水,盖上瓶塞后,倒放入水槽后再打开瓶盖,待集气瓶中气体体积不变后盖上瓶盖。将里面剩余的水倒入量筒,减少的水的体积就是空气的体积。
【教师】好,简单易操作。通过测水的体积间接测空气体积,你能说说这样测量的原理吗?
【学生】空气难溶于水,用排水法,水的体积容易测量。
【教师】很好,用看得见、摸得着、易测量的液体替换气体,我们把这种测量方法称为液体法测气体体积,这种原理称为等体积代换。请同学们解释下图氧气体积的测量原理。

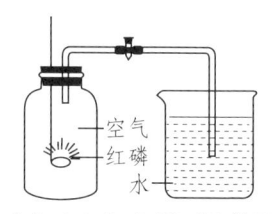

空气中氧气含量测量装置

【学生】红磷燃烧消耗掉氧气,集气瓶内压强减小,打开止水夹,利用大气压把水压入瓶内,水代替了氧气,瓶内水的体积就是氧气的体积 |
| 第二步 设计装置 |
| 【教师】同学们回顾一下排水法收集气体的装置,尝试改装气体体积测量装置。
【学生】(学生画图,展示、汇报)第一种将集气瓶改为量筒,直接量气体体积;第二种将烧杯改成量筒,测排出量筒的水的体积。

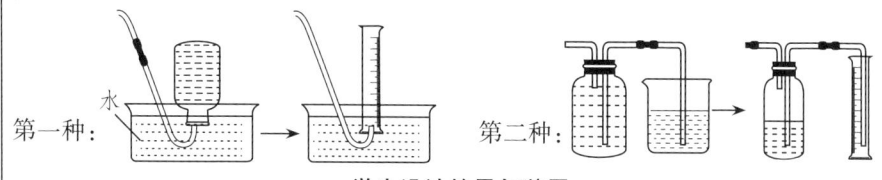

学生设计的量气装置

【教师】第二种收集装置,在收集气体时,集气瓶里往往要先加满水,为什么?
【学生】防止空气混入,不纯。 |

281

续表

【教师】改成量气装置后,集气瓶里一定要先加满水吗？请从测量原理分析。

【学生】(思考、交流)不需要先加满水,根据等体积代换,多少体积的气体进入集气瓶里,就有多少体积的水排出。

【教师】对。只要生成的气体与空气不反应,根据等体积代换可知不会影响其体积测量的准确性。同学们再观察这个装置,思考一下,排出来的水都能进入量筒吗？这对测量结果会不会有影响？

【学生】不一定,可能留在导管,导致测得的体积偏小。

【教师】那怎么改进呢？

【学生】导管里先充满水。

【教师】很好,很多同学都想到了。大家看这套装置(如下图),导管里先充满水,避免水残留在导管里。你们桌上也有这套装置,大家观察一下,这根导管的作用是连通液体。把这个装置再改进一下,就成了我们在试题中见的U形管式量气装置,生成的气体进入水准管,水准管内液面下降,右边量气管可测量体积

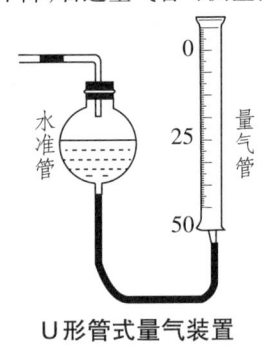

U形管式量气装置

第三步 实验探究

【教师】(实验操作全部用手机同步投屏到一体机上)我们利用这套装置制取并测量氧气的体积,药品为双氧水和二氧化锰。大家结合制取氧气的操作,尝试将实验步骤用流程形式简单表示出来。

【学生】组装仪器→检查气密性→装药品→反应→收集→读数。

【教师】很好,大家对气体的制取步骤非常熟悉。但是上述制取实验是定性的,而测体积的实验属于定量实验,操作时要尽可能提高测量的准确性。下面,我们根据实验步骤找寻需要补充或改进的地方。

【教师】装置组装好后,一定要检查气密性吗？为什么？

【学生】漏气会导致结果偏小。

(在讲台上演示)把导管放入液面下,双手握住试管片刻后导管口有气泡,放开双手片刻后导管内产生一小段液柱。

续表

【教师】(教师加完药品,重新装好装置)什么时候开始收集?
【学生】导管口有连续稳定的气泡产生时开始收集。
【教师】装置中有连续稳定的气泡出现后再收集气体,原因是什么?现在我们这样测得的结果准确吗?
【学生】(学生思考、交流)最早出来的是装置内的空气,等有连续稳定的气泡后再收集可以提高气体纯度;根据等体积代换原理,装置内原有空气不会影响测量结果,所以刚开始反应就收集,测得结果才不会偏小。
【教师】分析得很好。(教师边讲边操作)为了提高准确性,我们先把导管伸入量筒准备收集,再通过针筒加入 2 mL 双氧水。大家看,左边有气泡产生,右边量筒内的液面慢慢下降。
【教师】什么时候开始读数?
【学生】没有气泡时。
【教师】一般没气泡时确定反应结束。下面,我们请一个同学来摸一下试管。
【学生】有点烫!
【教师】那什么时候开始读数比较合理?
【学生】冷却到室温,一般气体容易热胀冷缩。
【教师】很好,气体体积与温度有关,那气体体积还与什么因素有关呢?
【学生】压强。
【教师】这套装置不能直接测气体的压强,那我们怎么测量呢?(学生陷入沉默和思考)
【分组实验】分别上下移动三套装置的量气仪器,观察量气仪器内液面位置的变化,思考如何调控气体压强。
【学生】上下移动装时液面位置会发生改变,可以调节液面位置使气体压强等于大气压。
【教师】三套装置的液面位置分别调到什么位置时气体压强等于大气压呢?请三位同学来展示给我们看。
【学生1】上下移动量筒,至量筒内液面与水槽内液面相平。
【学生2】上下移动量筒,至量筒内液面与集气瓶内液面相平。
【学生3】上下移动量气管,至左右两根管内的液面相平。
【教师】怎么读数?
【分组实验】用平视、俯视、仰视三种姿态去观察液面。
【学生】俯视看到高处,仰视看到低处,平视才是正确的。
【教师】根据我们刚才的探究,需要冷却、调压强后,再平视读数。现在已经冷却了,我们一起调整液面位置,使量筒内外液面相平,老师平视读到的数值为46.0 mL。
【教师】46.0 mL就是制得的氧气体积吗?(学生一脸疑惑)请同学们观察整个装置,根据等体积代换原理进行分析。(学生思考较久)

续表

【学生】要减去双氧水的体积。2 mL的双氧水会排出2 mL的空气,所以氧气体积应该为44.0 mL。

【教师】很好。下面,我们一起探讨如何改进反应装置以消除外加物质体积的影响?请大家观察PPT上这些装置(见下图),②、③、④套反应装置能否消除外加物质体积的影响,分析原因。

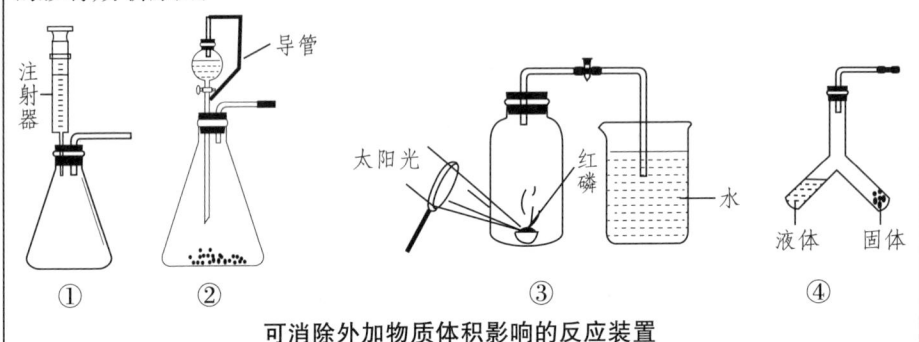

可消除外加物质体积影响的反应装置

【学生】上图可消除外加物质体积影响的反应装置中的第①套装置用有刻度的注射器测量所加液体的体积,第②套装置加入液体后,等体积的空气通过导管转移到分液漏斗中,不影响所产生的气体的体积。第③和④套装置都是把反应物在反应前加入反应装置,外加物质体积不产生影响。

【教师】同学们集思广益、分析到位。以上就是常见的消除外加物质体积影响的装置,其中第②套装置,通过导管将分液漏斗上方与锥形瓶连接在一起,使得分液漏斗与锥形瓶的压强相等,这样的漏斗相当于恒压分液漏斗。

【问题】我们一起测得了2 mL双氧水所制的氧气在室温常压下的体积为44.0 mL。大家还有什么方法,可以提高定量实验的准确性吗?

【学生】再做一遍。

【教师】对,通过验算来检验结果是否正确。化学定量实验结果可通过平行实验来验证。假设又做了三组平行实验,结果分别为46.0 mL、46.2 mL、45.9 mL,数据怎么处理呢?

【学生】(交流、汇报)44.0 mL与另外三组实验数据相差较大,说明这个数据误差大,舍去不用。后面三个数据求平均值,约为46.0 mL。

【教师】为什么要求平均值?

【学生】求平均可以减小误差。

【教师】通过平行实验可以排除误差大的数据,定量实验的误差是难免的,多次测量求平均值可以减小误差,提高测量的准确性

续表

第四步 模型建构
【教师】请同学们从原理、装置和操作三个方面梳理液体法测量气体体积的思路,尝试用画出思维导图。 【学生】(画图、展示)

第五步 自主量气
【分组实验】选择一套装置,用注射器打气,测量打进去的气体的体积。 【学生】(边操作边解说)我用的是第②个装置。让两侧液面相平,平视读数为21.0 mL。然后把注射器内的空气压入装置内,再调整液面并读数,数值为33.0 mL。所以测得压入的空气的体积为12.0 mL。 【教师】确实做得很规范。请同学们看过来,刚才有同学出现了困惑。他们用的是第③个装置,也先调整了液面,但压入空气后的现象与预测不同,教师演示:压入空气,液面下降,另一侧的液面上升,但液体会回流,这是怎么回事呢? 【学生】漏气。 【教师】如果没漏气应该是什么现象?(教师塞紧橡皮塞,重新操作一遍) 【学生】水不会倒流但会形成水柱。 【教师】对,形成稳定的水柱,或者说保持着稳定的液面差,说明装置气密性良好。 【教师】这节课我们一起探究了气体体积测量的原理、装置和操作。与其他定量实验的原理、装置和操作虽然不同,但共同的理念是:测定的结果要精准。整堂课同学们都积极参与,最后请同学们对自己的表现自评一下吧

六、教学评价与反馈
课堂学习评价使教师能及时有效地感知教学效果和学生发展程度,并依其调整教学,促使"教"和"学"一致。本节课课堂授课阶段运用表现性评价对学生的课堂表现和学习状态进行观察,发挥表现性评价对教学的诊断和反馈作用;课堂总结阶段教师用评价量表进行总结性评价,诊断本节课的学习结果,反馈本节课教学目标的达成情况

七、教学反思
胡久华等提出要让学生开展具有挑战性的学习任务,从而提高学生的参与度。定量实验是高三化学复习的难点,将定量实验的复习设计成具有挑战性的实验探究,有利于学生深度学习,有利于学生"科学探究"核心素养的发展。基于"定量实验测定的结果要精准"的观念,本课例以问题引导探究,以追问使学生思维外显,促进学生深度思考

续表

八、课堂评价
课前根据教学目标预设评价目标。课堂中根据学生的表现和学习情况,教师及时调整策略,进而将学生的学习引入更高层次。课堂结尾时,通过评价量表进行总结性评价,帮助学生了解自己的学习情况,并给不同层次的课后指导。本课例在两个班进行,共有90个学生,共收回评价量表90份,其中自评90分以上的同学有68个,60分及以下4个。从学生的课堂表现、评价量表以及课后的作业情况,可知本节课教学目标达成度高。

评价指标		评价标准	评价量分	
一级指标	二级指标		自评	师评
学习动机	学习态度	目标明确,态度端正,积极参与		
	学习兴趣	对气体体积测量教学活动有兴趣,学习热情高,求知欲强		
学习参与	倾听思考	认真听教师或同学的发言,积极思考教师或同伴提出的问题		
	合作探究	与小组成员合作探究,主动参与、勤于动手		
	交流讨论	积极参与小组讨论活动,能够提出个人观点		
	回答展示	积极回答老师或同学提出的问题,愿意代表小组发言		
	生生互评	对同学的回答积极判断与评价		
学习效果	学科知识	能够描述气体体积测量的原理,会选择气体体积测量的装置,会自己动手测气体体积,会进行平行实验的数据处理与分析		
	学科方法	能够自主归纳气体体积测量的一般方法和思维模型		
	学科观念	能用"定量实验测定的结果要精准"的观念思考、解决定量实验问题,树立科学探究和创新的意识		
总评				
说明:每个二级指标10分,总评量分100~90为优秀,89~80为良好,79~70为中等,69~60为及格,60以下为不及格				

案例二：电化学综合实验探究

一 项目式教学主题分析

高中化学课程标准内与"电化学"主题相关的内容如表6-3-2所示。

表6-3-2　电化学相关内容

标准	活动与探究建议
1.认识化学能与电能相互转化的实际意义及其重要应用。 2.了解原电池及其化学电源的工作原理。 3.了解电解池的工作原理，认识电解在实现物质转化和储存能量中的具体应用	①实验及探究：双液电池的构成及其工作原理。 ②电解氯化铜溶液。 ③电解饱和食盐水。 ④实验：简单的电镀实验。 ⑤实验：制作简单的燃料电池。

项目式教学被认为是最具有核心素养融合发展效力的教学方式。以"电化学综合实验探究"为学习主题，开展项目式教学。将该项目可分解为两个任务。

任务1：设计数显式一体化电化学综合实验器。

任务2：数显式一体化电化学综合实验器的应用研究。

学生通过实验探究理解燃料电池的工作原理、了解影响水果电池效率的因素、影响原电池的因素、掌握电解饱和食盐水的应用，从而认识电化学在生产、生活和社会发展中的重要作用，掌握控制变量实验方法。该项目涉及的核心知识和关键能力如图6-3-2所示。

任务1:设计数显式一体化电化学综合实验器	任务2:数显式一体化电化学综合实验器的应用研究	任务主题
活动1:数显式一体化电化学综合实验器的设计原理 活动2:化学综合实验器的使用操作	活动1:对燃料电池的探究 活动2:对水果电池的探究 活动3:对原电池的探究 活动4:对电解饱和食盐水的探究	活动主题
数显式一体化电化学综合实验器工作原理	原电池、电解池工作原理	核心知识
实验设计能力 证据推理与论证能力 发现与提出问题的能力	实验与探究能力 发现与提出问题的能力 化学信息处理能力	关键能力

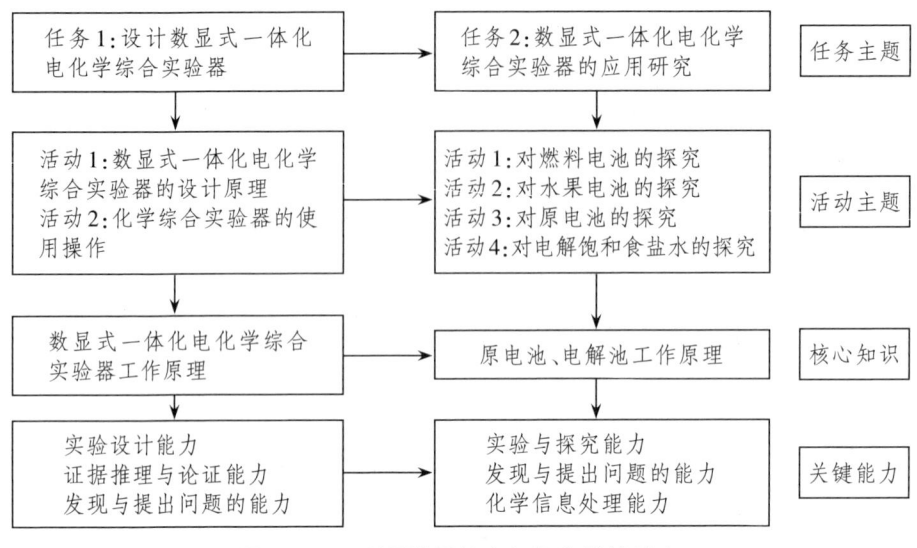

图6-3-2 项目涉及核心知识和关键能力

二 项目式教学目标

①通过小组合作查阅资料、实验探究等方式收集信息，了解原电池的工作原理、燃料电池的工作原理、影响原电池的因素、电解原理，学生学会利用身边物质解决实际问题。

②认识电化学在生产、生活和社会发展中的重要作用。通过探究活动和实验研究学习使用控制变量等科学探究方法，认识化学研究在促进技术发展、提升人类生活质量方面的重要作用。

③通过制作和展示项目，学生初步建立项目研究的一般思路和模型。

三 项目任务及教学流程

教学流程设计如图6-3-3所示。项目推进从"数显式一体化电化学综合实验器设计原理""对燃料电池的探究""对水果电池的探究""对原电池的探究""对电解饱和食盐水的探究"层层递进，最终完成围绕电化学进行综合实验探究这一核心任务。

项目任务	学科问题	学生活动	教师支持
活动1 数显式一体化电化学综合实验器设计原理	电化学实验有哪些？怎样设计一套能进行电化学实验的电化学综合实验器？ 从哪些方面直观地显现电化学实验结果？ 如何用此装置开展实验探究？	学生通过所学的物理、化学相关知识，理解数显式一体化电化学综合实验器设计原理，了解实验操作。	提供设计好的数显式一体化电化学综合实验器，讲解使用原理。
活动2 对燃料电池的探究	对氢氧燃料电池燃料条件的探究 如何制作该电池？盐溶液浓度对电池的影响如何？ 如何利用此装置制作乙醇燃料电池？	学生讨论燃料电池的工作原理，总结出影响燃料电池的因素，电池的电极反应式、反应原理的本质。	提供试剂、方案。
活动3 对水果电池的探究	影响水果电池的电极材料有哪些？ 水果电池的效果与电极间距有什么关系？ 哪种水果制作的水果电池效率好？	指导学生设计控制变量实验方案并实践。	提供控制变量设计的原则，设计供参考的记录量表，指导实验探究。
活动4 对原电池的探究	原电池与电解池溶液种类有什么关系？ 原电池与电极材料有什么关系？ 原电池与电解池溶液浓度有什么关系？	指导学生设计控制变量实验方案并实践，探究实验方案。	提供相关材料，指导学生动手实验。
活动5 对电解饱和食盐水的探究	如何利用食盐水设计实验方案以及设计颜色变化的趣味实验？ 如何利用食盐水自制家用环保型消毒液发生器？ 哪种条件下制作的消毒液效果好？	学生查阅资料、设计实验方案，动手实验。	提供相关资料。

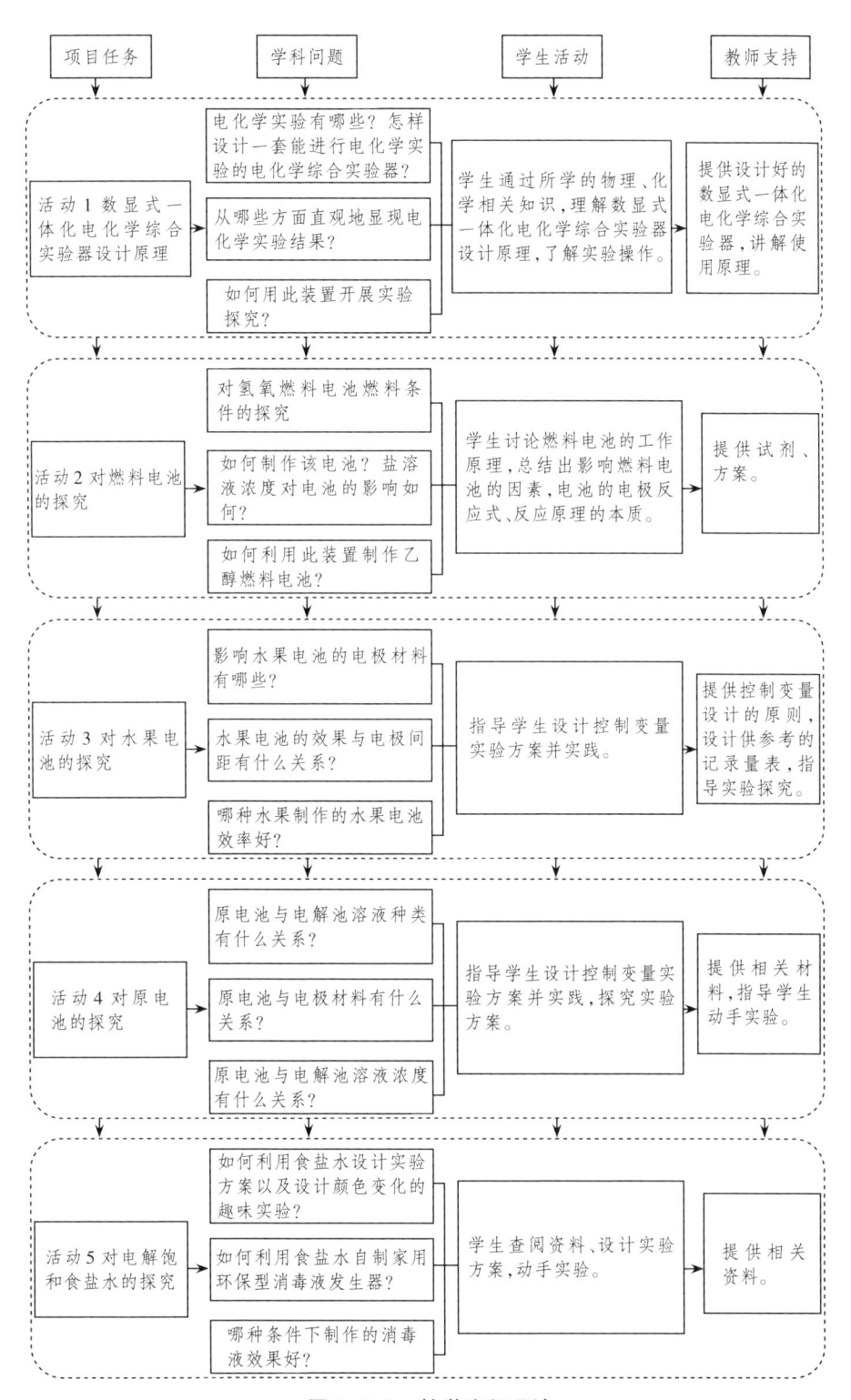

图 6-3-3 **教学流程设计**

四 项目实施流程

1.认识数显式一体化电化学综合实验器

教师利用该项目引导学生积极思考,了解实验装置设计原理,设计实验方案,再进行实验验证。学生经历完整的实验探究过程,更容易建立用控制变量法研究电化学反应影响因素的一般思路。学生通过教学活动认识数显式一体化电化学综合实验器,具体活动内容如表6-3-3。

表6-3-3 与该综合实验器相关的活动内容

教学活动	学生活动
【情境引入】 电化学实验有哪些?怎样设计一套能进行电化学实验的电化学综合实验器? 【交流讨论】 学生从哪些方面观察、得到电化学实验结果? 【教师讲授】 数显式一体化电化学综合实验器设计原理及使用操作。 【实验方案评价】 (教师追问以下问题,便于学生修改、完善实验设计) 如何用此装置开展原电池、燃料电池、水果电池、电解饱和食盐水等实验探究?如何使用控制变量法来设计实验? 【教师总结】 用控制变量法进行实验时的注意事项,实验前应提供参考量表	(1)学生认真倾听并理解装置的工作原理。 (2)学生分组进行实验探究,理解实验原理,设计实验方案,在实验过程中应做好实验记录

2.对燃料电池的探究

教师利用该项目引导学生积极思考,制作氢氧燃料电池、乙醇燃料电池。学生更加理解燃料电池的反应原理,经历完整的实验探究过程,对燃料电池的工作原理更加深刻,该项目相关活动内容如表6-3-4。

表6-3-4 对燃料电池的探究项目的活动内容

教学活动	学生活动
【情境引入】 氢气和氧气在常温下能反应吗？如何设计实验制作氢氧燃料电池？ 【实验设计】设计实验方案,完成如下2组实验： (1)制作氢氧燃料电池。 (2)制作乙醇燃料电池。 【实验方案评价】 (教师审读学生的实验设计初稿并引导学生总结实验报告记录的关键点)。 (1)实验记录需要哪些部分才完整,如何设计观察量表？ (2)实验步骤如何书写才会完整？ (3)从哪些角度思考,才预测更完整的实验现象？ 【教师总结】 描述实验方案时,用语要规范。 该如何来验证猜想呢？请使用提供的实验装置设计实验方案,验证猜想。 【教师总结】 燃料电池的工作原理,介绍其他燃料电池。	学生认真倾听,设计实验,并在表格中进行规范填写。 根据老师的提问进行思考,并作出回答。 (1)实验记录一般需要"实验步骤"、"实验现象"和"实验结论"。还可以增加一栏记录异常现象。 (2)取样时写明使用的仪器。 (3)预先设计观察量表。 (4)根据提供的实验装置和药品,进行实验设计,并完成实验

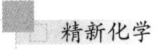

3.对水果电池的探究

教师利用该项目引导学生积极思考,设计实验方案,再进行验证。学生经历完整的实验探究过程,建立研究影响电化学反应条件的一般思路。该项目相关活动内容如表6-3-5。

表6-3-5 对水果电池的探究项目的活动内容

教学活动	学生活动
【情境引入】 如何成功制作水果电池?水果电池与哪些元素有关?如何设计实验探究水果电池的影响因素? 【实验设计】 (1)设计实验探究影响水果电池的电极材料。 (2)水果电池的效果与电极间距什么关系? (3)哪种水果制作的水果电池效率好? 【实验方案评价】 (教师审读学生的实验设计初稿,指导学生进行组内、组间评价。并通过追问引导学生总结出实验报告正确记录的关键点)。 指导学生用控制变量法设计实验方案并实践。 【教师总结】 指导学生用控制变量法设计实验方案时的注意事项,预先设计好简洁明了的观察量表,及时准确记录,对数据进行分析、整理。	学生认真倾听,设计实验,并在表格中进行规范填写。 对展示的实验方案进行评价,根据老师的提问进行思考,并作出回答。 (1)实验记录一般需要"实验步骤"、"实验现象"和"实验结论"。还可以增加一栏记录异常现象。 (2)要有取样的操作,同时写明使用的仪器。 (3)根据材料提供的药品,进行实验设计,设计记录量表,并正确记录数据,分析数据,得出结论

4.对原电池的探究

学生学习原电池与电解质溶液种类、原电池与电极材料的关系、原电池与电解质溶液浓度关系等内容。进一步了解用控制变量法进实验设计的思路,提高了实验设计能力、观察能力、分析问题与解决问题的能力,该项目的活动内容如表6-3-6。

表6-3-6 对原电池的探究项目的活动内容

教学活动	学生活动
【情境引入】 厦门特色馅饼美味可口,打开包装后我们会发现里面有一个小袋,其上面写着双吸剂。你知道双吸剂是什么吗? 【实验设计】 (1)原电池与电解质溶液种类有什么关系? (2)原电池与电极材料有什么关系? (3)原电池与电解质溶液的浓度有什么关系? 【实验方案评价】 (教师审读学生的实验设计初稿,让学生相互评价,并引导学生总结实验报告正确记录的关键点)。 (1)实验记录需要哪些部分才完整? (2)实验步骤如何书写才会完整? (3)从哪些角度思考才能使预测的现象更完整? 【教师总结】 描述实验方案,用语要规范,应抓住取量少、加试剂、看现象、得结论这4个要素	学生认真倾听,设计实验,并在表格中进行规范填写。 对展示的实验方案进行评价,根据老师的提问思考、作答。 (1)记录一般需要"实验步骤""实验现象"和"实验结论,可增加一栏记录异常现象。 (2)取样时写明使用的仪器。 (3)根据教师提供的药品,进行实验设计,并正确记录数据

5.对电解饱和食盐水的探究

教师利用该项目引导学生积极思考,用身边的食盐水设计趣味实验、制作消毒液小实验,利用所学的知识解决实际问题。让学生在体验中深入掌握知识,提高能力,该项目的活动内容如表6-3-7。

表6-3-7 对电解饱和食盐水的探究项目的活动内容

教学活动	学生活动
【情境引入】 (1)如何用食盐水设计有颜色变化的趣味实验? (2)如何利用食盐水自制家用环保型消毒液发生器? 【实验设计】 (1)基于电解饱和食盐水的反应原理设计颜色变化的趣味实验。 (2)基于食盐水的杀菌功能自制家用环保型消毒液发生器。 【实验方案评价】 教师审读学生实验设计稿,指导学生互相评价,并推选出4~5个优秀实验方案。 【教师总结】 拓展有关电解应用的趣味实验,补充完善实验设计思路的思考角度,展示学生的实验方案	(1)学生分组讨论,并在表格中填写。 (2)对实验方案评价,根据老师的提问进行思考,并作答。 (3)观察实验现象,分析、总结。 (4)展示并分享经验

五 教学效果及反思

1.项目式教学让学生真实体验探究过程

项目式教学倡导让学生分工合作解决真实复杂的问题。在推进过程中,本项目较好地将化学知识、化学核心素养、化学关键能力、实验技能等融入项目任务,让学生在"做中学",主动地体验探究过程、熟练技能、提升能力。学生经历完整的实验探究过程,不仅初步了解电化学的原理,更容易建立如何用控制变量法研究电化学反应条件的一般思路。

项目式教学通过让学生不断解决核心任务,帮助他们养成科学的态度,在"做科学"的探究实践中逐步形成终身学习的意识和能力。

2.项目式教学提高学生学习兴趣和学习效益

项目式教学立足于学生,以学生活动为中心,设计真实教学情境,使学生从学会解题转向学会解决真实问题。教师引导学生将所学的物理知识、化学知识等结合起来,设计实验方案、设计观察量表,在实验探究的基础上,建立燃料电池思维模型。学生能运用这些思路或模型来解决新问题,提高了学习效益。这些运用提高了学生对电化学相关知识的认识水平,学生在项目推进过程中经历具有学科特色的学习活动,在活动中不断构建和优化认知思路或认知模型。

后记

通过参加厦门市卓越教师培育工程和在专家的指导下,我将多年的教育教学经验与教学成果提炼为"精新化学",经过了3年打磨,终于形成了《精新化学》专著。

本书的撰写与出版,离不开领导的关心与支持,离不开专家悉心细致地指导,离不开单位、家人的全力支持,离不开同事的热情帮助,离不开历届学生的共同创造。在此,对所有关心与支持我开展教学、教研工作的所有人表示衷心的感谢!

感谢厦门市教育局精心组织!感谢厦门市教育科学研究院的精心培育!感谢西南大学专家的悉心指导!感谢厦门实验中学对培训的支持!感谢指导老师侯玉娜副教授的指导!感谢科研指导老师周智良所长的指导!感谢中国教育科学研究院王晓霞博士和连城一中武永树高级教师、厦门实验中学原校长肖学平博士为本书提供的理论指导!感谢西南大学出版社细致编审!

感谢同安第一中学杨雪老师、外国语学校王舒雅老师提供的优秀案例!感谢厦门市教育科学研究院王锋老师、厦门市翔安第一中学洪兹田老师、厦门集美中学陈丹老师提供的优质素材!感谢厦门实验中学叶桂足、崔红、叶建伟、黄丽琴、杨菲菲、李根熏、蒋丽婷、谢婷等老师提供的优秀案例与校稿!

这本书是我三十余年教学经验的结晶,凝聚着我对化学教育教学规律的思考,愿能为我热爱的化学教育事业做出一点贡献。由于自身能力、水平等有限,本书难免有一些缺点和疏漏,恳请大家不吝赐教,万分感激。

厦门实验中学　邹标

甲辰暑日于山城